Ines Papert und Karin Steinbach

IM EIS

Ines Papert und Karin Steinbach

IM EIS

Wie ich auf steilen Routen meinen Weg fand

Mit 41 farbigen Fotos

MALIK

Bildnachweis

Harry Borden: Tafel 6, 7; Rainer Eder: Tafel 1, 2, 3, 8, 9, 10, 11, 16, 18, 24; Klaus Fengler: Tafel 20, 21; Robert Frost: Tafel 14, 15; Brian Goldstone: Vor- und Nachsatz; Andi Hechenberger: Tafel 4, 5, 19 unten; Keith Ladzinsky: Tafel 22, 23; Andrew Querer: Tafel 17; Hansi Stelter: Tafel 13 unten; Olaf Unverzart: Tafel 12 oben, 13 oben.

ISBN-13: 978-3-89029-319-6
ISBN-10: 3-89029-319-0

Satz: Satz für Satz. Barbara Reischmann, Leutkirch
Druck und Bindung: Ebner & Spiegel, Ulm
Printed in Germany

www.malik.de

Inhalt

Eine eiskalte Leidenschaft
Die Faszination des gefrorenen Elements 7

Wege nach oben, Wege zu mir
Warum Berge mich glücklich machen 11

Endstation Balaton
Jugend hinter dem Eisernen Vorhang 28

Eine neue Welt
Erste Schritte in steilen Wänden 53

Hohe Berge
Auf den »schönsten Gipfel der Welt« 71

Angefrorene Finger und eine blutende Nase
Frust und Lust im Eis und im Fels 89

Dreierseilschaft
Wird mit Kind wirklich alles anders? 118

Mit Babyflasche und Eisgerät
Erfolg in den Eiskletter-Weltcups 129

Faszination Mixed
Je steiler, desto geiler 148

Nordwandgesichter, strahlend
Der obere neunte Grad am Eiger 162

Getrennte Wege
Wenn die eigene Route eine andere ist 178

Beruf: Kletterin
Vom Bergsteigen leben – fürs Bergsteigen leben 197

Unter mir nichts als Luft
Alpine Herausforderungen 222

Gehen, wo noch niemand ging
Erstbegehungen in Norwegen 240

Kein Weg durch den Fisch
»Mama, fahr nicht in die Doloiten!« 255

Der Eiskletter-Weltcup 2006
Abschied von Freunden 278

Dank 301
Schwierigkeitsgrade im Eis 302
Schwierigkeitsgrade im Fels 303
Internationale Schwierigkeitsgrade Felsklettern
im Vergleich 304

Eine eiskalte Leidenschaft

Die Faszination des gefrorenen Elements

Eis. Blaugrün schimmerndes, milchig weißes Eis. In einer langen Reihe ziehen glitzernde Eisvorhänge nach unten, strömen übereinander, gehen ineinander über. An Überhängen haben sich lange Eiszapfen gebildet. Das Wasser ist der Schwerkraft gefolgt, ist in der Bewegung eingefroren und hat eine faszinierende Struktur aus Eissäulen und Zapfen entstehen lassen. Eine Struktur, die vergänglich ist und nur durch die Kälte konserviert wird. Ein Gebilde, das Natürlichkeit und Reinheit ausstrahlt und doch auch etwas Bedrohliches hat. Eis kann furchterregend schön sein.

Das gläserne, durchscheinende Wassereis ist sehr hart. Weil es so spröde ist, würden die Hauen meiner Eisgeräte kaum eindringen. Deswegen halte ich mich eher an das milchigere Eis im mittleren Teil der Säule, in dem ich auch die Eisschrauben zur Absicherung leichter setzen kann. Wenn ich die Geräte einschlage, führe ich den Arm nach oben und mit einer schnellen, präzisen Bewegung aus der Schulter zurück ins Eis. Schon am Klang kann ich hören, ob das Gerät gut sitzt und wie die Qualität des Eises ist. Ich muß die Eisformen vor mir lesen und richtig interpretieren, dann ist es einfach, die optimalen Stellen für den Schlag zu finden. Sind die Eisgeräte gut verankert, steige ich mit den Füßen nach; der lange Frontalzacken bohrt sich kraftvoll ins Eis.

Es ist still. Wir klettern im Schatten, es ist zu kalt, als daß das Eis zu schmelzen begänne, und so ist nichts zu hören außer den Geräuschen, die ich selbst erzeuge: meine ins Eis schlagenden Steigeisen und Pickelhauen, die in der gähnenden Tiefe verschwindenden Eisstückchen, die sich bei jedem Schlag lösen, und mein Atem. Das Gelände ist senkrecht, ab und zu ein kleines Dach, meine Atemzüge werden schneller. Aber die Bewegungen reihen sich flüssig aneinander, das Eis ist phantastisch, wir kommen flott voran.

Hundert Meter weiter oben erreichen wir die Sonne. In ihrem Licht eröffnen sich uns Farben und Strukturen, wie wir sie noch nie gesehen haben. Türkisfarbene Dächer. Angewachsene Säulen. Überdimensionale Pilze, an deren Rand sich Zapfen gebildet haben wie die zu Eis erstarrten Fontänen eines Springbrunnens. Wir klettern zwischen diesen riesigen Blumen aus Eis hindurch, bis wir wieder auf einen massiven Pfeiler treffen, der uns den Weiterweg ermöglicht. Das Eis leuchtet in den schönsten Farben, blau, grün und alle Töne dazwischen, es glänzt und funkelt im Sonnenlicht, als hätte jemand ein Füllhorn glitzernder Geschmeide über den Berg ausgegossen. Eis kann viele Gesichter haben, aber heute zeigt es uns sein schönstes.

Ich turne begeistert über die Eisstrukturen nach oben. Die Hauen dringen mühelos ins leicht angetaute Eis und halten perfekt. Es ist das pure Vergnügen – der absolute Traum jedes Eiskletterers. Es paßt einfach alles: das Wetter, das Eis, die Schwierigkeit, der Seilpartner, die Stimmung. Ich jauchze vor Glück, jeder Schlag ins Eis ein kleiner Freudenschrei, das Hochgefühl drängt nach draußen. Die Route ist anspruchsvoll genug, um mich zu fordern, aber ich habe die Schwierigkeiten gut im Griff. Vor lauter Begeisterung vergesse ich fast, von Zeit zu Zeit eine Eisschraube zu setzen, so sehr gehe ich in meinem Bewegungsrhythmus auf. Und wenn ich nach unten schaue – zwischen mir und dem Boden liegen mittlerweile fast 500 Meter –, empfinde ich die Tiefe nicht als Bedrohung, sondern als Befriedigung.

Ich habe ein freundschaftliches Verhältnis zum Eis. Es trägt mich. Es ermöglicht mir, nach oben zu kommen. Ich arbeite nicht gegen das Eis, sondern mit ihm. Ich schlage nicht auf das Eis ein wie auf einen Feind, um es zu erledigen. Ich versuche, es zu entschlüsseln, und wenn mir das gelingt, bietet es mir Vorsprünge, Ritzen und Mulden, um meine Eisgeräte und die Füße zu plazieren. Ich gehe vorsichtig und doch energisch mit ihm um. Das Schöne am Eis ist, daß ich meine Linie völlig frei wählen kann. Im Gegensatz zum Fels ist die Route nicht vorgegeben, ich kann selbst entscheiden, wo ich mein Gerät ansetze. Innerhalb der Eisstruktur, die ich vorfinde, die optimalen Möglichkeiten zu erkennen und sie zu nützen macht den Reiz des Eiskletterns aus. Es ist keine rein körperliche Beanspruchung, es braucht genauso einen wachen Kopf. Ob im Eis oder im Fels, beim Klettern sind sowohl mein Körper als auch mein Geist völlig von dem beansprucht, was ich gerade tue. Ich bin einzig und allein auf die bevorstehende Bewegung konzentriert, meine Aufmerksamkeit richtet sich auf die nächsten Haltepunkte. Alle anderen Gedanken sind verschwunden.

Diesen Zustand kann ich bei keiner anderen Sportart so intensiv erleben wie beim Klettern. Man kann ihn wissenschaftlich als Flow bezeichnen – für mich hat er ganz viel mit Freiheit zu tun. Wenn ich in einer steilen Eiswand hänge, den Alltag mit all seinen Anforderungen hinter mir lasse, fühle ich mich absolut frei. Ich klettere – alles andere ist unwichtig. Ich entscheide mich für ein Ziel. Ich steige in etwas Ungewisses ein und weiß nicht, wie der Tag enden wird, ob wir es schaffen werden oder nicht. Mit jedem Meter, den wir klettern, löst sich die Spannung in Gewißheit auf, daß uns die Tour gelingt. Oben angekommen, am Ende eines Wasserfalls oder auf dem Gipfel eines Berges, empfinde ich eine tiefe Zufriedenheit. Ganz oben zu sein, die Schwierigkeiten überwunden zu haben, ohne Angst, als eine gemeinsame Leistung – das ist das beste Gefühl überhaupt.

Am Abend machen sich die Anstrengungen des Tages bemerkbar. Ich habe schwere Arme und Beine, die Muskeln schmerzen. Aber es tut gut, meinen Körper zu spüren. Ich falle erschöpft und glücklich ins Bett, zufrieden mit mir und der Welt. Das mag für viele Leute schwer nachvollziehbar sein. Es gibt nun mal ganz unterschiedliche Auffassungen von Glück, und es gibt verschiedene Wege dorthin. Bei mir führte der Weg über steile Routen, über das intensive Erleben draußen in der Natur. Ich habe im Klettern mein Glück gefunden.

Wege nach oben, Wege zu mir

Warum Berge mich glücklich machen

Zum Klettern bin ich mehr oder weniger durch Zufall gekommen. Zuerst war es auch gar nicht mal das Klettern, mit dem ich in Berührung kam, sondern es waren die Berge. Natürlich kannte ich Berge; als Kind war ich mit der Familie gewandert und im Winter Ski gefahren, auch wenn das meist nur im Urlaub möglich war. Aber die Gipfel der Alpen, das war etwas völlig anderes.

1993, da war ich neunzehn, hatte ich meine Berufsausbildung zur Physiotherapeutin abgeschlossen. Ich hätte mich bei meiner Ausbildungsstätte um eine Stelle bewerben können, doch es zog mich weg aus Sachsen. Ringsum standen die Zeichen auf Öffnung: Die Tschechoslowakei hatte sich gerade aufgelöst, in Rußland waren für das Jahresende die ersten freien Wahlen angekündigt. Der europäische Binnenmarkt war verwirklicht worden, und in Amerika kam mit Bill Clinton wieder ein demokratischer Präsident an die Macht. In Deutschland war zur Finanzierung der Einheit und des wirtschaftlichen Aufbaus in Ostdeutschland der Solidarpakt gegründet worden, »jetzt wächst zusammen, was zusammengehört« war die Parole.

Zum Zeitpunkt der Wiedervereinigung im Herbst 1990 hatte ich gerade mit meiner Ausbildung begonnen, in den Westen zu gehen war eigentlich kein Thema für mich. Doch dann wurde der Wunsch immer stärker, in die »große, weite Welt« hinauszuziehen – jetzt, nachdem das endlich möglich geworden war. Ich wollte weg aus der Kleinstadt, in der ich lebte. Den größten Teil meiner Ausbildungszeit hatte ich in Leipzig verbracht und in diesen zweieinhalb Jahren die Vorteile einer großen Stadt zu schätzen gelernt: das kulturelle Angebot, Konzerte, Theater, Kino, die Kneipenszene, das Nachtleben. Damals hätte ich mir gut vorstellen können, in eine andere deutsche Großstadt zu ziehen und mir dort einen Arbeitsplatz zu suchen. Was mir heute überhaupt nicht mehr erstrebenswert erscheint – die Anonymität –, gefiel mir, ich tauchte gern in die Masse und das manchmal auch hektische Leben ein.

Es kam dann aber schließlich doch anders. Freunde aus Bad Düben waren gleich nach der Wende als Pfleger nach Berchtesgaden an die Rehabilitationsklinik Loipl gegangen und schwärmten mir immer wieder davon vor. Bayern sei einfach wunderschön, sagten sie, die Berge, die gute Luft, was man da in der Freizeit alles machen könne ... Das machte mich hellhörig. In den Osterferien besuchte ich die beiden, und wir verbrachten eine wunderschöne Woche beim Skifahren. Wenn sich damit auch noch ein interessanter Job verbinden ließe – das wäre doch die ideale Lösung. Kurz darauf sah ich in der Physiotherapie-Zeitschrift »Krankengymnastik« ein Stellenangebot des Reha-Zentrums Loipl, mit einem Foto, auf dem das alpenländisch anmutende Klinikgebäude vor schneebedeckten Bergen abgebildet war. Diese Aufnahme sprach mich total an, und so kam es, daß ich mich bald für ein Vorstellungsgespräch als Krankengymnastin ein zweites Mal auf den Weg nach Berchtesgaden machte.

Die Loipl-Klinik liegt in Bischofswiesen, ein paar Kilometer nordwestlich des Fremdenverkehrsortes Berchtesgaden, und ist auf Neurologie und Orthopädie spezialisiert. Sie hat sich vor allem in der Rehabilitation nach Schlaganfällen oder Schädel-Hirn-Traumen und in der Therapie von Unfallverletzungen einen guten Ruf erarbeitet, war also für meine Berufslaufbahn sowieso eine erstrebenswerte Adresse. Entsprechend groß war meine Freude, als ich tatsächlich dort angestellt wurde. Plötzlich wurde es ganz schnell ernst mit dem Weggehen von daheim, und was vorher theoretische Überlegungen und Vorstellungen waren, nahm jetzt handfeste Konturen an.

Es ging ja nicht nur um mich allein. Ich wohnte damals mit Lutz zusammen, den ich noch aus der Schule kannte. Er war drei Jahre älter als ich und angehender Sozialpädagoge. Der Wunsch, von Sachsen wegzugehen, war irgendwann ein gemeinsamer Wunsch geworden, und Lutz bemühte sich um einen Praktikumsplatz in der Nähe. Schließlich bekam er ihn in Hohenfried, einer Wohn- und Arbeitsstätte für Menschen mit geistiger Behinderung, in Bayerisch Gmain, wo er auch nach dem einjährigen Praktikum weiter arbeiten konnte.

Eines Tages im Herbst 1993 saßen wir also zu zweit in einem bis in den letzten Winkel vollgepackten Auto und fuhren in die südöstlichste Ecke Deutschlands, um dort unser neues Leben zu beginnen. Ein bißchen mulmig war mir ja schon. Zumindest hatten wir bei der Wohnungssuche keine Probleme gehabt: Von meinem neuen Arbeitgeber wurde mir eine klinikeigene Wohnung zur Verfügung gestellt, die Kosten für die Miete wurden direkt von meinem Gehalt abgezogen. Sie war groß genug für uns beide und bot aus dem Wohnzimmerfenster mit dem direkten Blick auf den Hohen Göll ein wunderbares Alpenpanorama. Aber es gab noch andere Fragen, die mich beschäftigten. War ich den Anforderungen an meinem neuen Arbeitsplatz gewachsen, so frisch nach der Ausbildung? Wie würden wir, die Ostdeutschen, aufgenommen werden? Die Bayern waren ja bekannt dafür, ein ganz eigener Schlag zu sein, der am liebsten unter sich bleibt. Und wie würden Lutz und ich mit der neuen Situation des Zusammenwohnens und -lebens zurechtkommen? Natürlich fühlte ich mich erwachsen genug, um meine Heimat zu verlassen, ich war gespannt und freute mich auf die neuen Gegebenheiten, beispielsweise darauf, den ganzen Winter auf Skiern stehen zu können. Trotzdem waren es ziemlich viele Veränderungen auf einmal, die da auf mich zukamen.

Was die Arbeit anging, so stellten sich meine Bedenken als unbegründet heraus. Sie war zwar anspruchsvoll und kostete viel Energie, aber ich war voller Enthusiasmus und schätzte es, gefordert zu sein. Es war ein sehr befriedigendes Gefühl, daß mir so viel Verantwortung übertragen wurde. Als Physiotherapeutin hatte ich vor allem mit Patienten zu tun, die infolge eines Schlaganfalls von einer halbseitigen Lähmung betroffen waren und verlorengegangene Bewegungsformen wieder neu erlernen mußten. Ich stellte fest, daß die Menschen ganz unterschiedlich mit diesen körperlichen Einbußen umgingen. Da gab es die Motivierten, die mit viel Einsatz daran arbeiteten, ihre ursprüngliche Beweglichkeit wiederzuerlangen. Mit ihnen zu arbeiten war eine Freude. Schwieriger war es mit den Patienten, die sich eher in ihr Schicksal fügten und teilweise auch resigniert hatten. Sie immer wieder dazu aufzufordern, nicht aufzugeben und selbständig zu üben, dabei aber auch nicht die Geduld mit ihnen zu verlieren und mich immer wieder selbst zu motivieren, das war manchmal eine ganz schöne Herausforderung. Abgesehen davon war es auch eine körperlich anstrengende Tätigkeit. Die Bewegungsübungen fanden oft draußen oder auch im Wasser statt; das Spektrum reichte vom Barfußlaufen auf der Wiese bis zum Langlauftraining für Rollstuhlfahrer. Auch alltagsbezogenes Training gehörte dazu: waschen, anziehen, Treppen steigen. Doch die Arbeit machte mir Spaß, und ich lernte, die Erfolge meiner Patienten auch als meine eigenen Erfolge zu sehen.

Kontakt mit den Einheimischen hatte ich vor allem über die Kollegen an der Klinik. Als »Zuagroaste« mußte ich zunächst einmal die sprachliche Barriere überwinden und mich mit dem südbayrischen Dialekt anfreunden. Hatte ich wieder einmal nichts verstanden und freundlich »Wie bitte?« gefragt, wurde ich berichtigt: »Dearndl, des hoast bei uns ›häh‹!« Mir kam es so vor, als ob sich die Berchtesgadener viel Zeit dabei lassen, Fremde zu akzeptieren. Doch die Beziehungen, die sich im Lauf der Jahre entwikkelt haben, sind dafür um so stabiler und verbindlicher.

Von meinem ersten Gehalt kaufte ich mir neue Ski. Endlich konnte ich so viel auf die Piste, wie ich wollte! Ich nützte dazu jede Möglichkeit, merkte allerdings recht bald, daß mir der Pistenbetrieb und die vielen Leute auf die Dauer auf die Nerven gingen. An den Wochenenden war mir zuviel los, die Warterei an den Liften machte mich ungeduldig, und irgendwann kannte ich alle Skigebiete im Umkreis und fand es nicht mehr besonders spannend. Ich hatte in den Gesprächen mit den Kollegen mitbekommen, daß viele von ihnen Skitouren gingen. Das interessierte mich natürlich, aber ich hatte keine Ahnung davon, und wer gibt schon gern zu, daß er blutiger Anfänger ist?

In dieser Situation erschien ein rettender Engel. Er hieß Ilona und zog direkt neben uns ein. Ilona hatte als Logopädin an der Loipl-Klinik zu arbeiten begonnen. Da wir nun Tür an Tür wohnten, merkten wir bald, daß wir ähnlich gestrickt waren. Sie war völlig unkompliziert, mit ihr war immer irgendeine spontane Aktion möglich, sei es eine schnelle Fahrradtour nach dem Dienst oder ein kurz entschlossener Biergartenbesuch. Endlich hatte ich eine Partnerin für meine sportlichen Ambitionen gefunden: Während ich Lutz mit meiner Begeisterung nicht anstecken konnte, war Ilona für jeden Unsinn zu haben, solange er mit körperlicher Bewegung zu tun hatte. Mit der Zeit wurden wir richtig dicke Freundinnen. Das hatte auch damit zu tun, daß wir uns in einer ähnlichen Situation befanden. Sie war aus Tauberbischofsheim nach Berchtesgaden gekommen und suchte ebenfalls Anschluß in der neuen Umgebung.

Ilona und ich waren in den Kirchenchor eingetreten, weil wir beide Spaß am Singen und schon Chorerfahrung hatten. Dort lernten wir Lobo kennen, der uns abseits der Skipiste die Technik des Aufsteigens mit Fellen zeigte und mit uns Spitzkehren übte. Die körperliche Anstrengung kombiniert mit dem technischen Anspruch gefiel mir, und bald machten wir – mit geliehener Ausrüstung – unsere erste richtige Skitour auf die Hohen Roßfelder. Es gab eine Menge zu lernen, bis wir so weit waren, selbständig auf Skitour gehen zu können. Wir mußten uns erst an den Tiefschnee gewöhnen und unsere Technik an die jeweiligen Schneebedingungen anpassen. Wir ließen uns den Umgang mit dem Lawinenverschüttetensuchgerät erklären und machten unsere eigenen Erfahrungen damit, wie wir uns unsere Kräfte einteilen mußten, damit sie für immer höhere Aufstiege ausreichten. Das Berchtesgadener Land bietet phantastische

Skitourenziele, die allerdings relativ schnell mal anspruchsvoll werden, doch mit wachsender Übung wurde auch unsere Kondition besser. Und die Anstrengungen wurden schließlich immer mit einer Tiefschneeabfahrt belohnt! Je nach Schneequalität konnte das ein himmlisches Vergnügen im staubenden Pulverschnee oder eine kräftezehrende Tortur im Bruchharsch sein – auch das Tiefschneefahren will gelernt sein. Neben dem überragenden Gefühl, den Gipfel erreicht zu haben, ganz oben zu stehen und die Aussicht rundum genießen zu können, war für mich die Abfahrt immer der absolute Höhepunkt eines solchen Tages im Gebirge.

Ilona und ich hatten inzwischen unsere eigenen Tourenausrüstungen. Überhaupt gab ich praktisch das ganze Geld, das ich nicht für das tägliche Leben benötigte, für Sportausrüstung aus: Tourenski und -schuhe, »richtige« Bergstiefel, Funktionskleidung, die nicht nur praktisch, sondern auch schön war. Ich verdiente nicht gerade ein Vermögen – in den Lohntabellen des Tarifvertrags begann die unterste Gehaltsstufe bei 21 Jahren, und da ich noch nicht so alt war, bekam ich nur 93 Prozent des Nettolohns ausbezahlt. Grundsätzlich fühlte ich mich nicht schlecht in meiner Position als Küken, ich war von den Kollegen akzeptiert und leistete die gleiche Arbeit wie sie, aber die niedrige Bezahlung fand ich ungerecht. So schön es war, den Dank der Patienten zu spüren, ein bißchen mehr Geld als Anerkennung meiner Leistungen hätte mich schon gefreut. Sehr großzügig waren meistens die Patienten: Ihr Trinkgeld floß natürlich sofort in meine Ausrüstungs- und Urlaubskasse. Zum Glück kostete das Bergsteigen abgesehen von der Ausrüstung nicht viel, und nachdem wir Wochenende für Wochenende unterwegs waren, hatten wir gar keine Gelegenheit, unser Geld anderweitig auszugeben. Wir hatten keine Ambitionen, in Bars oder Diskos abzuhängen, denn wir wollten an unseren freien Tagen ausgeruht sein.

In diesem ersten Winter in Berchtesgaden hatte ich meine Leidenschaft für die Berge entdeckt. Ich war fasziniert von der Landschaft, von den Alpen, die sich um mich herum ausbreiteten, wenn ich, erschöpft, aber zufrieden, auf einem Gipfel ankam. Immer wieder staunte ich über die Aussicht, die sich bei schönem Wetter bot. Nach Osten, nach Süden und nach Westen zogen sich die Bergketten in einem unendlichen Auf und Ab bis zum Horizont, während ich im Norden auf den Königssee oder auch mal bis zum Chiemsee hinunterschauen konnte. Die Befriedigung über die Tour, die ich geschafft hatte, zusammen mit diesem erhabenen Anblick, das war ein großartiges Gefühl, und das wollte ich immer wieder neu erleben. Dieses Bedürfnis trieb mich jedes Wochenende auf die Berge und ließ mich mit neuen Energien zurückkehren.

Im Frühling und im Sommer ging das dann so weiter. Über die Arbeit ergaben sich immer mehr Kontakte mit Kollegen. Wir waren nicht nur in der Reha-Klinik ein gutes, solidarisches Team, wir verbrachten auch teilweise unsere Freizeit miteinander und waren gemeinsam unterwegs. Ich war in einem sehr sportlichen Umfeld gelandet, das mir jetzt zugute kam. Praktisch alle meine Therapeutenkollegen waren absolute Outdoor-Freaks, die jede freie Minute irgendwo draußen verbrachten, im Winter auf den Skiern, im Sommer beim Bergsteigen, Klettern oder Mountainbiken. Ich lernte eine mir völlig neue Lebensart kennen. Für viele Berchtesgadener gehörte es zu ihrem Alltag, sich draußen, in schöner Landschaft und sauberer Bergluft, zu verausgaben. Es war für sie völlig normal, nach der Arbeit noch schnell eine Skitour zu machen oder zum Klettern zu gehen. Ihre Energie war ansteckend. Es brauchte ja auch nicht viel, um meinen Ehrgeiz zu wecken, und wenn mich jemand fragte, ob ich Lust hätte, mit ihm auf einen Berg zu kommen, hätte ich niemals nein gesagt.

So wurden aus den anfänglichen Wanderungen bald lange und anspruchsvolle Bergtouren. Meine Kondition wurde immer besser. Ich bemerkte meine Fortschritte und freute mich darüber. Ich tat allerdings auch etwas dafür, ging nach der Arbeit noch zum Joggen oder setzte mich aufs Fahrrad. Ilona und ich waren weiterhin ein gutes Team. Unter der Woche planten wir unsere Tour fürs Wochenende, und wenn wir am Freitag morgens in die Klinik fuhren, standen die Rucksäcke schon gepackt im Hausgang. Kaum war um zwei der Dienst zu Ende, machten wir uns auf den Weg zu unserem Ausgangspunkt und stiegen oft noch zu einer Hütte auf. Sonntags kam ich am Abend verschwitzt und erledigt, aber völlig glücklich und zufrieden zurück. Der Wetterbericht mußte schon richtig schlimm klingen, um uns davon abzuhalten, wenigstens mal aufzubrechen und zu schauen, was sich machen ließ. Das waren dann die wenigen Wochenenden, an denen Zeit für kulturelle Veranstaltungen oder einfach mal für einen gemütlichen Tag zu Hause war.

Die Berge vor unserer Haustür waren uns eine einzige große Spielwiese. Wir stiegen beispielsweise von Süden auf das Steinerne Meer, übernachteten im Riemannhaus, gingen am nächsten Tag auf die Schönfeldspitze und am Hundstod vorbei durch das Wimbachtal zurück in die Ramsau. Eine meiner schönsten Touren führte über die Mitterfeldalm auf den Hochkönig und über die Übergossene Alm und den Herzogsteig zur Biwakschachtel unter dem Wildalmkirchl. Dort übernachteten wir und setzten am nächsten Tag die Runde über den Funtensee und die Saugasse nach St. Bartholomä am Königssee fort, wo wir das Schiff nach Hause nahmen. Ein heftiges Wärmegewitter, die idyllische Sternennacht so weit oben und die klare, frische Morgenstimmung werden mir noch ewig in Erinnerung bleiben.

Zwischen Ilona und mir hatte sich durch die vielen gemeinsamen Erlebnisse, die geteilten Freuden und die zusammen ausgestandenen Abenteuer eine enge Beziehung entwickelt. Wir waren gemeinsam in das Bergsteigen hineingewachsen und konnten uns nichts Schöneres vorstellen, als draußen in der Natur unterwegs zu sein und uns dabei ordentlich zu verausgaben. Wir spornten uns gegenseitig an und pushten uns vorwärts. Die Ziele wurden immer ambitionierter. Im Sommer 1994 hatten wir uns die Überschreitung des Watzmann-Massivs vorgenommen, eine Grattour, die über die drei Gipfel des Watzmanns führt. Zwischen Hocheck, Mittel- und Südspitze ist der Steig mit Drahtseilen versichert, er überschreitet nirgends den ersten Schwierigkeitsgrad. Die größte Herausforderung stellt die Länge der Tour dar, ist doch zwischen dem Watzmannhaus als Startpunkt und dem Ziel Wimbachbrücke eine reine Gehzeit von neun bis zehn Stunden angegeben.

Morgens waren wir sehr früh aufgebrochen, vom Tal, weil wir uns eine schlaflose Nacht im Matratzenlager des Watzmannhauses ersparen wollten. Bis zum Hocheck fühlte ich mich recht frisch, doch dann machte sich die Anstrengung bemerkbar. Auf dem Grat selbst fühlte ich mich total unwohl. Auf beiden Seiten ging es jeweils steil in den Abgrund hinunter – bei dem Anblick lief es mir eiskalt über den Rücken. Wir waren zu fünft, außer mir Ilona, Lutz und zwei seiner Kollegen. Als einer von ihnen ausglitt und einige Meter abrutschte, bevor er sich zum Glück noch festhalten konnte, war ich nervlich am Ende. Ich mußte mich darauf konzentrieren, immer nur auf meinen Weg und nicht nach unten zu schauen. Heilfroh war ich über die Drahtseilversicherungen, an denen ich mich festhalten konnte, und wenn es keine Sicherungen gab, bewegte ich mich manchmal auf allen vieren kriechend über den Grat, weil ich unbedingt etwas in den Händen halten wollte. Ich hatte schlichtweg Angst. Aufrecht über den Grat zu spazieren, wie es manche andere Bergsteiger taten, wäre mir nicht im Traum eingefallen. Und wenn ich nach links in die Watzmann-Ostwand hinunterschaute, war es mir völlig unvorstellbar, daß es Leute gab, die da heraufkletterten. Hätte mir damals jemand gesagt, daß ich genau das nur ein paar Jahre später selbst tun würde, ich hätte ihn für verrückt erklärt.

Auf der Wimbachgrieshütte kamen wir schon ziemlich erledigt an. Die steilen Wände um uns herum erfüllten mich mit noch mehr Ehrfurcht als zuvor. Wir waren wirklich froh, als wir endlich – mit schmerzenden Füßen und einem riesigen Durst – wieder den Parkplatz bei der Wimbachbrücke erreichten. Das ausgesetzte Gelände hatte uns unsere Grenzen deutlich vor Augen geführt. Bisher waren wir vor allem auf Normalwegen unterwegs gewesen, für die keine Kletterfertigkeiten notwendig waren. Die Watzmann-Überschreitung dagegen hatte uns wirklich gefordert. Doch es tat auch gut, die eigenen Grenzen spüren. Wir hatten an diesem Wochenende das gemacht, was wir gerade noch konnten, und das Erfolgserlebnis war um so größer. Es spornte uns an, unsere Grenzen Schritt für Schritt hinauszuschieben.

Aus diesen Wochenend-Abenteuern schöpfte ich unglaublich viel Kraft für meinen Alltag. Die Arbeit konnte gar nicht so anstrengend sein, daß ich nicht vergnügt am Donnerstag meinen Rucksack gepackt hätte, um wieder in die »Freiheit« aufzubrechen – als solche empfand ich die Berge. Unter der Woche war ich in den Zeitplan der Behandlungstermine eingespannt; auch wenn ich meinen Beruf gern ausübte, ich mußte trotzdem funktionieren. Am Wochenende konnte ich all das hinter mir lassen, der Körper durfte sich anstrengen, der Kopf wurde frei. Auch wenn ich am Sonntagabend körperlich erschöpft war, innerlich war ich voller Energie und Tatendrang und völlig wach. Dann konnte ich auch wieder die beruflichen Aufgaben gut erfüllen, hatte Geduld, mich auf meine Patienten einzulassen. Deswegen sehe ich eine solche Wochenendgestaltung auch nicht als Flucht vor dem Alltag, sondern als einen gesunden Ausgleich, als eine sich gegenseitig befruchtende Wechselwirkung zwischen Beruf und Freizeit. Ich bin mittlerweile überzeugt davon, daß Bewegung für mich lebensnotwendig ist. Es gibt dazu sicherlich jede Menge schlaue wissenschaftliche Theorien. Am besten gefällt mir die Vorstellung, daß körperliche Anstrengung Endorphine freisetzt, die mich glücklich machen. Und deswegen will ich möglichst oft möglichst viel davon.

Das wollte ich auch damals. Im Winter darauf begannen Ilona und ich, abends nach der Arbeit noch die Ski unter die Füße zu nehmen. Wir stiegen im Dunkeln mit Stirnlampe auf und fuhren auch wieder so ab, was eine gewisse Sicherheit auf den Skiern voraussetzte. Vor allem begannen wir, auf Zeit zu gehen: Der Ehrgeiz hatte uns gepackt, wir wollten es uns richtig geben. Am Mittwochabend war Skitourenstammtisch auf dem Stahlhaus; vom Parkplatz bei der

Jennerbahn in Königssee sind das 1100 Höhenmeter. In normalem Tempo braucht ein Skibergsteiger dazu um die drei Stunden. Wir rannten gegen die Uhr an und versuchten, unsere eigenen Zeiten zu unterbieten. Zum Schluß waren wir bei rund neunzig Minuten angelangt, powerten uns aber auch bis zur Erschöpfung aus. Diese Rennerei hatte verständlicherweise einen großen Durst zur Folge, und weil wir auch nicht immer nur Apfelschorle tranken, waren die »Bögerl« auf der Abfahrt nicht mehr ganz so gleichmäßig wie gewohnt. Das ging allerdings nicht nur uns allein so, der Stammtisch auf dem Stahlhaus war allgemein eine feucht-fröhliche Sache. Diese abendlichen Ausflüge schätzte ich sehr, sie waren richtig ausgelassen. Jemand spielte Akkordeon, ich lernte Saugeige spielen und Löffel schlagen. Ich fühlte mich wohl unter den Bayern, für die sportlich sein und feiern kein Widerspruch waren.

Weil wir meist auch schon am Freitagnachmittag unterwegs waren, machten wir teilweise viermal wöchentlich eine Skitour. Wenn man die Berge halt auch direkt vor der Nase hat ... Kein Wunder, daß wir bei diesem exzessiven Ausdauertraining eine super Kondition hatten. Wir konnten uns nun auch die anspruchsvollen Ziele im Berchtesgadener Land zutrauen, das Watzmann-Hocheck zum Beispiel, das durch die Felsabbrüche unterhalb ein nicht ganz ungefährliches Unternehmen ist, oder den Hohen Göll, der ebenfalls hochalpines Gelände aufweist. Am Ende der Skitourensaison hatten wir auch die Große Reib'n auf unserer Liste, eine Skidurchquerung vom Stahlhaus über das Kärlingerhaus ins Wimbachtal, die praktisch den Königssee umrundet und für ihre langen Etappen berüchtigt ist. Klassiker wie das Watzmannkar hatten wir inzwischen schon mehrmals abgehakt. Wir kamen sogar auf so verrückte Ideen wie die Große Reib'n in einem Tag zu machen. Weil dann aber andere Ziele wichtiger wurden, hatte ich bis heute noch keine Gelegenheit, diesen Plan zu verwirklichen.

Es wurde wieder Sommer. Wie überall in den Alpen waren auch in Berchtesgaden immer häufiger Mountainbiker unterwegs, die sich nicht auf die Täler beschränkten, sondern auf ihren Hochleistungsrädern steile Forststraßen und Bergwege in Angriff nahmen. Mich hatte die Vorstellung von Anfang an fasziniert, auf dem Fahrrad weit nach oben fahren zu können, die Aussicht zu genießen und anschließend schnell und scheinbar mühelos wieder nach unten zu rollen. Sobald ich das Geld dafür zusammenhatte, kaufte ich mir so ein leichtes, federgabelgeschmücktes High-Tech-Gerät. Und merkte bald, daß man sich in keiner anderen Bergsportart so schnell so fertigmachen kann wie mit dem Bike.

Aber ich wollte mich ja schinden, also war das genau das Richtige für mich. Bald konnte man mich auf den Bike-Strecken rund um Berchtesgaden beobachten, wie ich mich mit hochrotem Kopf die steilsten Wege hinaufkämpfte, von der Wimbachbrücke zur Kührointhütte beispielsweise, von Königssee zum Schneibsteinhaus oder, ebenfalls extrem steil, aber landschaftlich ein Traum, zur Gotzenalm. Ihre grünen Almwiesen liegen wie eine Insel zwischen dem hellgrauen Kalk der Berge ringsum, darunter ruht das tiefe Blau des Königssees. Stieg ich mit rasendem Puls und wakkeligen Beinen vom Rad, machte sich in mir eine tiefe Befriedigung über das Geleistete breit. Ich legte eine ausgiebige Pause ein, genoß den Ausblick auf die wilde Umgebung, und dann freute ich mich darauf, es bei der Abfahrt richtig krachen zu lassen und mit maximalem Speed ins Tal zu jagen. Mit dem Bike war ich von keinem Tourenpartner abhängig und häufig auch allein unterwegs. Aber unterhaltsamer war es natürlich mit anderen zusammen.

Auch die Radler hatten ihren Stammtisch, auf der 1334 Meter hoch gelegenen Litzlalm, die man aus der Ramsau durch das wunderschöne Tal des Hintersees erreicht. Praktisch jeden Donnerstag machte ich mich nach der Arbeit mit Ilona auf den Weg dorthin. Wir setzten uns vor der Haustür auf die Räder und fuhren die rund 850 Höhenmeter, versüßt mit 750 Höhenmeter Abfahrt, bis zur Alm. Wenn wir zuviel getrunken hatten, was öfter mal vorkam, schoben wir die Bikes den ganzen weiten Weg hinunter, um keinen Sturz zu riskieren. Vor allem mußten wir den Gegenanstieg noch bewältigen ... Und trotzdem am nächsten Tag um acht in der Klinik stehen.

Mountainbiken ist ein unübertroffenes Ausdauertraining, und Berchtesgaden bot mir unendliche Möglichkeiten, mich auszutoben und an meine Leistungsgrenze zu gehen, zum Beispiel mit den richtig langen Runden um die Reiteralm (1800 Höhenmeter, 52 Kilometer) oder um den Hohen Göll (2400 Höhenmeter, 63 Kilometer). Zunehmend kombinierte ich auch das Biken und das Bergsteigen, indem ich zum Beispiel mit dem Rad auf Kühroint fuhr und dann zu Fuß über den Gendarm auf den Kleinen Watzmann stieg. Auf diese Weise optimal vorbereitet, konnte ich mit Ilona auch die langen Bergtouren auf den Hochkalter oder eben den Hohen Göll angehen. Bald hatten wir mehr oder weniger alle wichtigen Gipfel im Berchtesgadener Land bestiegen. Das war der Zeitpunkt, als ich anfing, begehrlich in die Untersberg-Südwand zu schauen, wenn ich an ihr vorbei auf dem Normalweg zum Gipfel lief. Sie sah plötzlich nicht mehr ganz so unbegehbar aus. Insgeheim wünschte ich mir, da mal eine Route hinaufzuklettern.

Ich konnte mittlerweile ein bißchen besser einschätzen, was ich mir zutrauen konnte und was nicht. Ich war trittsicher geworden und hatte mehr Erfahrung in der Wegfindung. Ich beschäftigte mich zunehmend mit den alpinen Gefahren, übte mich darin, das Wetter und im Winter die Lawinensituation zu beurteilen. Mit jeder Tour lernte ich dazu, bekam Erfahrung und Sicherheit. Ich wurde selbständiger. Daraus entstand der Wunsch, mich zu steigern, neue Ziele anzuvisieren. Ich wollte an meine Grenzen gehen.

Auf einem anderen Gebiet hatte ich diese Ziele verloren. Lutz konnte die Ausschließlichkeit meiner Bergbegeisterung immer weniger nachvollziehen. Ich war ihm zu extrem geworden. Seitdem wir zusammen nach Bayern gegangen waren, hatten wir uns tatsächlich in völlig unterschiedliche Richtungen entwickelt. Er war viel häuslicher als ich, kochte gern, genoß es, es sich daheim gemütlich zu machen, Freunde zu treffen und zu lesen. Meine alpinistischen Aktivitäten das ganze Jahr hindurch hatten dazu geführt, daß wir kaum noch Zeit miteinander verbrachten, vor allem auch nichts mehr Gemeinsames unternahmen. Wir hatten keine Themen mehr, die uns beide betrafen, wir redeten aneinander vorbei. Irgendwann gab es keine Gemeinsamkeiten mehr. So beschlossen wir im Oktober 1995, uns zu trennen, und Lutz zog aus.

Ich hatte es immer schade gefunden, daß er sich nicht von mir anstecken ließ und mich begleitete. Dennoch waren mir die Berge so wichtig, daß ich nicht auf sie verzichten wollte. Es war mir ein grundlegendes Bedürfnis geworden, hinaufzusteigen und von oben auf die Welt unter mir schauen zu können. Da war zum einen die körperliche Anstrengung, die mir wohltat, die frische Luft, der angeregte Kreislauf. Das andere war das Gipfelerlebnis. Oben anzukommen, dort, wo es nicht mehr weitergeht, es geschafft zu haben, das war immer wieder ein ungeheures Erfolgserlebnis für mich.

Im Winter kam noch etwas anderes dazu: die Faszination des Tiefschnees. Auf Skitouren freue ich mich heute noch unbändig auf die Abfahrt. Tauche ich in einen unberührten Hang ein, schlägt mein Herz schneller, und ich habe ein Kribbeln im Bauch, als wäre ich frisch verliebt. Staubt mir der Schnee bis zu den Ohren, möchte ich nie wieder stehenbleiben müssen. Allerdings holt mich irgendwann das Brennen in den Oberschenkeln wieder in die Realität zurück, und ich bin froh, wenn der endlos scheinende Hang zu Ende geht und ich völlig außer Puste abschwingen kann. Vielleicht hat meine Begeisterung für den Schnee auch damit zu tun, daß das Skifahren mein erster Kontakt mit dem Gebirge war.

Oben ankommen. Meinen Puls spüren. Durchatmen.

Diese Ruhe, der Überblick.

Abgehoben vom Alltag, bin ich ganz bei mir. Das ist für mich Glück.

Elementare Gefühle: die Sonne. Die Wärme auf meiner Haut. Der Wind im Gesicht.

Freiheit. Das, was wir früher so lange vermißt hatten, auch wenn es damals nur eine abstrakte Vorstellung war. Hier oben spüre ich Freiheit.

Endstation Balaton

Jugend hinter dem Eisernen Vorhang

Fährt man von Leipzig in Richtung Nordosten, am neuen Messegelände vorbei und weiter übers Land, fühlt man sich in eine andere Zeit zurückversetzt. Die Gegend ist völlig eben und wird von landwirtschaftlichen Flächen dominiert. Heidelandschaft, ein Birkenhain, Hochsitze von Jägern, Äcker, auf denen verlassen ein Anhänger steht, schmale Wäldchen, eine Kiesgrube. Das »DZ« auf den Autokennzeichen steht für Delitzsch. Die kleinen Dörfer – Hohenossig, Pröttitz, Krostitz, Gollmenz, Lindenhayn – bestehen aus Einfamilien- und Doppelhäusern entlang der Straße; ab und zu hängt an einem das Schild »Zu verkaufen«. Ein paar alte Ziegelbauten erinnern an die Zeit, als hier noch produziert wurde. Bei schlechtem Wetter, wenn die Wolken tief hängen, wirkt das schnell mal trist, aber für mich ist es eigentlich eher eine wehmütige Stimmung, die sich über die Landschaft legt.

Nach rund dreißig Kilometern überquert die Straße die Mulde. Jenseits des Flußes, am Beginn des Naturparks Dübener Heide, liegt Bad Düben, die Kleinstadt, in der ich aufgewachsen bin. Geboren wurde ich noch 35 Kilometer weiter nördlich, in Wittenberg, der Wirkungsstätte Martin Luthers. Meine Eltern hatten sich in Bad Düben kennengelernt und 1973 geheiratet. Ich wurde 1974 geboren, in dem Jahr, als die Sowjetunion Alexander Solschenizyn auswies, die Ständigen Vertretungen der beiden deutschen Staaten in Bonn und Ostberlin ihre Arbeit aufnahmen und Helmut Schmidt Kanzler wurde. Im Juli wurde die Mannschaft der Bundesrepublik Deutschland Fußball-Weltmeister, im September beschloß die DDR-Volkskammer, den Begriff »deutsche Nation« aus dem Verfassungstext zu tilgen. Heinrich Böll veröffentlichte »Die verlorene Ehre der Katharina Blum«, Stefan Heym »5 Tage im Juni«, das allerdings nur im Westen erscheinen konnte.

Damals waren die Fachwerkhäuser noch nicht so schmuck renoviert wie heute. Für so etwas fehlten die Mittel. Weil hier ein Stützpunkt der Unteroffiziersausbildung der Nationalen Volksarmee angesiedelt war, wurden am Ortsrand Plattenbauten hochgezogen, um die Flieger und ihre Familien unterzubringen. Meine Eltern – mein Vater war als Bauingenieur in einem Planungsbüro angestellt – bauten sich ein Haus, das durch Eigenleistung und tatkräftige Hilfe von Freunden entstand. Weil das natürlich dauerte, hatte die junge Familie auch nach meiner Geburt keine eigene Wohnung. Die bei meiner Oma herrschende Enge war ein Grund dafür, daß meine Mutter nach einem Vierteljahr wieder als Chemielaborantin arbeiten ging. Der andere: das Geld. In der DDR blieben die Mütter normalerweise ein Jahr zu Hause und arbeiteten dann wieder voll. Anders hätte es finanziell nicht gereicht, und für den Staat war das praktisch, denn über den Arbeitsplatz hatte man die Bürger unter Kontrolle. Während meine Mutter arbeitete, kümmerte sich Oma Anni um mich. Mit einem Jahr ging ich in die Kinderkrippe. 1978 kam meine Schwester Claudia zur Welt. Von da an arbeitete meine Mutter nur noch fünf Stunden täglich, so daß sie mehr Zeit für uns

Kinder hatte. Später gelang es ihr, dauerhaft auf dreißig Wochenstunden zu reduzieren. In der DDR ging das nur mit einem ärztlichen Attest, das sie sich – zur Abschrekkung – bei einem Psychiater holen mußte.

Wie der Hausbau meiner Eltern war vieles in der DDR nur mit solidarischer Hilfe von Freunden und Bekannten möglich. Jeder trug bei, was er eben konnte oder hatte. Dieses Tauschsystem auf Gegenseitigkeit war oftmals der einzige Weg, um zu dem zu kommen, was man sich wünschte. Man mußte sich die Dinge organisieren. Mein Vater beispielsweise war schon 1986 stolzer Besitzer eines VW Golf, weil er dem Nachbarn dafür eine Holzsauna baute. Die Fähigkeit, sich miteinander auf eine Art und Weise zu arrangieren, die beiden Seiten nützt, ist eine Eigenschaft, die ich so nur in Ostdeutschland kennengelernt habe.

Der Stadtkern von Bad Düben mit dem hohen Turm der St.-Nikolai-Kirche und den Fachwerkhäusern ist weitgehend erhalten. Am Ufer der Mulde steht die Burg Düben, die 981 das erste Mal schriftlich erwähnt wurde. Hier soll 1532 der Streit zwischen Hans Kohlhasen und dem Junker von Zaschnitz begonnen haben, der Kleist als Vorbild für seine Erzählung vom Michael Kohlhaas diente. 1813 war die Burg Düben Hauptquartier der französischen Armee, bevor Napoleon in die Völkerschlacht bei Leipzig zog. Heute ist hier das Landschaftsmuseum der Dübener Heide untergebracht.

Die historischen Gebäude wurden nach der Wende nach und nach renoviert und strahlen heute in altem Glanz. Man merkt auf Schritt und Tritt, daß viel investiert wurde, um die Stadt als Kurort attraktiv zu machen. Zumindest für die Bauwirtschaft bedeutete das auch Arbeitsplätze – und für meinen Vater, der sich inzwischen als Architekt selbständig gemacht hatte, Aufträge.

Nach Nordosten erstreckt sich zwischen der Mulde und der Elbe der Naturpark Dübener Heide, mehr als tausend Quadratkilometer Wiesen, Sträucher, Misch- und Kiefernwälder. Die nährstoffarmen Böden der welligen Heidelandschaft ließen nur Holzwirtschaft zu. Sie sind teilweise vermoort; das Moor machte den unscheinbaren Ort vor mehr als hundert Jahren zur Kurstadt. Das Eisenmoorbad wurde 1915 eingeweiht und vor allem gegen rheumatische Erkrankungen und zur Kreislaufstärkung empfohlen. 1994 wurde hier ein hochmodernes Reha-Zentrum gebaut, 1996 erhielt die orthopädische Fachklinik »Waldkrankenhaus« einen Neubau, 1999 kam ein Kur- und Wellnesszentrum dazu. Der Naturpark beinhaltet große Landschafts- und Naturschutzgebiete mit seltenen, geschützten Pflanzen – Sonnentau, Orchideen – und Tieren: Schwarzstörche und Kraniche sind anzutreffen, Biber, sogar Sumpfschildkröten. Auf Wanderungen, mit dem Fahrrad oder auf Ausritten läßt sich diese Gegend gut erkunden. Als Kinder haben meine Schwester und ich viel dort gespielt, wir waren manchmal den ganzen Tag im Wald unterwegs oder haben Buden gebaut.

Die Heide entstand auf eiszeitlichen Ablagerungen. Darunter liegen braunkohleführende Schichten – Bitterfeld ist nicht weit. Der zwanzig Kilometer entfernte Ort war früher der Mittelpunkt des Braunkohlebergbaus und der braunkohleverarbeitenden Industrie. Der VEB Elektrochemisches Kombinat hatte die Nachfolge der ehemaligen IG Farben angetreten; der Anblick von Braunkohlekraftwerken bestimmte die Landschaft. 1991 wurde die Förderung eingestellt, sie war längst unrentabel geworden. Fuhren vor der Wende noch täglich 2500 Leute von Bad Düben nach Bitterfeld, waren diese Arbeitsplätze innerhalb von zwei Jahren verschwunden. Und die hohe Arbeitslosigkeit führte dazu, daß vor allem die Jüngeren abwanderten.

Heute hat Bad Düben rund 8800 Einwohner. Weil die Stadt im Grenzgebiet sowohl nach Preußen als auch nach Anhalt liegt, sprechen die Bad Dübener keinen sehr ausgeprägten Dialekt. Und weil meine Mutter nicht aus Sachsen ist, wurde bei uns daheim sowieso nicht Sächsisch gesprochen. Zum Glück – sonst hätte ich mir bei meinem Umzug nach Bayern ganz schnell diese Sprache abgewöhnen müssen, um mich nicht sofort als Ossi zu outen. Mittlerweile ist mir der sächsische Dialekt so fremd geworden, daß ich jedesmal staune, wenn jemand so richtig damit loslegt. Der bayerische hingegen klingt schon richtig heimatlich.

Die Eltern meines Vaters waren sudetendeutsche Flüchtlinge, die sich am Ende des Zweiten Weltkriegs in Bad Düben ansiedelten. Er wurde hier geboren und ist hier aufgewachsen. Weil seine Schwester im Westen lebte, bekamen wir heißbegehrte Pakete mit Milka-Schokolade, Matchbox-Autos, Kaffee und Zahnpasta. Noch besser waren Ausgaben der »Bravo«.

Die Eltern meiner Mutter, Bauern in der Rhön, fanden sich nach dem Mauerbau innerhalb des fünf Kilometer breiten Sperrgebiets zwischen Ost und West wieder. Weil sie sich nicht ducken wollten und ihr Vater seine Meinung laut äußerte, fuhren Anfang Oktober 1961 einige Lastwagen auf dem Bauernhof vor. Der gesamte Hausrat wurde eingeladen, die Familie mit den vier kleinen Kindern in die Nähe von Bad Düben zwangsumgesiedelt. Wie viele andere von der »Aktion Kornblume« Betroffene waren sie ohne Gerichtsurteil als politisch unzuverlässig von Haus und Hof enteignet worden. Vor diesem Hintergrund ist es kein Wunder, daß meine Eltern alles andere als überzeugte DDR-Bürger waren und alle Freiräume nützten, die sich boten.

Dazu gehörten vor allem unsere Urlaubsreisen. Meine Eltern scheuten keinen Aufwand, um im Rahmen des Möglichen andere Gegenden und Länder zu erkunden, etwas von der Welt zu sehen und uns Kindern etwas zu bieten. Am Wochenende packten sie uns in den Shiguli – so hießen die Lada-Modelle für den russischen Markt – und fuhren mit uns zum Windsurfen. Im Autoradio lief Abba, es ging durch die Dübener Heide zum Bergwitzsee, einer ehemaligen Braunkohlegrube, die geflutet und zum Naherholungsgebiet erklärt wurde. Standen dann die Sommerferien vor der Tür, wurde der Kofferraum mit Konservendosen gefüllt, die Surfausrüstung verstaut, und wir machten uns entweder auf den Weg zum Plattensee oder bis nach Bulgarien ans Schwarze Meer. Die Konservendosen sind bis heute tief in meiner Erinnerung verankert, vor allem die Linsensuppe mit Bockwurst. Wir fuhren eigentlich niemals los, ohne das Essen für zwei Wochen und vier Leute dabeizuhaben: Aus finanziellen Gründen blieb uns nichts anderes übrig, als selbst zu kochen. Ans Schwarze Meer dauerte schon allein die Fahrt drei Tage, weil wir an jeder Grenze – in die Tschechoslowakei, nach Ungarn, nach Rumänien, nach Bulgarien – stundenlang warten mußten. Für Ungarn und Bulgarien brauchte man ein Visum, das zwar problemlos zu bekommen war, aber natürlich kostete.

Wir machten auch Badeurlaube an der Ostsee, am Bodden, auf Rügen oder Darß. Übernachtet wurde auf Campingplätzen. Außer am Greifswalder Bodden, den am schmalen Übergang zum offenen Meer Grenzpolizeiboote absicherten, war Surfen dort nicht erlaubt – man hätte sich ja über die Ostsee aus dem Staub machen können. Am Plattensee waren wir eine feste Surfgruppe, mehrere Familien mit Kindern, die jedes Jahr ihre Ferien gemeinsam verbrachten. Höhepunkt war die alljährliche Surfregatta, an der mein Vater und seine Freunde mit ihren selbstgebauten Brettern und Segeln teilnahmen. Da diese Surfbretter weit und breit die schwersten waren, starteten alle Bad Dübener in einer eigenen Klasse. Mein Vater war richtig gut; 1982 brachte er einen Pokal mit nach Hause.

Auch meine Mutter und wir Kinder surften, mit einem kleineren Segel, weil wir nicht so viel Kraft hatten. So richtig sportlich betrieb ich das aber damals nicht. Hatte ich es endlich geschafft, das Segel aus dem Wasser zu ziehen und in den Wind zu drehen, düste ich in irgendeine Richtung los, ohne mir groß Gedanken darüber zu machen, wie ich wieder zurückkommen würde. Bei ablandigem Wind kam ich manchmal ziemlich weit, und den Rückweg mußte ich dann schwimmend und das Surfbrett hinter mir herziehend zurücklegen. Oft kam mir mein Vater entgegen, um mich zu retten.

In Ungarn bewohnten wir die Hütte eines Freundes. Da die Ungarn mit unserem DDR-Geld nichts anfangen, wir aber auch nicht genug Geld tauschen konnten, mußten wir in Naturalien bezahlen. Um die eigenen Bürger vom Reisen abzuhalten, begrenzte die DDR nämlich den Tagessatz, den man umtauschen durfte, auf eine viel zu geringe Höhe. Im Kofferraum hatten wir also nicht nur Konservendosen, sondern wir schmuggelten auch Tischdecken, Handtücher, Besteck und Geschirr über die Grenze. In Ungarn tauschten wir heimlich ein paar D-Mark in Forint um, damit wir ab und zu auch mal etwas anderes außer Linsensuppe mit Bockwurst essen konnten. Diese Ferien waren nicht ganz legal, aber dafür um so spannender. Wir hofften einfach, daß uns nicht viel passieren würde, wenn sie uns erwischten. Die Sachen hätten sie uns vermutlich weggenommen, und damit wäre der Urlaub vorbei gewesen, aber eingesperrt hätten sie uns wohl nicht. Doch zum Glück haben die Grenzer nie etwas bemerkt.

Ein erster Wanderurlaub, im rumänischen Fogaraschgebirge, das zu den Karpaten gehört, war ein Fiasko. Weder meine kleine Schwester Claudia noch ich hatten Lust, bergauf zu laufen, wir wollten getragen werden, doch zumindest ich war dafür definitiv schon zu schwer. So gaben meine Eltern diesen Versuch rasch auf und fuhren in Zukunft mit uns lieber wieder ans Meer. Mein alpinistischer Ehrgeiz hielt sich damals noch in Grenzen, und auch in den Skiferien fand ich, daß man es nicht übertreiben muß. Wenn es schneite – und seltsamerweise erinnere ich mich vor allem an Schneestürme, nicht an schönes Wetter –, war ich die erste, die in die Hütte wollte. Trotzdem war diese eine Woche Skifahren im Riesengebirge der Höhepunkt des Jahres, auf den wir uns das ganze Jahr über freuten. Wir mieteten jedes Jahr mit anderen Familien zusammen ein Haus in Spindlermühle. Weil auch in der Tschechoslowakei nur ein bestimmter Tagessatz umgetauscht werden durfte, mußten wir dort ebenfalls immer mogeln. Aus Umweltschutzgründen durfte man zu unserem Haus nicht hinauffahren; wir packten also das ganze Gepäck auf einen Schlitten und zogen es hinauf. Durch den tiefen Schnee war das eine mühsame Stapferei.

Meine Eltern hatten zusammen mit uns Kindern mit dem Skifahren angefangen, im Erzgebirge. Das schwierigste war jeweils, neue Ski zu beschaffen, vor allem wenn wir von einem Winter auf den anderen wieder viel größer geworden waren. Zu Weihnachten gab es meistens neue Ski, entweder Alpinski oder Langlaufski, manchmal auch Schlittschuhe. Ich liebte den Winter schon als Kind. Alles, was mit Schnee zu tun hatte, begeisterte mich: das Knirschen, wenn ich eine Spur durch den frischen Schnee legte, sogar das Schneeräumen um unser Haus. Mein erstes Paar Ski war aus Plastik. An die ersten Ski aus Holz kann ich mich noch gut erinnern: Ich fuhr mit ihnen auf einen Schneehügel auf, steckte fest und flog vornüber. Beide Spitzen brachen ab, und ich war völlig verzweifelt. Für den Rest der Woche mußte ich ein Paar ältere, gebrauchte Ski nehmen. Die Skigebiete waren klein und eher flach, manchmal bestanden sie nur aus einem Schlepplift mit drei Abfahrten, bei dem man dann eine Stunde anstehen mußte. Je steiler die Abfahrten waren, desto besser gefielen sie mir. Auch die Skiwanderungen von einer Hütte zur anderen auf den dafür vorgesehenen Spuren fand ich toll, wenn sie auch etwas anstrengend waren.

Sport war auf jeden Fall in der Schule mein Lieblingsfach. Es kam meinem Bewegungsdrang entgegen, denn Stillsitzen konnte ich schon damals nicht. Ich war auch nicht gerade die Fleißigste. Am schlimmsten fand ich die Staatsbürgerkunde, mit der ich nun wirklich nichts anfangen konnte. Vor allem mußte ich immer aufpassen, was ich sagen durfte und was nicht – eine Aussage wie »Im Westfernsehen habe ich aber etwas anderes gesehen« hätte die ganze Familie in die Bredouille gebracht. Natürlich sahen wir zu Hause Westfernsehen, das machte doch jeder.

An der Wilhelm-Pieck-Oberschule – benannt nach dem Mitbegründer der SED und ersten und einzigen Staatspräsidenten der DDR – fühlte ich mich bei bestimmten Anlässen als Außenseiterin, beispielsweise bei der Zeugnisausgabe. Alle trugen das weiße Hemd mit dem blauen oder später roten Tuch. In meiner Klasse war ich die einzige, die nicht bei den Jungen Pionieren war und in der achten Klasse auch nicht zur Freien Deutschen Jugend ging, in erster Linie, weil meine Eltern es nicht wollten. Das war zwar nicht verboten, aber zumindest nicht gern gesehen. Es gab in fast jeder Klasse jemanden, der nicht dabei war – um den Preis, nicht bei den wöchentlichen Pioniernachmittagen am Basteln oder an Ausflügen teilnehmen zu dürfen. Zum Glück gab es in meiner Klasse noch zwei andere, die wie ich in der Kirche engagiert waren, so konnten wenigstens wir zusammenhalten.

Die Religion war dem atheistischen Staat ein Dorn im Auge. Für sie war in der sozialistischen Ideologie kein Platz. Weil die Kirchen beider Konfessionen zu Recht als Zufluchtsort für Friedensgruppen, Anhänger der Demokratisierung und andere »Abweichler« galten, wurden Christen ausgegrenzt und waren oftmals auch Repressalien ausgesetzt. Die Jugendweihe wurde bewußt als Gegenveranstaltung zu Konfirmation und Firmung eingesetzt, um den Einfluß der Kirchen zurückzudrängen. Die spätere Entwicklung hat dann bestätigt, daß die Träger der Wende vor allem die Menschen waren, die sich, auch wenn sie nicht unbedingt religiös waren, unter dem Dach der evangelischen Kirche zusammengefunden hatten.

Ich ging nicht zur Jugendweihe, sondern wurde gefirmt; wir waren katholisch. Ich wollte um keinen Preis ein Gelöbnis gegenüber diesem Staat ablegen. Außerdem fand ich, daß viele nur deswegen mitmachten, weil es Geschenke gab: von den Eltern üblicherweise ein Moped oder einen Kassettenrekorder, vielleicht auch noch Pakete aus dem Westen. Es gab ein paar, die in der FDJ waren, zur Jugendweihe gingen und sich ein Jahr später doch noch konfirmieren ließen, aber das waren die wenigsten. FDJ und Kirche, das war Konkurrenz. Ich muß allerdings zugeben, daß ich in der neunten Klasse meine Eltern dann doch darum bat, in die FDJ eintreten zu dürfen, weil ich endlich auch zu den anderen gehören wollte. Hätte ich die Erweiterte Oberschule besuchen wollen, um die Hochschulreife zu erlangen, wäre das ohne das blaue Hemd der FDJ sowieso nicht gegangen.

War ich in der Staatsbürgerkunde auch keine Leuchte, im Sport konnte ich brillieren, der hat mir immer Spaß gemacht. Im Gegensatz zu meinen Mitschülern lief ich sogar noch gern draußen, wenn es regnete. Hauptsache, ich konnte mich bewegen und Dampf ablassen. Nach einer endlosen Deutsch- oder Mathestunde: runter die Treppe, rein in die Turnhalle, rechts war der Umkleideraum, rein in die Kabine und in die Turnklamotten – das war eine richtige Erlösung. Im Geräteturnen war ich nicht so gut, aber in Leichtathletik. Der Schulsport in der DDR war sehr wettkampforientiert, und das spornte meinen Ehrgeiz an. Irgendwie steckte das in mir drin, daß ich die Beste sein wollte. Das war ich auch meistens, nur im Laufen war Kerstin besser. Es gab ständig irgendwelche Meisterschaften, Schulmeisterschaften, bei denen alle Schüler einer Schule teilnahmen, Kreismeisterschaften, Bezirksmeisterschaften; dann hätte es für die Allerbesten noch DDR-Meisterschaften und Jugendspartakiaden gegeben. Sportliche Höchstleistungen, Konkurrenzdenken, das wurde in der DDR gefördert. Einmal im Jahr gab es den Wilhelm-Pieck-Gedächtnislauf, bei dem alle Schulen der Stadt gegeneinander antraten. Meistens war Kerstin die Siegerin, aber einmal schaffte auch ich es, die Erste zu sein, und darauf war ich richtig stolz.

Obwohl ich immer eine Eins in Sport hatte, machte ich zusätzlich zum Schulsport kein Training mehr. Dazu hätte man in den Armeesportverein gehen müssen, das hätte jeden Tag Training und am Wochenende Wettkampf bedeutet, und damit wären meine Eltern nicht einverstanden gewesen. Nie im Leben wäre ich auf die Idee gekommen, daß mein sportlicher Ehrgeiz mich später dazu bringen würde, eine Sportart zum Beruf zu machen. Mein eigentliches Hobby, viel schöner und mir viel wichtiger, war die Musik, und die ließ mir gar keine Zeit für Sport.

Meine Eltern waren überzeugte Katholiken. Es gehörte einfach dazu, daß wir sonntags in die Kirche gingen, sonst hätte etwas gefehlt. Denn das war nicht nur eine Glaubensgemeinschaft, sondern auch eine Schicksalsgemeinschaft; in der Kirche trafen sich Gleichgesinnte und tauschten sich aus. So ergaben sich viele Kontakte zu anderen Familien mit Kindern und schließlich auch zum Chor.

Als ich in der zweiten Klasse war, gründete Lothar Jakob einen evangelischen Kinder- und Jugendchor, die Kurrende, zu der alle, gleich welcher Konfession, Zugang hatten. Ich machte begeistert mit, später kam auch meine Schwester dazu. Anfangs waren wir zwanzig Mitglieder, die zweistimmig sangen. Doch der Chor wuchs ständig, zum Schluß waren wir um die sechzig Sänger. Nachdem die ersten Jungs in den Stimmbruch kamen, konnten wir auch vierstimmig singen; die erste vierstimmige Probe war ein aufregendes Ereignis. Für Auftritte studierten wir schließlich bis zu achtstimmige Stücke ein.

Als Kantor ließ uns Lothar Jakob eine gute Ausbildung zukommen. Ich sang Alt; wir hatten einmal in der Woche Einzelstimmprobe und einmal Gesamtchorprobe, außerdem am Wochenende oft Konzerte. Unsere Eltern hielten uns auch dazu an, ein Instrument zu lernen. Also hatte ich zusätzlich noch einmal in der Woche Klavierstunde und sollte jeden Tag eine Stunde üben. Da war ich dann schon nicht mehr ganz so begeistert dabei, und wenn ich zuwenig geübt hatte, gab es Streß mit Herrn Jakob, der auch mein Klavierlehrer – und ein sehr strenger – war. Claudia nahm das Klavierspielen ernster, aber sie ist musikalisch auch talentierter als ich und einfach aus anderem Holz geschnitzt. Ich war glücklich, wenn Herr Jakob die Stunde ausfallen ließ und mir eine Mark in die Hand drückte, damit ich mir ein Eis kaufen konnte.

Besonders attraktiv für uns war die Chorreise, die einmal im Jahr stattfand. Diese sogenannte Kurrendefahrt führte eine Woche lang in ein Gebiet der DDR, zum Beispiel ins Erzgebirge, wo wir dann in verschiedenen Orten auftraten. Nachmittags war in der Kirche jeweils Probe, abends Konzert; am nächsten Tag fuhren wir weiter. Untergebracht waren wir in Gastfamilien, wenn wir Glück hatten zu dritt, wenn wir Pech hatten einzeln, aber das traf jeden einmal. In den ersten Jahren waren wir mit dem Zug unterwegs, später, als wir durch unsere Auftritte auch gewisse Einnahmen hatten, mit einem gemieteten Bus. So oder so hatten wir großen Spaß dabei. Aber die Kurrendefahrt war auch eine Möglichkeit, aus der gewohnten Umgebung herauszukommen, etwas anderes zu sehen und zu erleben, und deswegen sehr beliebt. Was den Chor anbetraf, waren wir alle total motiviert und begeistert. Nie wäre ich auf die Idee gekommen, eine Chorprobe zu verpassen, von acht bis neunzehn zog ich das durch, und wenn ich nicht nach Bayern gegangen wäre, würde ich vermutlich heute noch mitsingen.

Wir sangen oft vor vollem Haus und wurden mit der Zeit

recht erfolgreich. Wir machten Plattenaufnahmen, später dann CDs. In unserer Gegend waren wir bekannt und richtige kleine Stars. Aber das bedeutete auch, viel zu arbeiten und zu üben. Disziplin war gefragt, egal ob von den Eltern, der Schule oder dem Chorleiter. Das war überhaupt so im Osten, zumindest kommt es mir im nachhinein so vor: Die Menschen waren ernster, festgefahrener, da wurde nicht diskutiert, es war einfach so, weil es keine anderen Möglichkeiten gab. Wir wuchsen unter anderen Bedingungen auf als Gleichaltrige im Westen. Es war klar, daß beide Elternteile arbeiteten, daß man ab dem Alter von einem Jahr in die Kinderkrippe gesteckt wurde, dann in den Kindergarten. Es war klar, daß die Eltern wenig Zeit für uns hatten, wenn sie nebenbei noch ein Haus bauten und dabei praktisch alles selbst machen mußten. Nachdem Claudia auf der Welt war, machte meine Mutter noch eine Ausbildung zur Physiotherapeutin, weil sie nicht mehr als Chemielaborantin arbeiten wollte. Auch die lief nebenher, ebenso der Haushalt. Mittlerweile kann ich nachvollziehen, warum unsere Eltern so beschäftigt waren und daß sie kein einfaches Leben hatten.

Grundsätzlich hatte ich ein sehr gutes Verhältnis zu meinen Eltern, zu meiner Schwester sowieso. Ich konnte allerdings durchaus eigensinnig sein, wenn ich mir etwas in den Kopf gesetzt hatte. Kurz nach der Wende wollten wir zum Beispiel zu acht mit einem Kleinbus über das Wochenende nach Holland fahren, um Freunde zu besuchen. Meine Eltern verboten mir das, weil erst einer von uns achtzehn war und gerade den Führerschein gemacht hatte. Ich ärgerte mich wahnsinnig darüber, kam aus Trotz nicht nach Hause und übernachtete bei einem Freund. Und während meiner Ausbildung, als ich mir einbildete, Saxophon spielen zu lernen, und meine Eltern anfänglich dagegen waren, habe ich jede Mark gespart, bin putzen gegangen und habe Eis verkauft, bis ich die 2000 Mark für das Saxophon zusammenhatte. Ich wollte meine Vorstellungen durchsetzen, auch wenn ich einiges dafür in Kauf nehmen mußte.

In meiner Berufswahl hingegen ließ ich mich sehr von meiner Mutter leiten – ich entschied mich, wie sie Physiotherapeutin zu werden. Ich war in der Schule nun mal nicht die Fleißigste, ich bewegte mich lieber draußen, anstatt auf einem Stuhl zu sitzen und zu lernen. Immerhin schaffte ich den Abschluß nach der zehnten Klasse mit »gut«, doch das reichte trotzdem nicht ganz für die Erweiterte Oberschule. Ich hätte sowieso nicht gewußt, was ich hätte studieren sollen. Sechzehn war ich da – und hatte eigentlich keine Ahnung, was ich mal machen wollte. Ich bin eher ein praktisch veranlagter Mensch, ich mache gern etwas mit meinen Händen. Es lag einfach nahe, das zu tun, was ich von meiner Mutter her kannte. Ich fühlte mich nicht gerade berufen dazu, aber interessant fand ich den medizinischen Bereich schon. Meine Schwester war auch nicht einfallsreicher. Nachdem ihr meine Eltern die Musik als Beruf erfolgreich ausgeredet hatten, machte sie dasselbe wie mein Vater und studierte Architektur.

Meine Ausbildung setzte sich zusammen aus zweieinhalb Jahren Schule an der Uniklinik Leipzig und einem halben Jahr Praktikum. Zu meiner Zeit war das nur in Verbindung mit einem Ausbildungsplatz möglich. Also bewarb ich mich im Waldkrankenhaus, der einzigen Ausbildungsstätte in Bad Düben. Ein Ausbildungsplatz wurde einem nicht gerade nachgeschmissen, man mußte schon etwas tun dafür. Es kam mir zugute, daß ich dort in den Ferien bereits ein Praktikum gemacht und mich interessiert gezeigt hatte;

aus zwanzig Bewerberinnen wurden zwei ausgewählt, und eine davon war ich. Dann kam noch der Eignungstest in Leipzig an der Schule selbst, bei dem von vierzig Kandidatinnen zwanzig ausgewählt wurden, anhand von Aufgaben wie einen Blinden zu führen oder gymnastische Übungen zu demonstrieren. Auch diese Hürde überwand ich und konnte im Herbst 1990 in Leipzig mit meiner Ausbildung beginnen.

Leipzig war genial. Leipzig hieß, daß niemand sich darum kümmerte, wann ich nachts nach Hause kam. Leipzig hieß, den Eltern keine Rechenschaft ablegen zu müssen. Leipzig hieß, das Kultur- und vor allem das Nachtleben in der Stadt zu genießen. Leipzig war ein großer Schritt auf dem Weg in die Selbständigkeit. Ich wohnte erst in einem Schülerwohnheim, tat mich aber recht bald mit zwei Kolleginnen zusammen, um eine WG-geeignete Wohnung zu mieten. Unter der Woche waren wir ziemlich lange unterwegs, für die Ausbildung habe ich nicht wirklich viel getan. Jeden Freitag allerdings fuhr ich nach Bad Düben, um am Abend noch in die Chorprobe gehen zu können. Das Wochenende verbrachte ich zu Hause, am Montag ging es recht früh wieder nach Leipzig. Zum Glück wurde die Ausbildung gefördert. Die 500 Mark Ausbildungsförderung im Monat reichten gerade für die Zimmermiete, das Essen und unsere nächtlichen Streifzüge.

Das waren 500 D-Mark – denn in der Zwischenzeit hatte die Wende mein Leben und das aller Menschen im Osten komplett verändert.

Meine Eltern waren schon immer engagierte Gegner des DDR-Regimes gewesen. Auch wenn es nur im kleinen war, sie lebten uns dieses Engagement vor. Sie schwammen nicht im großen Strom mit. Aber weil sie kleine Fische waren und sich meist im Rahmen des Legalen bewegten, hatte das keine ernsthaften Folgen. Wie umfangreich sie von der Stasi observiert wurden, wissen sie nicht. Sie haben mir auf jeden Fall durch ihr Verhalten politisches Bewußtsein mitgegeben. Und auch die Überzeugung, daß man sich zusammentun muß, um etwas zu erreichen. Ich bin keine Einzelgängerin, ich teile meine Erlebnisse am liebsten mit Freunden, vielleicht kommt das ja noch aus dieser Zeit. Ohne Freunde ging in der DDR nichts, allein war man niemand.

Schon seit 1981 war mein Vater Mitglied im Friedenskreis – der, wie sich später herausstellte, ebenfalls von der Stasi kontrolliert wurde, eine Stasi-Mitarbeiterin hatte sich eingeschlichen. 1986 war mein Vater zusammen mit mehreren hundert Oppositionellen beim Olof-Palme-Marsch in Wittenberg dabei, um für das Recht zu demonstrieren, Zivildienst leisten zu können. Mit Rücksicht auf Schweden konnte der Marsch nicht verboten werden, statt dessen positionierte der Staat Jungpioniere und Stasi-Aktivisten mit riesigen Plakaten an der Straße, die sich so vor die Demonstranten stellten, daß deren Transparente nicht mehr sichtbar waren und von der anwesenden internationalen Presse nicht fotografiert oder gefilmt werden konnten. Von 1989 an trafen sich die Friedensaktivisten jeden Montag um siebzehn Uhr in der Leipziger Nikolaikirche zum Friedensgebet. Mit den Jahren wurde der Pfarrer Christian Führer Anlaufstation zum einen für Ausreisewillige, zum anderen für selbstbewußte Bürger, welche die in ihrem Staat herrschenden Verhältnisse verändern wollten – weshalb es später sowohl Demonstranten gab, die »Wir wollen raus!« skandierten, als auch solche, die »Wir bleiben hier!« riefen.

Im Sommer 1989 reisten immer mehr unzufriedene DDR-

Bürger über Ungarn, das die Grenzsperren nach Österreich aufgehoben hatte, in die Bundesrepublik aus. Ich begann, meine Eltern zu Friedensgebeten und Schweigemärschen zu begleiten. An diesem Staat war etwas faul, und ich fand, daß wir, so weit es in unseren Möglichkeiten stand, etwas dagegen tun mußten. Natürlich war auch ein Stück weit Lust am Aufbegehren mit dabei, es war spannend – etwas Verbotenes zu machen war genau mein Ding. Doch es entsprach auch meinem politischen Bewußtsein; von meinen Klassenkameraden beteiligte kein einziger sich an solchen Aktionen. Am 4. September kam es im Anschluß an das Friedensgebet zu einer ersten Demonstration für Reisefreiheit und die Abschaffung der Stasi. Fortan fand diese Montagsdemonstration wöchentlich statt, am 25. September mit 5000 Demonstranten. Die Lage hatte sich insofern zugespitzt, als im September rund 30 000 DDR-Bürger über Österreich in den Westen gegangen waren.

Am 2. Oktober war ich bei der Montagsdemonstration dabei. Das Planungsbüro, bei dem mein Vater arbeitete, gehörte zu einem Konzern in Dresden und hatte eine Filiale in Leipzig. Der Austausch von Informationen zu anstehenden Aktionen war also gesichert; zu den Demonstrationen wurden Fahrgemeinschaften nach Leipzig organisiert. Die Nikolaikirche liegt nicht weit vom Hauptbahnhof – Europas größter Kopfbahnhof, ein riesiger Bau. Wie in einer Oase steht die Kirche in der Altstadt, umgeben von eindrucksvollen Jugendstilbauten, die heute umfangreich saniert sind, damals aber in einem erbärmlichen Zustand waren. Überhaupt ist Leipzig fast nicht mehr wiederzuerkennen im Vergleich zu früher. Meine Mutter ist überzeugt davon, daß Leipzig auch deswegen der Ausgangspunkt der friedlichen Revolution war, weil die Bewohner empört darüber waren, daß die Stadt so heruntergekommen war und der Staat nichts dagegen unternahm.

An diesem Montagabend waren wir 20 000 Menschen, die friedlich für Reformen demonstrierten. Weil Transparente verboten waren, wurden die beschrifteten Bettücher unter den Jacken mitgeschmuggelt, mit Sprüchen wie »Bei SED und FDJ sitzen Sie in der letzten Reihe«. Als der Zug gewaltsam aufgelöst wurde, standen uns Soldaten der Nationalen Volksarmee mit Maschinengewehren gegenüber. Die Solidarität zu spüren, die sich in einer solchen Situation innerhalb dieser Menschenmasse entwickelte, war ein beeindruckendes und unvergeßliches Erlebnis für mich. Und wir lernten schnell dazu: Fragte uns ein freundlicher Mitdemonstrant, ob er auch mal das Banner tragen dürfe, war das mit ziemlicher Sicherheit ein Stasi-Mann, der anschließend mit dem Transparent auf Nimmerwiedersehen verschwand.

Auch am 9. Oktober standen Soldaten in allen Seitenstraßen, griffen allerdings nicht ein. Da waren es schon 70 000 Demonstranten, die »Wir sind das Volk« für sich beanspruchten. Durch die Aufhebung des freien Reiseverkehrs in die Tschechoslowakei fühlten wir uns noch mehr eingeengt, und außerdem hatte Gorbatschow uns Mut gemacht, als er auf dem vierzigsten Jahrestag der DDR-Gründung die Notwendigkeit von Reformen betonte, mit seinem berühmten Satz, daß den, der zu spät komme, das Leben bestrafe. Die lauten und bestimmten Rufe der Menschenmasse jagten mir kalte Schauer über den Rücken. Die Luft war so schlecht wie immer, aber voller Spannung und Energie. Ich fühlte mich mit allen diesen Menschen verbunden, weil wir für das gleiche kämpften. Und ich fühlte mich in dieser Gemeinschaft sicher, auch als ich in dem Gedränge meine Eltern verlor. Ich fand sie erst Stunden später wieder.

Als es am 16. Oktober mehr als 120 000 und am 23. Oktober sogar 300 000 Leute waren, die für ihre Anliegen auf die Straße gingen, hielten sich die Sicherheitskräfte weiterhin zurück. Am 4. November demonstrierten auf dem Alexanderplatz in Ostberlin eine Million Menschen; wegen des Auftritts von Stefan Heym und Markus Wolf fuhr mein Vater hin. Am 6. November waren es wieder Hunderttausende in Leipzig.

Im Fernsehen verfolgten wir die westliche Berichterstattung. Auch in der Nacht vom 9. auf den 10. November saßen wir gebannt vor dem Fernseher – und konnten es kaum glauben, als die Nachricht von der Öffnung der Mauer gesendet wurde und wir sahen, wie in Berlin Hunderttausende von Menschen über die innerdeutsche Grenze strömten. Ich konnte mir ein paar Tränen der Freude nicht verkneifen. Die Bilder kamen mir völlig irreal vor. Daß unser gewaltloser Widerstand innerhalb so kurzer Zeit so drastische Veränderungen bewirkte, war unvorstellbar. Es war ein ergreifender Moment, an diesem historischen Umbruch teilzuhaben. Wir waren gerührt und jubelten, lachten und weinten gleichzeitig. Am nächsten Wochenende mußten wir sofort nach Berlin, das war klar.

Ein bißchen komisch kam ich mir schon vor, als wir uns für die hundert D-Mark Begrüßungsgeld anstellten. Und dann diese Läden! Wir waren völlig geblendet von all den schönen Sachen, die es einfach so zu kaufen gab – und gleichzeitig total überfordert wie alle Ossis, die an diesem Tag Westberlin überfluteten. Von meinem Begrüßungsgeld kaufte ich mir den langersehnten Kassettenrecorder, der in der DDR unerschwinglich gewesen war: Tausend Ostmark hätte er gekostet, bei vierhundert Ostmark Monatslohn. Es war eine seltsame Situation, wie wir da als die armen Nachbarn in die reiche Stadt kamen, und wenn ich meine Landsleute sah, die mit Tüten voller Bananen in den Osten zurückkehrten, war mir das richtig peinlich.

Aber noch war die DDR ein eigenständiger Staat, noch war nicht klar, wie die Zukunft aussehen würde. Die Montagsdemonstrationen gingen weiter, bis zum März 1990. Zum Jahresende hin wurden Rufe nach Wiedervereinigung laut. Bei der Lichterkette zum Jahreswechsel 1989/90 war ich dabei und strickte mir euphorisch eine schwarz-rot-goldene Mütze. Doch trotz aller Begeisterung gab es auch eine große Unsicherheit, wie es weitergehen würde. Eine ganz wichtige und existentielle Frage etwa war, in welchem Verhältnis bei der im Sommer 1990 bevorstehenden Währungsunion Ostmark in Westmark getauscht würde. In diese chaotischen Monate fielen mein Schulabschluß und der Beginn meiner Berufsausbildung. Es passierte innerhalb kürzester Zeit so viel, daß ich überhaupt nicht daran dachte wegzugehen. Mit dem Beitritt der DDR zur BRD am 3. Oktober und den gesamtdeutschen Wahlen am 2. Dezember 1990 waren dann klare Fakten geschaffen. Innerhalb eines Jahres hatte sich ein kompletter Wandel vollzogen, und obwohl es natürlich auch negative Begleiterscheinungen gab, einige im Osten einen Ausverkauf ihres Landes befürchteten, sahen die Menschen zuversichtlich in die Zukunft. Wir waren stolz, daß wir diesen Wandel mit herbeigeführt hatten.

Die Wende brachte eine Vielzahl von Veränderungen mit sich und machte sich überall im täglichen Leben bemerkbar. Am deutlichsten beim Einkaufen: Plötzlich waren die Geschäfte voll, die Auswahl war riesig. Es gab nicht nur moderne Klamotten zu kaufen, sondern immer ganz viele davon. In der DDR konnte man hochwertige Lebensmittel nur in Delikat-Läden bekommen; dort konnte man zwar mit Ostmark zahlen, aber die Preise waren unerschwinglich teuer. Für Kleidung und Schuhe gab es die genauso überteuerten Exquisit-Geschäfte. Für die Intershops mit den Importwaren brauchte man Westgeld oder andere westliche Währungen, der Staat wollte schließlich zu Devisen kommen. Wer Verwandte im Westen hatte, war im Vorteil.

Die größte Errungenschaft erschien mir aber die Reisefreiheit – einfach hinfahren zu können, wohin man wollte, ohne Scherereien an den Grenzen, das war für mich der Inbegriff von Freiheit. Wenn ich an unseren ersten Urlaub nach der Maueröffnung denke, muß ich heute noch lachen. Über Ungarn und Jugoslawien fuhren wir nach Venedig, in unserem zehn Jahre alten Audi, in dem wir zum Glück nicht gleich als Ossis auffielen. Von Italien waren wir restlos begeistert, erst recht vom italienischen Essen. Das wir aber nicht oft genossen: Der Kofferraum war, wie es in all den Jahren üblich gewesen war, voller Konservendosen, und oft gab es Linsensuppe mit Bockwurst. Das konnten sich meine Eltern so schnell nicht abgewöhnen.

Überhaupt denke ich, daß es für die älteren Generationen schwieriger war, sich an die Veränderungen anzupassen. Wir Jungen freuten uns einfach nur über die neuen Möglichkeiten. Meine Eltern beispielsweise lebten schon viel länger in diesem System, mußten sich schon viel länger darin behaupten. In den Augen meines Vaters hatte sich die Situation im letzten Jahrzehnt der DDR immer mehr verschlechtert, die Bürger waren immer unzufriedener geworden. Während in den siebziger Jahren eher eine Aufbruchstimmung herrschte, die Leute sich nicht als arm empfanden, wurde in den Achtzigern offensichtlich, daß die Politiker und die Wirtschaft versagt hatten. Man litt unter der Perspektivlosigkeit – der Mensch lebt doch nicht von Brot allein. Und wie sollte man in einem Land leben, das, wie sich nach der Abwicklung der DDR herausstellte, mit zuletzt 91 000 hauptamtlichen und mehr als 100 000 Informellen Mitarbeitern der Staatssicherheit infiltriert war?

1986 durfte mein Vater zum ersten Mal in den Westen reisen, um an einer Feier in der Familie seiner Mutter teilzunehmen. Und so, wie mein Vater nun mal war, nützte er diese Gelegenheit, um verbotenerweise auch nach Liechtenstein und in die Schweiz zu fahren, wofür er keine Genehmigung hatte. Das wäre beinahe schiefgegangen, weil an der Schweizer Grenze aus Versehen sein ostdeutscher Paß liegenblieb – er hatte einen deutschen und einen ostdeutschen Paß. Hätte er den ostdeutschen nicht wiederbekommen, wäre sein Ausflug aufgeflogen. Weil er einen Tag zu lange blieb, stand bei meiner Mutter sowieso schon die Polizei vor der Tür.

Er hat mir erzählt, daß nach den Studentenunruhen in Peking im Juni 1989, die mit Panzern und Waffengewalt niedergeschlagen wurden, in der Friedensbewegung langsam die Befürchtung wuchs, daß auch die DDR auf solche Verhältnisse zuläuft. Und daß meine Eltern überlegt haben, ob wir nicht auch »abhauen« sollten. Auf der anderen Seite machte Gorbatschows Perestrojka aber auch Mut, daß Veränderungen im Land selbst zu erreichen seien. Die Aufhebung der freien Reisemöglichkeiten in die Tschechoslowakei ließ den Protest Anfang Oktober 1989 dann endgültig zu einer Massenbewegung anwachsen, die letztendlich mit friedlichen Mitteln erfolgreich war. Fragt man meinen Vater heute, ob er nicht Angst gehabt hätte, macht er deutlich, daß ihm das Engagement für Reformen wichtiger war als der Schutz von Familie und Einkommen – für ihn gab es nicht soviel zu verlieren.

Seine Kritik richtet sich heute an diejenigen, die zwar die Vorteile des Sozialstaats in Anspruch nehmen, umgekehrt aber nicht dazu bereit sind, sich innerhalb einer freien Marktwirtschaft zu engagieren, und sich immer nur beklagen. In der DDR war einiges auch einfacher: Das Leben war gut abgesichert, man mußte keine existentiellen Ängste haben. Die Mieten waren niedrig, Wasser bekam man gratis, der Arbeitsplatz war gesichert, der Urlaub wurde über den Betrieb organisiert, auf den Trabi mußte man zwar zwölf Jahre warten, aber man konnte ihn sich leisten. Das ist sicher ein Grund, warum das Verantwortungsbewußtsein der Leute geringer ist, das Anspruchsdenken stärker. Es ist schwierig, Eigenengagement zu zeigen, wenn man das nie gelernt hat.

Ein großes Problem ist zudem die Abwanderung der jungen Generation. Es gibt keine Arbeitsplätze für sie, vor allem nicht in den landwirtschaftlich geprägten Gebieten im Norden, in Mecklenburg-Vorpommern. Der Westen lockt, deswegen bin ich jetzt hier. Auch meine Schwester ist weggegangen aus Sachsen, sie lebt mit ihrem Mann und den beiden Kindern in Potsdam. Und ich habe diese Entscheidung nie bereut; ich habe mich, auch wenn das hart klingt, keine Minute zurückgesehnt. Wenn ich meine Eltern besuche, wird mir bewußt, daß ich mittlerweile in einer völlig anderen Welt lebe. Für die Menschen im Osten haben Arbeit und Kultur einen ganz anderen Stellenwert als im Westen. Der Eindruck mag täuschen, aber in meinem Umfeld werden die Schwerpunkte eher in der Freizeit und im Sport gesetzt. Das Kulturleben ist es auch, das ich ab und zu vermisse. Meine Eltern engagieren sich beispielsweise sehr intensiv für ein Museumsdorf Dübener Heide, das sich unter anderem den Wiederaufbau und die Erhaltung historischer Mühlen zur Aufgabe gemacht hat. Sie gehen auch immer noch Ski fahren und surfen, aber das ist niemals so umfassend Teil ihres Lebens, wie ich das von Berchtesgaden kenne.

Mir sind die Berge so wichtig geworden, daß ich spätestens nach zwei Tagen in Bad Düben Heimweh nach Berchtesgaden bekomme. Ich habe nur noch wenige Kontakte zu ehemaligen Schulkameraden. Bei unserem Klassentreffen zehn Jahre nach Schulabschluß ist mir klar geworden, daß sich mein Leben völlig verändert hat und sie eine ganz andere Lebenseinstellung und Planung haben als ich. Mein Freundeskreis ist im Berchtesgadener Land, wir leben das gleiche Leben, die gleiche Passion, wir teilen die Freude über all das Schöne hier. Es wird für mich nie ein Zurück geben, das weiß ich schon lange. Auch wenn meine Eltern bereits ein Grundstück für mich und meine Schwester haben und das Nest gemacht wäre, indem ich die Krankengymnastikpraxis meiner Mutter übernehmen könnte. Ich bin jetzt in den Bergen zu Hause.

Eine neue Welt

Erste Schritte in steilen Wänden

In der DDR war ich mit dem Thema Klettern nie in Berührung gekommen. Zwar wurde auch dort geklettert, gar nicht weit von uns, im Elbsandsteingebirge bei Dresden, und das schon seit Ende des 19. Jahrhunderts. Aber in der DDR-Öffentlichkeit war das über die Sächsische Schweiz hinaus nicht groß bekannt. Ich muß zugeben, daß ich es bis heute erst einmal geschafft habe, im Elbsandsteingebirge zu klettern. Von den Schwierigkeiten, die dort bei spärlicher Absicherung und unter hohen ethischen Ansprüchen gemeistert werden, war ich schwer beeindruckt.

Daß ich zu klettern begann, habe ich vielmehr Michi zu verdanken. Indem er mich mitnahm und anleitete, eröffnete er mir den Zugang zu einer ganz neuen, spannenden Welt. Ohne ihn wäre ich vielleicht nie so weit gekommen, ohne ihn wäre ich heute sicher nicht da, wo ich bin. Und wie so vieles im Leben hat sich das Zusammentreffen mit ihm einfach so ergeben.

Christine, eine meiner Arbeitskolleginnen aus der Klinik, zog im Sommer 1996 mit einer Freundin in eine Wohngemeinschaft. Zum Einzug gab es ein großes Gartenfest mit fünfzig, sechzig Gästen. Zur einen Hälfte waren das die Therapeutenkollegen von Christine, darunter auch ich, zur anderen Hälfte der Freundeskreis ihrer Mitbewohnerin, die selbst kletterte und viele Kletterer kannte. Unter ihren Gästen war Michi. Einer meiner Freunde aus der Klinik hatte ihm erzählt, daß ich sehr viel mit dem Rad unterwegs sei, und Michi kam auf mich zu und sprach mich darauf an. Daraus ergab sich eine längere Unterhaltung; als Kletterer interessierte er mich natürlich, und ich erzählte ihm, daß ich das gern einmal ausprobieren würde. Er war sofort bereit, mich mal mitzunehmen, und wir tauschten unsere Telefonnummern aus.

Kurz darauf machte ich zusammen mit meiner Schwester Urlaub in Südfrankreich. Wir radelten durch die Provence, andere Dinge waren wichtig, und so geriet die Verabredung zum Klettern erst mal in Vergessenheit. Als ich nach meiner Rückkehr aus den Ferien mit Ilona und Lobo mal wieder auf den Untersberg stieg, trafen wir Michi, der seinerseits auf dem Weg zum Einstieg einer Kletterroute in der Südwand war. Ich hoffte noch, ihn am Gipfel zu treffen, machte mir aber nicht klar, daß seine Klettertour viel mehr Zeit in Anspruch nehmen würde als unser Normalweg durch das Mittagsloch. Ich hatte eben wirklich noch keine Ahnung von der Sache. Nach einer längeren Pause am Gipfel stieg ich also mit einer leisen Enttäuschung wieder ab.

Ein paar Tage später, es war inzwischen August, rief Michi an und fragte, wie das denn jetzt sei mit dem Klettern. Wir verabredeten uns für einen der nächsten Abende. Ich war um vier Uhr mit der Arbeit fertig, um fünf kam er vorbei, in seinem alten Honda und in grasgrün schillernden Patagonia-Shorts, die damals furchtbar schick waren. Wir fuhren zum Kleinen Barmstein oberhalb von Marktschellenberg, wo es ein paar leichtere Routen gab, in denen ich meine ersten Klettererfahrungen machte. Ich bewunderte Michi, der sich grazil bewegte und, bevor ich noch recht schaute, schon ein paar Meter über mir war. Ich bemühte mich sehr, die Sicherungstechnik so anzuwenden, wie er es mir gezeigt hatte. Beim Klettern gab ich in meiner geliehenen Ausrüstung allerdings ein weit weniger elegantes Bild ab als er.

Dieses erste Klettererlebnis hatte bei mir voll eingeschlagen. Das war so eine Mischung aus Anspannung und Freude, auch aus Ungläubigkeit, daß ich das wirklich konnte, über diesen steilen Fels nach oben kraxeln, mich an den Griffen halten und nach oben ziehen, mit den Reibungskletterschuhen einfach auf den Felsplatten stehen. Das Seil kam ja von oben und hielt mich, ich hatte vollstes Vertrauen und überhaupt keine Angst. Am nächsten Tag hatte ich schwere Arme, okay, aber das fühlte sich gut an, und ich wollte definitiv mehr. Wir verabredeten uns wieder und gingen immer öfter am Abend noch zum Klettern, in den Klettergarten von Schneizlreuth oder an den Kleinen Barmstein, später auch an den Großen Barmstein, wo die Routen länger waren, nicht nur eine Seillänge, sondern zwei oder drei. Mit diesen gemeinsamen Unternehmungen wuchs unsere Vertrautheit, wir kamen uns näher, und schließlich waren wir nicht nur eine Seilschaft, sondern wurden ein Paar.

Michi arbeitete als Diplomingenieur für Kunststofftechnik. Weil er noch bei seiner Mutter in Berchtesgaden wohnte, waren wir meistens bei mir. Ich besuchte aber auch gern mit ihm seine Familie, die mich sofort freundlich aufnahm. Ich gehörte nun dazu – ein schönes Gefühl, denn meine Familie war eben doch weit weg, und so war ich ein Stück mehr in Berchtesgaden zu Hause.

Die Begeisterung fürs Klettern hatte mich schnell angesteckt. Michi zeigte mir alles, was ich wissen mußte, war völlig unkompliziert und strahlte eine souveräne Sicherheit aus, in der ich mich sehr wohl fühlte. Ich hatte absolutes Vertrauen in ihn. Bald machten wir die ersten alpinen Touren in den Berchtesgadener Alpen, die ein unerschöpfliches Potential an Kletterrouten aller Schwierigkeitsgrade bieten. Das waren am Anfang natürlich noch einfachere Unternehmungen, Touren im zweiten oder dritten Schwierigkeitsgrad wie das »Kriechbandl« in der Südwand des Kleinen Watzmanns, die wir seilfrei gingen. Es faszinierte mich, ihm in seine Berge zu folgen, und sein Drang hinaus in die Natur war genau das, was ich auch wollte. Mit dem Klettern hatten wir eine Gemeinsamkeit, die wir teilen konnten und die ein Vertrauensverhältnis entstehen ließ, auf dem wir unsere Beziehung aufbauten. Wir mußten uns nicht gegenseitig motivieren, denn wir waren beide absolut begeistert und verbrachten jede frei Minute irgendwo draußen im Gebirge.

Dennoch gab es Unterschiede zwischen uns. Michi kletterte schon lange und war natürlich viel besser als ich. Für ihn waren schwere Routen interessant, die für mich noch zu schwierig waren. Beim Sportklettern ließ sich beides verbinden, ich sicherte ihn in anspruchsvollen Touren und übte selbst in leichteren. Für die Abende nach der Arbeit fand ich das ideal, aber an den Wochenenden wollte ich längere Unternehmungen machen, den ganzen Tag in der Natur sein, wollte einen Zustieg machen, nach der Tour auf einem Gipfel stehen, ins Tal zurücksteigen und das Gesamterlebnis beim Einkehren in einer Wirtschaft ausklingen lassen. Ein bißchen Abenteuer durfte da ruhig dabeisein. Bei diesen alpinen Touren versuchten wir, unsere Interessen zu kombinieren: Michi steckte zurück und kletterte unter seinem Niveau, um mir zu ermöglichen mitzukommen, ich kletterte im Nachstieg Routen, in denen ich eher überfordert war, damit es ihm nicht zu langweilig wurde. Das waren im ersten Sommer Touren bis zum fünften Schwierigkeitsgrad, oft am Untersberg, die Direkte Südwestwand zum Beispiel oder der Schimkepfeiler. Durch diesen Kompromiß bekam ich viel Kletterroutine und auf den Zustiegen noch mehr Trittsicherheit im alpinen Gelände. Weil ich schnell meine Leistungsgrenze erreichte, war ganz klar, daß Michi derjenige war, der den Vorstieg übernahm und damit das Risiko eines höheren Sturzes einging. Das stellte ich auch überhaupt nicht in Frage. Es waren intensive gemeinsame Erlebnisse; es stimmte für uns beide.

Immer noch gut in Erinnerung ist mir die Direkte Westwand auf den Kleinen Watzmann. Um den Einstieg zu erreichen, fuhren wir mit den Mountainbikes auf Kühroint und stiegen von dort das Watzmannkar hinauf. So mußten wir nach der Tour nur noch vom Gipfel zu den Fahrrädern absteigen und konnten dann bequem ins Tal rollen. Solche Kombinationen gefielen mir immer am besten. Die Kletterei bewegte sich meistens im dritten und vierten Schwierigkeitsgrad; die Schlüsselstelle allerdings war ein Fünfer, und sie hat mich sehr beeindruckt. Heute würde ich sagen, das ist ein kleines Dach, zugegebenermaßen recht luftig, aber an den großen Griffen ist man da schnell drüber. Doch damals kam es mir vor wie ein Riesendach, voll überhängend, wahnsinnig ausgesetzt, und ich mußte mich ganz stark darauf konzentrieren, nicht nach unten zu schauen. Ich brauchte lange und auch etwas Seilzug von oben, bis ich mich über die Stelle gewuchtet hatte.

Als das endlich geschafft war, kletterte ich so schnell wie möglich weiter, denn es waren Wolken aufgezogen, es sah nach Regen aus, und wir wollten unbedingt den Gipfel erreichen, bevor es zu regnen anfing. Eilig hängte ich die Zwischensicherungen aus und setzte meinen Weg fort. Am Standplatz allerdings erwartete mich ein Donnerwetter, kein meteorologisches, sondern ein verbales: Ich hatte die Friends zurückgelassen, die Michi zur Absicherung in die Risse gelegt hatte! Ahnungslos, wie ich war, hatte ich diese mechanischen Klemmgeräte als festen Bestandteil der Tour angesehen, wie die Haken eben auch. Angesichts der Tatsache, daß ein Friend je nach Größe zwischen 40 und 60 Euro kostet, war Michis Ärger völlig nachvollziehbar, denn ich hatte ohne Not einen Haufen Geld in der Wand hängen lassen. Weil es mittlerweile regnete, seilten wir uns auch nicht mehr ab, um die Friends wieder zu holen. Ich kam mir vor wie eine dumme Anfängerin, und das war ich ja auch. Es war mir endlos peinlich.

In diesem ersten Klettersommer war ich ausschließlich mit Michi unterwegs. Das lag nahe – wir konnten spontan planen, weil wir uns sowieso sahen, und ich kannte außer ihm kaum Kletterer. Von ihm lernte ich eine Menge, auch die Sicherungstechnik und die verschiedenen Möglichkeiten, eine Route selbst abzusichern. Durch seine ruhige und ausgeglichene Art gab er mir außerdem das Gefühl, daß er alles im Griff hat, ich fühlte mich absolut sicher. Deswegen überlegte ich auch nicht lange, als er mir vorschlug, die Watzmann-Ostwand zu gehen. Er kannte sie gut, war sie schon mehrmals im Sommer und auch schon einmal im Winter gegangen. Trotzdem fiel mir sofort das unangenehme Erlebnis während meiner Überschreitung des Watzmanns ein, als einer aus unserer Gruppe ausgerutscht und fast abgestürzt war. Das hatte mich total verunsichert. Mit Graten hatte ich immer noch meine Probleme, habe sie sogar heute noch, wenn meine Augen rechts und links keinen Halt finden. Meiner Psyche geht es erst wieder besser, wenn ich Griffe für meine Hände habe.

Die Ostwand des Watzmanns ist mit ihrer Höhe von mehr als 1800 Metern eine wirklich große Unternehmung, der ein entsprechender Ruf vorausgeht. Die Schwierigkeit liegt nicht in den klettertechnischen Anforderungen, die den dritten Grad nicht überschreiten, sondern in der Länge und in der Wegfindung: Man versteigt sich sehr leicht. Sie hat schon zahlreiche Opfer gefordert, aber das wußte ich zu diesem Zeitpunkt zum Glück nicht so genau. Vom Einstieg bei der Eiskapelle bis zum Gipfel sind auf dem Berchtesgadener Weg etwa 3000 Klettermeter zurückzulegen, dafür gibt der Führer eine Zeit von sechs bis acht Stunden an.

Etwas mulmig war mir schon, als wir unter dieser riesigen Wand standen. Doch es handelte sich hauptsächlich um Gehgelände im zweiten Schwierigkeitsgrad, und nachdem Michi die Wand gut kannte, hatten wir keinerlei Orientierungsprobleme. Wir gingen ohne Seil und kamen flott voran, was mich mit einem gewissen Stolz erfüllte; der Königssee lag immer tiefer unter uns. Eigentlich geht es mir mit der Tiefe heute noch so wie damals. Ich schaue nach unten, nehme den Abgrund wahr, realisiere die Gefahr: Ich darf keinesfalls stürzen. Wenn ich jetzt einen Fehler mache, bin ich weg. Aber ich blende diese Gefahr aus und versuche, mich auf das Oben zu konzentrieren, auf den Weiterweg. Wenn die Knie ein bißchen weich werden, schaue ich nach oben, ich sage mir, da geht's lang, und dann gehe ich weiter.

Im mittleren Wandteil folgte eine steilere Passage, die etwas schwieriger war, vielleicht auf zwei Metern senkrecht. Hier ließ mir Michi von oben das kurze Seil herunter, das er im Rucksack mitgetragen hatte, und ich kletterte über die

Schlüsselstelle. Sie hatte richtig große Henkel zum Greifen, war also vom Klettern her nicht anspruchsvoll, aber eben doch ausgesetzt – und wie gesagt, stürzen darf man hier nicht, zumindest nicht, wenn man nicht am Seil gesichert ist. Ich war dann doch froh, daß ich mich für diese Passage ins Seil einbinden konnte. Danach setzten wir unseren Weg wieder seilfrei fort. Als wir schließlich die Südspitze erreichten und sich all die Berchtesgadener Gipfel um mich herum ausbreiteten, durchflutete mich trotz meiner Müdigkeit eine Zufriedenheit, wie ich sie selten zuvor empfunden hatte. Einen Moment lang saß ich ganz still am Gipfelkreuz – es war einfach ein riesiges Erfolgserlebnis.

Michi überließ es nach Möglichkeit mir, zu entscheiden, ob ich mir einen Weg zutraute oder nicht. Wenn ich im Schrofengelände Angst hatte, nahm er sich die Zeit, mich zu sichern. Manchmal griff er aber auch ein, wenn ich mir seiner Meinung nach zu viel vorgenommen hatte und er es für gefährlich hielt. Bei der Einschätzung meiner Fähigkeiten täuschte ich mich noch gern, weil ich keine Erfahrung hatte, vor allem in alpinem, nicht immer zuverlässigem Gelände. Aber ich machte Fortschritte, und als wir im Jahr darauf die Watzmann-Ostwand wiederholten – wir gingen sie danach noch mehrere Male –, brauchte ich keine Seilsicherung mehr. Entscheidend war für mich, daß mit Michi jemand dabei war, der Souveränität und Sicherheit ausstrahlte, so daß bei mir das Gefühl von Angst gar nicht erst aufkam. Und wir waren in diesem Sommer wirklich viel geklettert, mit und ohne Seil. Ich hatte in leichteren Gebirgstouren, so etwa bis 5, ziemlich viel Routine bekommen, und im Klettergarten durfte es auch ein Sechser sein, wenn auch nur im Nachstieg.

Trotzdem war es mir wichtig, weiterhin zu radeln, das

war mein Konditionstraining und vor allem der beste Ausgleich zu den Anforderungen im Beruf. Das bedeutete, daß ich mich während der Woche vielleicht zwei Abende aufs Bike setzte und dreimal mit Michi zum Sportklettern ging. Am Wochenende unternahmen wir längere Touren in den Bergen. Bei gutem Wetter machte ich wirklich jeden Tag irgend etwas Sportliches, einen Ruhetag gab es erst, wenn es regnete. Denn die Kletterhalle war keine richtige Alternative für mich, das Hallenklettern schätzte ich nicht besonders. Ich wollte raus an die frische Luft.

Mit der Zeit merkte ich aber, daß sich extremeres Radfahren und Klettern nicht miteinander vertrugen und daß ich mit dem Klettern nicht weiterkam, wenn ich mich beim Radeln zu sehr anstrengte. Wir gingen häufig am Trattberg klettern, und ich hatte einmal die Idee, ich könnte dorthin auch mit dem Bike fahren. Die anderen nahmen meinen Kletterrucksack im Auto mit, und ich radelte fröhlich drauflos und freute mich auf den Fels. Für die sechzig Kilometer mit sicherlich 800 Höhenmeter Steigung brauchte ich allerdings mehr als zweieinhalb Stunden, und als ich dann endlich an den Einstiegen ankam, war ich eigentlich schon platt. Während die anderen eine Route nach der anderen abhakten, brachte ich an diesem Nachmittag überhaupt nichts zustande. Ich hatte gedacht, das wäre eine gute Kombination, das eine ist anstrengend für die Beine, das andere für die Arme, aber beides an einem Tag auf hohem Niveau zu betreiben, das funktioniert nicht. Ich bin also mit der Zeit dann doch weniger geradelt und mehr geklettert, weil es schon das Klettern war, was mir am meisten Spaß gemacht hat, aber ganz aufgehört habe ich mit dem Ausdauertraining nicht.

Im Herbst gab es dann einen guten Grund, das Ausdauertraining wieder zu intensivieren. Michis Bekanntenkreis bestand praktisch vollständig aus Bergsteigern, und zusammen mit drei Freunden hatte er für den Jahreswechsel eine Expedition zum höchsten Berg Amerikas geplant, auf den 6963 Meter hohen Aconcagua in den argentinischen Anden. Die Idee war schon entstanden, während wir uns kennengelernt hatten, und ich konnte mir jedesmal leisen Neid nicht verkneifen, wenn ich mitbekam, daß es wieder um die Expeditionsvorbereitung ging.

Irgendwann fragte mich Michi plötzlich, ob ich nicht mitkommen wollte. Ich war völlig überrascht, sagte aber sofort und ohne groß darüber nachzudenken zu. Die vier hatten sich die sehr anspruchsvolle Südwand vorgenommen, wollten aber zur Akklimatisierung vorher den Normalweg gehen, auf dem ich sie begleiten konnte. Ich war begeistert. Ich und ein Fast-Siebentausender! Die technischen Schwierigkeiten auf der Normalroute waren nicht besonders hoch, die beunruhigten mich nicht, das Problem war die Höhe – ich hatte ja keinerlei Erfahrung im Hochgebirge. Nachdem die Berchtesgadener Alpen so viele Möglichkeiten bieten, waren wir immer im Talkessel geblieben, da gab es genug für uns zu tun. Mein höchster Gipfel bis dahin war der Watzmann mit seinen 2713 Metern gewesen.

Zunächst mußte ich die Urlaubsfrage klären, denn mein Jahresurlaub war so gut wie verbraucht. Ich wollte sechs Wochen unbezahlten Urlaub nehmen, damit ich nach dem Aconcagua, der gleich an der chilenischen Grenze liegt, noch ein paar Wochen durch Chile reisen konnte. Meine Abteilungsleiterin in der Loipl-Klinik war zum Glück selbst bergbegeistert und hatte Verständnis für solche Wünsche. Längere Urlaubspläne waren bei uns gang und gäbe, und nach Möglichkeit versuchte sie, diese Anträge zu genehmigen. Immerhin arbeitete ich mittlerweile schon mehr als drei Jahre im Loipl und hatte noch nie unbezahlten Urlaub in Anspruch genommen. Das klappte auch völlig problemlos – und sollte nicht das letzte Mal bleiben.

Dann kam meine Kondition dran. Praktisch jeden Tag war ich beim Joggen oder Radfahren. Entweder trainierte ich intensiv Bergläufe und machte Intervalltraining bergauf und bergab, oder ich fuhr lange, anstrengende Touren mit dem Bike wie die um die Reiteralm. Die tausend Höhenmeter aufs Roßfeld fuhr ich schnell am Abend nach der Arbeit noch hinauf, wobei ich mich mit einmal zufriedengab – Bärbel Hirschbichler fuhr das für den Everest sogar zweimal hintereinander. Sobald Schnee lag, machten wir mit Skitouren weiter. An den Abenden bereiteten wir unsere Besteigung vor und hakten Materiallisten ab, damit keine wichtigen Details vergessen wurden. Auch da war es wiederum sehr beruhigend, mit Leuten unterwegs zu sein, die in diesen Dingen schon Erfahrung hatten.

Kurz vor Weihnachten reisten wir mit viel Gepäck ab. Ich freute mich unheimlich auf diesen berühmten Berg, und gleichzeitig war ich völlig nervös. Ich hatte keine Ahnung, wie ich die Höhe vertragen würde. Aber ich konnte kämpfen, das wußte ich, und ich war total motiviert, dieses attraktive Ziel auch zu erreichen. An den Flug nach Santiago de Chile schloß sich eine stundenlange Taxifahrt nach Puente del Inca an. Wir bezahlten bei der Verwaltung des Aconcagua-Nationalparks unsere Eintrittsgebühr und stiegen dann in zwei Tagen die 1600 Höhenmeter ins Basislager Plaza de Mulas auf rund 4300 Metern auf. Da merkte ich schon, wie die Luft dünner und das Atmen beschwerlicher wurde.

Im Basislager war es nun neben der Akklimatisation höchste Zeit für ein bißchen Techniktraining. Im Umkreis gab es zahlreiche überdimensionale Penitentes, durch Verdunsten und Abschmelzen entstandene Eisfiguren, an denen ich das Gehen mit Steigeisen und den Umgang mit dem Eispickel üben konnte. Ein Crashkurs im Büßerschnee: Es war tatsächlich mein erster Eiskontakt überhaupt. Woher auch Eis nehmen, wenn der einzige Gletscher der Berchtesgadener Alpen, der Blaueisgletscher, immer mehr abschmilzt? Ich fand das auf dieser Höhe ziemlich anstrengend, war mir aber bewußt, daß wir diese Ausrüstung nur zur Sicherheit dabeihatten, weil wir ein Schneefeld queren mußten, das gefroren sein konnte. Letztendlich war der Schnee dann so weich, daß wir uns die Schlepperei hätten sparen können, aber das weiß man halt vorher nicht.

Dann kam der Heilige Abend. Wir saßen im Zelt, eine Spieluhr wiederholte ihr »Stille Nacht«, Räucherkerzen ließen eine weihnachtliche Atmosphäre aufkommen. Die Geschenke hatten wir unter praktischen Gesichtspunkten ausgesucht: Von Michi bekam ich eine lange Unterhose, ich schenkte ihm warme Funktionsstrümpfe. Statt eines fetten Weihnachtskarpfens erwartete uns am übernächsten Morgen ein fetter Rucksack, der bis zum Nido de Condores, dem Nest der Kondore, getragen werden wollte – ein anstrengender Marsch. Von diesem ersten Hochlager in etwa 5500 Meter Höhe wollten wir in einem Tag direkt bis zum Gipfel steigen, mehr als 1400 Höhenmeter.

Wir brachen sehr früh auf, gingen am Lager Berlin vorbei, das knapp unter der 6000-Meter-Grenze liegt, und kamen eigentlich recht gut voran. Im Laufe des Tages wurde jedoch der Wind immer stärker und schwoll zu einem Sturm an, der dichte Wolken brachte und uns mit 180 Stundenkilometern fast vom Berg blies. Die Stürme am Aconcagua sind für ihre Stärke berüchtigt, sie werden Viento Blanco, »Weißer Wind«, genannt. 400 Meter unterhalb des Gipfels blieb uns nichts anderes übrig, als umzukehren und uns ins Basislager zu flüchten.

Nach dieser ersten Erfahrung mit dem Höhenbergsteigen saß ich furchtbar enttäuscht im Zelt, und obwohl Silvester war, kam keine rechte Stimmung auf. Wir beschlossen das Jahr mit einem schlechten Vino tinto aus dem Tetra Pak und gingen früh ins Zelt. Ich war traurig. Es war eine Schinderei gewesen, aber ich hatte mich körperlich gut gefühlt. Und das schlimmste war, daß die anderen darüber diskutierten, ob sie statt eines zweiten Versuches auf dem Normalweg nicht besser gleich in die Südwand einsteigen sollten, um nicht noch mehr Zeit zu verlieren. Das hätte für mich das Ende der Expedition bedeutet. Ich sah schon alle meine Gipfelträume sich in Luft auflösen. Insgeheim hatte ich gehofft, daß sie mich mitnehmen würden in diese Wand. Wie vermessen und realitätsfremd das war, begriff ich erst viel später. Ich hatte keinerlei Erfahrung in diesem Gelände und hätte die anderen nur aufgehalten, hätte das Unternehmen noch gefährlicher gemacht, als es sowieso schon war. Aber es fiel mir unendlich schwer, das einzusehen. In mir herrschte Weltuntergangsstimmung.

Meine Rettung war Wolfgang. Er war schon zum dritten Mal am Aconcagua und wollte diesmal endlich den Gipfel erreichen, wenigstens über den Normalweg, da ein Erfolg über die Südwand keinesfalls sicher war. Zudem hätten den vieren ein paar Tage mehr am Berg zur Akklimatisierung nicht geschadet. Sie entschieden sich also doch noch für einen zweiten Versuch, als sich das Wetter wieder gebessert hatte. Ich atmete auf. Am Vorabend unseres Aufbruchs konnte ich es kaum noch erwarten, wieder unterwegs zu sein.

Der Gipfeltag, der 3. Januar, brachte mich physisch und psychisch an die Grenze meiner Leistungsfähigkeit. Der Weg war endlos. Ich fand es schwierig, einen langsamen Gehrhythmus zu finden, der mich nicht zuviel Kraft kostete, und gleichzeitig nicht das Gleichgewicht zu verlieren. Weil ich schneller atmen mußte, um genug Sauerstoff in die Lungen zu bekommen, gelang es mir nicht, die Atmung mit dem Gehrhythmus zu koordinieren. Immer wieder mußte ich stehenbleiben und nach Luft schnappen, an ein stetiges, gleichmäßiges Steigen war nicht zu denken. Als größte Herausforderung entpuppte sich die Canaleta, eine 400 Meter hohe, steile Schuttrinne, die zum Gipfelgrat führt. Sie ist mit losem Geröll gefüllt und berüchtigt dafür, daß man in ihr zwei Schritte vorwärts macht und einen wieder zurückrutscht. Das Gehen auf Geröll ist alpinistisch nicht gerade anspruchsvoll, aber erst recht in dieser Höhe unglaublich mühsam und anstrengend – und es ist frustrierend, wenn man das Gefühl hat, überhaupt nicht vorwärtszukommen.

Nach einer halben Ewigkeit erreichten wir den Grat, der den etwas niedrigeren Südgipfel mit dem Nordgipfel verbindet. Schritt für Schritt näherten wir uns dem lange ersehnten Ziel. Am Gipfel angekommen, war ich völlig erschöpft, aber zugleich völlig überwältigt. So weit oben zu stehen und alles überblicken zu können – und das aus eigener Kraft! Um uns herum breitete sich eine Bergkette nach der anderen aus, wunderschöne schnee- und eisbedeckte Gipfel, eine grandiose Aussicht, viel weiter noch als in den Berchtesgadener Alpen. Noch nie in meinem Leben war ich so hoch oben gewesen. Ich war zu Tränen gerührt, es war ein ganz intensives Gipfelerlebnis.

Ich mußte mich richtig losreißen von diesem Anblick, aber vor uns lag ein langer Abstieg. Noch ein Gipfelfoto, und schon ging es wieder hinunter zum Nido de Condores, am nächsten Tag weiter ins Basislager. Erst dort spürte ich die Erleichterung, daß alles so gut gelaufen war und wir wohlbehalten wieder unten waren. Natürlich war es körperlich anstrengend gewesen, aber beißen konnte ich damals schon, und ich hatte während der gesamten Tour nie das Gefühl, daß ich mir zuviel zugetraut hatte. Schnell war dann der Moment des Abschieds gekommen: Meine vier Begleiter machten sich für die Südwand auf den Weg ins Basislager Plaza Francia, während ich zurück nach Puente del Inca lief und von Santiago aus zu meiner Rundreise aufbrach. Dank meinem unbezahlten Urlaub hatte ich noch vier Wochen Zeit, um mich durch Südamerika treiben zu lassen, ein bißchen Spanisch zu lernen und vor allem traumhafte Gegenden anzuschauen. Ich nahm einen Bus in den Norden Chiles und schloß mich einer organisierten Durchquerung der Atacamawüste an. Wir waren eine Gruppe von fünf Leuten, fuhren mit dem Jeep von Laguna zu Laguna und wanderten um die Seen. Danach reiste ich noch bis Bolivien weiter, schaute mir La Paz und den Titicacasee an.

Die Landschaften begeisterten mich durchaus, aber ich merkte, daß es wirklich das Bergsteigen war, was mich interessierte. In Gedanken war ich ständig am Aconcagua. Erstens machte ich mir Sorgen um Michi und fragte mich, ob bei ihnen wohl alles glatt lief, und zweitens war ich schlichtweg neidisch. Ich wäre wahnsinnig gern die Südwand mitgegangen und war enttäuscht, daß die anderen das ablehnten. Daß sie damit recht hatten und ich die Anforderungen völlig falsch einschätzte, akzeptierte ich zu diesem Zeitpunkt in meinem Ehrgeiz einfach nicht. Ich ärgerte mich über ihre Entscheidung und auch über mich selbst, am meisten darüber, daß ich noch nicht die Erfahrung hatte, um mitreden und mitentscheiden zu können. Dabei hatte mich zuerst so gefreut, daß Michi mir diese Expedition zutraute, obwohl wir uns noch gar nicht so lang kannten, und seine Freunde mich als Teilnehmerin akzeptiert hatten. Nun hatte ich das Gefühl, nur ein Anhängsel zu sein, und nahm mir fest vor, beim Bergsteigen selbständiger zu werden.

Die fast 3000 Meter hohe Südwand wäre wirklich nichts für mich gewesen. Weil sie in der südlichen Hemisphäre steht, entspricht sie einer Nordwand in den Alpen; sie ist mit Hängegletschern bedeckt, zwischen denen sich brüchiger Fels aufsteilt. Das unzuverlässige Gestein und die steilen Schnee- und Eisfelder ergeben zusammen mit den Wetterrisiken eine gefährliche Mischung. Meine Expeditionspartner hatten schwierige Bedingungen, waren ständig von Eislawinen bedroht und brauchten lange, insgesamt sechs Tage, um durch die Wand zu kommen. Aber sie schafften es und hatten einen guten Grund, ausgiebig zu feiern.

Ich fuhr nach zwei Wochen von La Paz wieder mit dem Bus nach Santiago, um anschließend in den Süden Chiles weiterzureisen. Vorher hatten wir uns aber für den Tag vor Michis Rückflug in unserem Hotel in Santiago verabredet: Ich wollte ihn sehen, bevor er nach Hause flog, und wollte natürlich wissen, wie es ihm in der Südwand ergangen war. Vorsichtshalber kam ich schon einen Tag früher in Santiago an, von Michi und seinen Freunden war aber noch nichts zu sehen. Am Tag darauf verging Stunde um Stunde, ich wurde immer nervöser. Sie kamen nicht, bis zum Abend. Ich war total beunruhigt, befürchtete, daß etwas passiert war, und außerdem wurde die Zeit bis zu ihrem Flug immer knapper. Auch am nächsten Morgen kam niemand, und ich wollte mir in meiner Angst schon einen Bus heraussuchen, um hinauf in die Berge zu fahren und sie zu suchen, als sie zwei Stunden vor Abflug endlich auftauchten. Im ersten Moment war ich nur erleichtert, aber als sich dann herausstellte, daß sie ihren Erfolg so ausgiebig gefeiert hatten, daß es einen Tag später wurde, ärgerte ich mich. Sie hatten sich überhaupt nichts dabei gedacht, und ich hatte mir solche Sorgen gemacht. Das fand ich ziemlich egoistisch.

Doch für eine lange Diskussion war keine Zeit, sie mußten ja zum Flughafen. Ich reiste weiter zu den Vulkanen in Südchile. Das hieß noch einmal zwei Wochen Leben aus dem Rucksack und in Jugendherbergen, interessante Begegnungen mit Einheimischen und Reisenden aus aller Welt, beeindruckende Natur. Ein paarmal tat ich mich mit anderen Leuten zusammen, um gemeinsam auf eine Hütte zu gehen oder einen Berg zu besteigen. Als Alleinreisende fand ich schnell Anschluß, und das etwas Abenteuerliche daran gefiel mir natürlich auch. Was mir fehlte, war jemand, mit dem ich all diese Eindrücke teilen konnte, mit dem mich mehr verband als eine oberflächliche Bekanntschaft. Von Bariloche in Argentinien reiste ich schließlich zurück.

Meine wie immer recht knappe Zeitplanung und das südamerikanische Verständnis von Pünktlichkeit vertrugen sich nicht ganz, was dazu führte, daß ich meinen Rückflug um eine Stunde verpaßte – mein Bus hatte fünf Stunden Verspätung. Als mir die freundliche Dame beim Check-in am Flughafen mitteilte, daß der nächste verfügbare Flug erst in ein paar Tagen ging, war ich nicht gerade erfreut. So sehr ich diese Reise genossen hatte, so sehr sehnte ich mich jetzt nach Hause zurück.

In Deutschland erwartete mich nach einem warmen Sommer auf der Südhalbkugel der kälteste Winter seit Jahren. In Frankfurt/M. stieg ich bei minus 22 Grad Celsius aus dem Flugzeug, mindestens fünfzig Grad weniger, als es in Santiago gewesen waren. Daheim in Berchtesgaden war der Königssee komplett zugefroren, was nur alle Jahrzehnte vorkommt. So konnte ich die schöne Reise, die mich auf meinen höchsten Gipfel geführt hatte, auf einer Wanderung übers Eis bis nach St. Bartholomä ausklingen lassen.

Hohe Berge

Auf den »schönsten Gipfel der Welt«

Der Aconcagua hatte meine Begeisterung für alpines Bergsteigen geweckt. Ich begann wahrzunehmen, daß es auch außerhalb von Berchtesgaden interessante Gipfel gab, Gipfel, die ein vielfältigeres Können erforderten als die Nördlichen Kalkalpen. Für anspruchsvolle vergletscherte Berge braucht man wegen der Länge und der Höhe eine gute Kondition, man muß wissen, wie man Steigeisen und Pickel einsetzt und sich sicher über einen Gletscher bewegt, gibt es einen steilen Gipfelaufbau, muß man auch noch klettern können, und das mit schwerfälligen Bergstiefeln. Da war eine Allroundbergsteigerin gefragt, und ich war in der Zwischenzeit hoch motiviert, eine solche zu werden.

Michi investierte seinen Jahresurlaub jeweils für eine große Reise. Im Gegensatz zu mir hatte er bereits viel Erfahrung mit dem Expeditionsbergsteigen, er kannte sich mit der Logistik und der Taktik in der Höhe aus und bewegte sich im Eis, als wäre er dort zu Hause. Kaum waren wir vom Aconcagua zurückgekehrt, sprachen wir davon, wohin die nächste Reise gehen könnte. Daß wir zum Bergsteigen gehen würden, war klar. Diesmal wollten wir aber als Zweierteam unterwegs sein, um schnell und flexibel zu sein und um zu vermeiden, daß ich in Leistungsdruck kam. Wir suchten ein Ziel, das für uns beide paßte, und fanden es schließlich in Peru. Michi war ein paar Jahre zuvor schon einmal dort gewesen und hatte noch einige attraktive Berge in der Cordillera Blanca und in der Cordillera Huayhuash auf seiner Wunschliste.

Die Monate Mai und Juni waren dafür am besten geeignet, wir planten also für den Frühsommer 1998. In der Klinik konnte ich wieder unbezahlten Urlaub nehmen. Wenn Michi und ich auch noch weit davon entfernt waren, gleichberechtigte Kletterpartner zu sein, würde ich im Gegensatz zum Aconcagua diesmal ein vollwertiges Expeditionsmitglied sein. Trotzdem lag auf der Hand, daß Michi die schwierigen Passagen vorsteigen würde. Er war einfach viel besser als ich. Wir hielten das auch im Sommer vor Peru so, in dem wir weiterhin viel kletterten. Ab und zu waren Freunde von Michi mit dabei, und auch wenn die manchmal ihre Freundinnen mitnahmen, so wurden die Seilschaften doch pärchenweise gebildet und die Männer stiegen vor. Ich vertraute Michi, ich fühlte mich sehr sicher, wenn ich mit ihm unterwegs war, und ich hatte gar keinen Grund, mit jemand anderem zu gehen. Über die ethischen Regeln des Kletterns machte ich mir noch keine Gedanken, dazu kannte ich mich viel zuwenig aus. Ob im Vorstieg, Nachstieg oder frei, also indem ich nur die natürliche Felsoberfläche als Haltepunkt benutzte, das kümmerte mich eigentlich nicht. Ich stieg einfach nach, was Michi vorausstieg, und versuchte, irgendwie hochzukommen.

Mit der Zeit wurden unsere Ziele anspruchsvoller, die Touren schwieriger. Trotzdem war es nicht das alpine Klettern, das mich in meinen technischen Fähigkeiten weiterbrachte, sondern das Sportklettern. Anfangs mußte Michi mich noch dazu überreden, mit ins Endstal zu kommen, wo zahlreiche Routen eingerichtet waren. Ich fand es schade, wenn nach einem Tag draußen nur meine Arme und Finger platt waren und nicht wie sonst der ganze Körper. Langsam freundete ich mich aber mit diesem »Trockentraining« im Klettergarten an, weil ich entdeckte, daß ich dadurch Fortschritte machte. Ich konnte eine Stelle immer wieder probieren, bis ich endlich herausbekam, wie sie zu lösen war. Ein paar Meter über dem Boden ging ich sehr viel furchtloser an meine Sturzgrenze als mit ein paar hundert Meter Abgrund unter mir. Ich beherrschte die Sechserstellen, tastete mich langsam an den Siebener heran. Ich nahm mir eine bestimmte Tour als Projekt vor, arbeitete an den einzelnen Bewegungsabfolgen, an meiner Technik und an der Koordination, und mit dem Erfolgserlebnis stieg auch der Spaß an der Sache. Ehrgeizig war ich sowieso, und es war gut für mich, ein anspruchsvolles Ziel vor Augen zu haben und richtig gefordert zu sein. Ich investierte also mehr Zeit ins Sportklettern, ging im Winter auch zum Trainieren in die Halle.

Die Faszination beim Klettern bestand – und besteht heute noch – für mich nicht nur in der körperlichen Anstrengung, sondern in ihrer Kombination mit einer hohen psychischen Beanspruchung. Das macht Klettern eben aus: Um den nächsten Schritt zu machen, muß man die eigene Angst überwinden. Als ich dann meine ersten Vorstiegsversuche machte, kam ich immer mal wieder in die Situation, daß ich all meinen Mut zusammennehmen mußte. Es ging nicht mehr nur darum, die Kletterstellen hinaufzukommen, sondern ich mußte gleichzeitig die Route finden, vorausschauend klettern und alles Wichtige im Umfeld wahrnehmen: Wo war der nächste Haken? Wo hatte ich zuletzt eingehängt, welche Sturzhöhe würde das ergeben, wann wurde es Zeit, eine Sicherung zu legen? All das lernte ich erst mit der Zeit und mit viel Übung. Es kostet mich manchmal heute noch Überwindung, von den Sicherungspunkten wegzuklettern, vor allem wenn noch nicht klar ist, wann ich das nächste Mal einhängen kann. Mittlerweile spielt sich das natürlich in einem anderen Schwierigkeitsgrad ab, aber das mulmige Gefühl ist immer noch dasselbe. Wenn ich an einer schwierigen Stelle stehe, bin ich absolut auf die bevorstehende Bewegung konzentriert, da hat kein anderer Gedanke mehr Platz. Ich bin fokussiert auf das Stück Fels vor mir, ich nehme nicht wahr, was neben oder unter mir ist. Manchmal, wenn ich am Zaudern bin, zu einem Schritt ansetze und ihn dann doch nicht mache, mich einfach nicht traue, muß ich über mich selbst hinauswachsen, damit ich weiterkomme.

Nach einer intensiven Skitourensaison, die wir als Ausdauertraining für Peru nützten und in der ich entweder mit Michi, mit Ilona oder einer ganzen Gruppe von Leuten Höhenmeter um Höhenmeter abspulte, rückte unser Abreisetermin näher. Zuvor flog ich allerdings noch für eine Woche nach Wales. Dazu war ich ganz überraschend gekommen: Der British Mountaineering Council organisierte ein internationales Frauen-Klettertreffen und lud dazu einhundert Teilnehmerinnen über die jeweiligen alpinen Verbände nach Nordwales ein. Irgend jemand muß irgendwo meinen Namen genannt haben, denn eines Tages schneite mir eine Einladung der Zentrale des Deutschen Alpenvereins ins Haus. Ich war zwar schon einige Jahre zuvor in die DAV-Sektion Berchtesgaden eingetreten, aber da ging es mir mehr um die Mitgliederrechte auf den Alpenvereinshütten, weniger um die aktive Teilnahme am Vereinsleben. Letztendlich war es ja auch egal, warum ich eingeladen wurde, ich nützte auf jeden Fall die Gelegenheit und fuhr mit.

Wir waren ein bunt gemischter Haufen und kletterten in verschiedenen Gruppen sowohl im Landesinnern als auch an der Nordküste, in Gogarth. Im Gegensatz zur Sportkletterbewegung, wie ich sie auf dem Festland kennengelernt hatte, waren die Engländer Anhänger des traditionellen Kletterns. Sie lehnten mit Bohrhaken gesicherte Routen ab; ihre Ethik sah vor, die Touren mit Schlingen, Klemmkeilen und Friends selbst abzusichern und im Fels keine Spuren zu hinterlassen. Durch diese Vorgehensweise blieben die Routen für Wiederholer fast genauso herausfordernd wie für die Erstbegeher. In dieser Woche stieg ich häufiger vor und machte meine ersten Erfahrungen mit dem Selbstabsichern. Ich empfand es als sehr bereichernd, gemeinsam mit anderen Frauen zu klettern, ihnen auf die Finger zu schauen und von ihnen zu lernen. Neben Achttausender-Besteigerinnen und britischen Trad-Kletterinnen mit eiserner Moral kam ich mir allerdings ziemlich klein vor. Mit verschiedenen Seilpartnerinnen war ich in Verschneidungen und Rissen bis zum siebten Grad unterwegs, und weil ich im Umgang mit den Sicherungsmitteln noch nicht so geübt war, gab es einige spannende Momente für mich. In Gogarth kam noch dazu, daß unter mir das schäumende Meer tobte; das ließ zum einen die Ausgesetztheit noch bedrohlicher erscheinen und erschwerte zum anderen auch die Verständigung mit der Seilzweiten. Einmal stieg ich einen Riß vor, der in der französischen Bewertung mit 6c angegeben war, also 7+/8– entsprach. Obwohl er gut abzusichern war, schwitzte ich Blut und Wasser und war total erleichtert, als ich den Stand erreicht hatte. Dafür war dann die Freude auch besonders groß, ich war richtig stolz darauf, daß ich das geschafft hatte.

Insgesamt war es eine sehr motivierende Woche für

mich. Ich hatte mit interessanten Frauen aus aller Welt zu tun, die ihren Spaß miteinander hatten, egal, wie schwer sie kletterten. Ihre Selbständigkeit beeindruckte mich sehr. Die ganze Zeit über herrschte eine freundschaftliche Stimmung. Ich fühlte mich nicht aufgrund meiner Leistung beurteilt, sondern als Mensch geschätzt, auch wenn ich noch nicht die Wahnsinnstouren ging. Entscheidend war, glaube ich, daß es kein Konkurrenzdenken gab und ich mich nie unter Druck fühlte. Wenn ich an meine Grenzen kam, dann lag das an meinem eigenen Ehrgeiz, der mich diese Route auswählen ließ. Dann war ich aber auch selbst verantwortlich dafür. Ich kletterte oft mit Elke, einer Teilnehmerin aus Salzburg, und weil wir uns gegenseitig anspornten und als gutes Team entpuppten, außerdem nicht allzu weit entfernt voneinander wohnten, nahmen wir uns vor, auch weiterhin miteinander zu klettern.

Doch zuerst einmal gingen Michi und ich nach Peru. Wir flogen nach Lima und fuhren mit dem Bus 400 Kilometer nach Huaraz, in das bergsteigerische Zentrum der Cordillera Blanca, das auf rund 3000 Metern liegt. Dort mieteten wir uns in das kleine Hostel eines freundlichen Peruaners ein. Juanito hatte zwei hübsche Töchter und nahm uns auf wie seine eigenen Kinder, er war unglaublich gastfreundlich. Unsere Bergziele – bis auf den Torre del Parón waren alle kombinierte Routen mit mehr Eis als Fels – verteilten sich auf verschiedene Täler, so daß wir zwischen den Touren immer wieder zur Erholung nach Huaraz zurückkamen und uns von dort aus mit dem Pick-up zum nächsten Ausgangspunkt bringen ließen. Da in diesen Gebieten auch Trekkingrouten verlaufen, war es nie ein Problem, die Anfahrt zu organisieren. Huaraz war mir sehr sympathisch, vor allem der Markt, auf dem wir uns mit Trockenobst und unverderblichen Lebensmitteln eindeckten. Es wimmelte nur so von Menschen, alles kostete nur einen Bruchteil von den Preisen daheim, und die bunten Farben luden förmlich zum Geldausgeben ein.

Zunächst stand die Akklimatisierung an. Um uns an die Höhe zu gewöhnen, fingen wir mit einer dreitägigen Trekkingtour an, die im Santa-Cruz-Tal begann und um den Nevado Huandoy herumführte. Für die Eingehtouren hatten sich uns Petra und Sepp, Freunde aus Berchtesgaden, angeschlossen. Zu viert ließen wir uns auf holprigen Straßen zum Ausgangspunkt bringen und schulterten unsere Rucksäcke. Wir hätten uns Tragtiere organisieren können, aber wir wollten unser Gepäck selbst tragen und uns damit auf unsere eigentlichen Ziele im Sechstausenderbereich vorbereiten. Immerhin mußten wir einen fast 5000 Meter hohen Paß überschreiten. An Alpamayo und Artesonraju, die wir noch besteigen wollten, wanderten wir vorbei und waren völlig begeistert von den bizarren Eisgipfeln, die sich aus den grünen Tälern erhoben. Am liebsten wären Michi und ich gleich dort hinauf.

Zuvor wollten wir aber noch einen niedrigeren Berg besteigen, den 5752 Meter hohen Nevado Pisco im Massiv des Huandoy. Er zählte zu den leichtesten Gipfeln, erforderte im Grund nur Schneestapferei, lediglich für den Gipfelaufschwung waren Steigeisen und für die Gletscherüberquerung das Seil nötig. Sepp wurde allerdings am Tag vor unserer Gipfelbegehung höhenkrank. Wir hatten zwar das richtige Medikament für ihn dabei, so daß es ihm bald besser ging, konnten ihn aber nicht dazu bewegen, ins Tal abzusteigen, was das Vernünftigste gewesen wäre. Er wollte unbedingt mitkommen. Wir starteten noch in der Nacht und erlebten nach einem wunderschönen Morgenrot den Sonnenaufgang, der den gegenüberliegenden Huascaran in glühendem Rot erstrahlen ließ. Sein wuchtiger Doppelgipfel ist mit 6768 Metern der höchste Berg Perus. Ich hatte mit der Höhe keine Mühe, das Gehen fiel mir leicht, und ich konnte die ständig wechselnden Licht- und Wolkenstimmungen richtig genießen. Das letzte Stück zum Hauptgipfel bot einige wenige anspruchsvolle Klettermeter, bevor ich endlich wieder einmal dieses intensive Glücksempfinden auf dem Gipfel eines hohen Berges auskosten konnte.

Petra und Sepp verabschiedeten sich auf ihre Rundreise durch Peru, Michi und ich legten eine Ruhepause in Huaraz ein. Doch bald war wieder Aufbruch angesagt zu einem ehrgeizigen Ziel, dem 5947 Meter hohen Nevado Alpamayo. Von ihm hatte ich im Vorfeld schon viel gehört und gelesen, gilt er doch unter vielen Bergsteigern und Südamerika-Fans als »la montaña mas bella del mundo«, als der schönste Berg der Welt. Dementsprechend begehrt ist die beeindruckende Gipfelpyramide aus Schnee und Eis bei versierten Alpinisten. Durch die speziellen Witterungsverhältnisse, die vom Sonnenstand und der aus dem Urwald aufsteigenden feuchten Luft beeinflußt werden, entsteht der charakteristische steile Riffelfirn der Südwestwand. Wenn er im Abendrot leuchtet, ist das ein faszinierender Anblick, der tatsächlich etwas Einmaliges hat. Durch die Südwestwand führt der heutige Normalweg, die erst 1975 von einer italienischen Gruppe unter der Leitung von Casimiro Ferrari eröffnete und nach ihm benannte Route, denn die früher begangenen Grate tragen riesige Wächten und wären viel zu gefährlich. Sie ist eine etwa 300 Meter lange Eistour, die im oberen Teil bis zu sechzig Grad steil ist. Neben ihr führen noch weitere, schwierigere Rinnen auf den Gipfelgrat.

Von Cashapampa aus erreichten wir den Paß zwischen Alpamayo und Quitaraju auf rund 5400 Metern. Um unser Hochlager unter der Südwestwand aufschlagen zu können, mußten wir uns durch das Gletscherlabyrinth schlängeln. Nie werde ich den Moment vergessen, als wir durch ein schmales, dunkles Eiscouloir aufstiegen und sich plötzlich die Hochfläche am Wandfuß vor uns öffnete. Gerade ging die Sonne unter, und wir standen überwältigt vor einer sich in allen Rottönen färbenden Wand. Es waren schon einige andere Zelte da, und das war unser Glück, denn wir stellten an diesem Abend fest, daß unser Gaskocher nicht mehr funktionierte. Als Ersatz hatten wir zwar noch einen Benzinkocher dabei, aber für den ging schneller als erwartet das Benzin zur Neige. Wir mußten unbedingt noch Schnee schmelzen, um uns mit ausreichend Flüssigkeit zu versorgen, außerdem brauchten wir für die Zubereitung unserer gefriergetrockneten Nahrung Wasser. Daher waren wir sehr erleichtert, daß uns andere Bergsteiger mit ihrem Kocher aushalfen. Als diese ihrerseits mit dem Kochen fertig waren, begannen wir sofort mit unserer Kochzeremonie, aber da es in dieser Höhe ganz schön lange dauert, bis ausreichend Schnee geschmolzen ist, wurde es sehr spät, bis wir endlich in den Schlafsäcken lagen.

Nach viel zu kurzem Schlaf kletterten wir früh los. Die Verhältnisse waren problemlos, es handelte sich mehr um Firn als um Blankeis, und auch wenn es anhaltend steil war, kam Michi zügig vorwärts. Im Gegensatz zu mir hatte er die nötige Routine mit den Steigeisen und Eisgeräten. Ich kam zwar ganz gut hinterher, fühlte mich aber unsicher und verlor zunehmend Kraft und Motivation. Trotzdem kletterten wir die meiste Zeit gleichzeitig, indem Michi regelmäßig Zwischensicherungen setzte, aber keinen Stand baute. Im Firn, in dem Eisschrauben keinen Halt finden, verwendet man als Fixpunkte sogenannte Firnanker. In den Alpen dient dazu meist der Pickel. Braucht man aber wie in den Anden mehrere davon, bieten sich Metallprofile an, die man in den Schnee einschlagen und anschließend wieder ausgraben kann. Wir hatten uns in Peru mehrere davon anfertigen lassen. Mit einer Schlinge und einem Karabiner wird das Seil am Firnanker eingehängt. Am Ende des komplett ausgegangenen Seils sammelte ich die Sicherungen wieder ein, so daß immer mindestens zwei Sicherungspunkte zwischen uns lagen. Von Zeit zu Zeit mußte Michi mich bis zu sich nachsichern, damit ich ihm das Material wieder nach vorn geben konnte. Diese unter »running belay« bekannte Sicherungsmethode hatte den Vorteil, daß wir sehr schnell vorankamen; nur in den beiden steilsten Seillängen sicherten wir normal von Standplatz zu Standplatz.

Als wir den Gipfelgrat erreichten, war ich erleichtert, die letzten Meter zum Gipfel stolperte ich mehr, als daß ich ging. Ich war so müde, daß ich mich hinlegte und praktisch sofort einschlief. Meine ganze Energie war weg. Michi ließ mich eine Stunde schlafen, dann mahnte er zum Abstieg. Er war viel weniger erschöpft als ich; ich hatte nicht nur wenig, sondern auch schlecht geschlafen, wahrscheinlich war ich vor dieser anspruchsvollen Route einfach zu nervös gewesen. Es war mir vorher noch nie passiert, daß ich zu fertig war, um den Gipfel genießen zu können. Die richtige Freude über den Erfolg kam erst viel später.

Jetzt mußten wir erst mal die Südwestwand wieder hinunterkommen, und das würde nicht ohne sein, das war mir klar. Von der Ferrari-Route aus gesehen eine Rinne weiter rechts waren von unseren Vorgängern Abseilstellen eingerichtet worden. In stabilem Eis seilt man, um möglichst wenig Material zu verlieren, mit Vorteil an Eissanduhren ab, die nach ihrem Erfinder auch Abalakows genannt werden. Mit Hilfe einer Eisschraube werden zwei schräge Gänge in das Eis gebohrt, die sich möglichst tief treffen. Zieht man durch sie eine Schlinge, kann man daran sicher abseilen und muß nur die Schlinge zurücklassen. Die meisten vorhandenen Eissanduhren waren noch verwendbar, zum Teil brachten wir neue an. Die Abseilstellen waren allerdings auf sechzig Meter ausgelegt, während unser Doppelseil nur fünfzig Meter lang war. Das führte dazu, daß uns jeweils zehn Meter zum nächsten Stand fehlten, die wir einzeln und vom anderen gesichert abkletterten. Das kostete uns viel Zeit, aber da die Rinne steiler war als unsere Aufstiegsroute und unten sogar leicht überhing, konnten wir auf die Sicherung nicht verzichten.

Wie schon beim Aufstieg wurde mir auch bei diesem Abstieg wieder bewußt, wie groß meine Defizite im Eis im Vergleich zu Michi waren und daß ich wirklich dafür trainieren mußte, wenn ich mithalten wollte. Daheim stellte sich dann heraus, daß ich mir neben dieser Einsicht noch anderes vom Alpamayo mitgebracht hatte. Wir liefen an diesem Abstiegstag noch bis ins Tal hinunter, da wir ja kein Wasser schmelzen konnten, und stürzten uns, ausgetrocknet, wie wir waren, nach dem anstrengenden Marsch auf den nächstbesten Gebirgsbach. Das eiskalte Wasser bekam uns allerdings nicht sehr gut, und es hatte auch Spätfolgen: Zurück in Berchtesgaden wurden wir von Verdauungsstörungen geplagt und fühlten uns schwach, und schließlich stellte ein Arzt bei uns beiden eine Lamblieninfektion fest. Es hat schon seinen Grund, warum in Südamerika empfohlen wird, das Wasser vor dem Trinken abzukochen.

Doch zunächst merkten wir davon nichts, kehrten nach Huaraz zurück, wo uns Juanito herzlich empfing, und erholten uns ausgiebig von den Strapazen. Dann bereiteten wir unsere nächste Unternehmung vor, eine Klettertour auf den 5525 Meter hohen Torre del Parón. Er lag weit hinten in einem entlegenen Tal, entsprechend lange dauerte es, bis wir von Caraz aus die große Felswand erreicht hatten. Es handelte sich sozusagen um einen peruanischen Bigwall, eine 700 Meter hohe Granitwand, durch die wir auf der Route »La Esphinge« klettern wollten. Es war keine komplett alpine Tour – die Stände waren mit Bohrhaken eingerichtet, auch geschlossene Platten waren eingebohrt, ansonsten mußte selbst abgesichert werden –, aber doch ein anspruchsvolles Vorhaben. Zum einen wegen der Länge: Es waren rund 25 Seillängen, und ich war noch nie eine so lange Route geklettert. Zum anderen natürlich wegen der Schwierigkeit: Die Schlüsselstelle war 7a, ein glatter Achter. Ich war froh, daß Michi das alles vorsteigen würde. Es war klar, daß wir da in einem Tag nicht durchkämen, aber etwa in Wandmitte gab es ein breites Felsband, einen perfekten Biwakplatz.

Im ersten Teil war das Gelände noch leichter, dann steilte sich die Wand auf und legte sich weit oben wieder zurück. Wir kletterten viel in mit Gras und Kakteen bewachsenen Rissen, und Michi mußte die stachligen Dinger erst mal entfernen, bevor er Keile oder Friends legen konnte. Die Liegematten, Schlafsäcke und den Proviant hatten wir in einem Haulbag verstaut, den wir jeweils Seillänge für Seillänge nachzogen, so daß wir ohne Rucksäcke klettern konnten. Ich ging im Nachstieg; im oberen, leichteren Teil kletterte ich auch einige Seillängen voraus, denn ich hatte in England ja geübt, wie man eine Route selbst absichert. Unsere gute

Akklimatisation hatte sich gelohnt, denn die Höhe machte sich kaum bemerkbar. Allerdings ergab sich ein anderes Problem: Wir hatten unsere Bergstiefel am Wandfuß gelassen, weil wir davon ausgegangen waren, daß wir über die Route abseilen würden. Nun stellte sich heraus, daß das vom Routenverlauf her wegen der zahlreichen Querungen gar nicht möglich war. Wir mußten also, nachdem wir den Gipfel erreicht hatten, auf der Rückseite des Torre del Parón zu Fuß absteigen. Zum Glück waren keine Steigeisen nötig, aber wer jemals mit Kletterschuhen durch Schnee abgestiegen ist, weiß, wie naß und kalt unsere Füße am Abend waren.

Der Rückweg führte uns wieder an der türkisfarbenen Laguna Parón vorbei. Allerdings hatte ein Erdrutsch den Weg verschüttet, und wir waren froh, daß uns eine französische Gruppe einlud, mit ihnen in einem Schlauchboot über den See zu fahren. So erreichten wir den Ausgangspunkt für die Besteigung des Nevado Artesonraju, der mein zweiter Sechstausender werden sollte. Wir hatten vor, die 6025 Meter hohe, elegante Firnpyramide über die Westwand zu ersteigen. Das stellte sich als eine fast gemütliche Tour heraus, aber sie war eben auch um einiges leichter als der Alpamayo, und wir waren inzwischen noch besser akklimatisiert. Wir stellten unser Zelt am Wandfuß auf und kamen am Abend mit einem Norweger ins Gespräch, der dasselbe Ziel hatte wie wir. Wir beschlossen, uns für die Besteigung zusammenzutun. Am nächsten Morgen wurde es erst mal spannend, als es galt, die tiefe Randkluft zu überwinden. Dann stiegen wir zu dritt sehr früh in die Wand ein. Weil das Eis nicht übermäßig steil war, konnten wir die gesamte Route gleichzeitig klettern, waren schnell oben und auch schnell wieder unten.

Wieder folgte eine Ruhepause in Huaraz, bevor wir in die Cordillera Huayhuash wechselten. Sie ist viel wilder und einsamer als die Cordillera Blanca. Auf relativ kleinem Raum drängen sich zahlreiche Sechstausender. Touristisch war das Gebiet kaum erschlossen, und weil die Berge so abgelegen sind, war auch kaum jemand unterwegs. Eine faszinierende Gegend! Für mich ist die Cordillera Huayhuash mit Sicherheit das schönste Gebirge, in dem ich jemals war. Mit dem 6635 Meter hohen Nevado Yerupaja hatten wir uns den höchsten Berg der Cordillera Huayhuash und den zweithöchsten Perus ausgesucht. Auf seinen eindrucksvollen Gipfel führen messerscharfe Grate, und er gilt als einer der am schwierigsten zu besteigenden Berge in den Anden.

Allein schon der Anmarsch ist in der Cordillera Huayhuash ein Abenteuer, man muß weit gehen, um zum Berg zu kommen. Von Huaraz fuhren wir vier Stunden mit dem Bus und brauchten mit unserem Mulitreiber und den Mulis fürs Gepäck drei Tage bis zum Basislager. Dabei kamen wir auch am Chacraraju vorbei, dessen Spitze wie ein Zuckerhut in den Himmel ragt und an dem fünf Jahre später unsere Freunde Fidi und Julian von einer Eislawine begraben wurden. Im Hochlager lernten wir eine Expedition aus Venezuela kennen, die sich den Westgrat vorgenommen hatte. Wir machten uns weniger wegen der Höhe des Yerupaja Sorgen, aber es war uns klar, daß uns mit der Westwand eine anspruchsvolle Eistour bevorstand, bei der Michi, der ja alles vorsteigen mußte, ganz schön gefordert wäre. Außerdem gingen immer mal wieder kleinere Lawinen ab. Wir beobachteten die Wand einen Tag lang und entschieden uns sicherheitshalber für eine Nachtaktion.

Es stellte sich dann tatsächlich heraus, daß die Wand immer wieder sehr steil wurde und zu schwierig war, um gleichzeitig gehen zu können. Ich bemühte mich zwar sehr, so schnell wie möglich nachzusteigen, aber trotzdem verloren wir durch die seillängenweise Sicherung viel Zeit. Im Eis einen Stand zu bauen war jedesmal ein gewisser Aufwand. Da stand ich dann, sicherte Michi, versuchte, mit den Steigeisen möglichst bequem zu stehen, trat von einem Fuß auf den anderen, weil mir kalt wurde, und wurde nervös, wenn es mal ein bißchen länger dauerte. Und: Ich hatte Zeit zum Nachdenken. Was mir immer wieder in den Sinn kam, war die Geschichte von Joe Simpson am Siula Grande, denn der liegt direkt neben dem Yerupaja. Ich hatte sein Buch vor unserer Abreise gelesen und fand es wahnsinnig spannend, aber irgendwie auch beunruhigend, immerhin beruht es auf einer wahren Begebenheit. Wenn ich mir seinen Absturz und die Problematik des Rückzugs vorstellte, bekam ich weiche Knie. Ich war froh, wenn ich nachsteigen und mich auf das Klettern konzentrieren konnte.

Die Verhältnisse waren nicht schlecht – in den Steilpassagen kompaktes Eis, in dem man gut absichern konnte, an den flacheren Stellen stabiler Firn –, doch mit dem Plan, in einem Tag durchzukommen, hatten wir uns zuviel vorgenommen. Als wir auf den Gipfelgrat ausstiegen, war es bereits drei Uhr nachmittags. Bis zum Gipfel war es noch ein rechtes Stück, über uns zogen sich die Wolken zu, bald standen wir in dichtem Nebel, und der Wind wurde immer stärker. Wir wären zwar am selben Tag noch auf den Gipfel gekommen, aber nicht mehr ins Lager zurück. Weil wir mit möglichst leichten Rucksäcken aufgebrochen waren, um schnell zu sein, hatten wir nur einen Schlafsack und den Kocher für ein Notbiwak dabei. In dem aufkommenden Sturm hätten wir bei einem Biwak jämmerlich gefroren, und nachts abzusteigen wäre uns zu gefährlich gewesen.

Schweren Herzens blieb uns also nichts anderes übrig, als umzukehren. Die Entscheidung war nicht leicht, denn die Schwierigkeiten lagen bereits hinter uns, und so kurz vor dem Ziel zu scheitern ist immer besonders ärgerlich. Es fiel mir schwer, den Gipfel loszulassen. Aber wir mußten wirklich zusehen, daß wir hinunterkamen, es war schon spät, und wir hatten einen langen Weg vor uns.

Die Abseilfahrt über die Eiswand wurde noch zu einer eigenen Herausforderung, denn wir kamen trotz Umkehr in die Dunkelheit. Ich ahnte Schlimmes, als meine Stirnlampe immer schwächer wurde, kurz darauf fiel sie ganz aus. Die Ersatzbatterie, ein peruanisches Modell, war nicht viel langlebiger. Wenigstens hatte Michi noch Licht und konnte die Abseilstellen einrichten, ich orientierte mich an seinem Lichtstrahl. Doch wenig später gab auch seine Batterie den Geist auf – wir hingen in stockdunkler Nacht in dieser Eiswand, und von einem Moment auf den anderen war die Sache ziemlich ernst geworden. Mir fiel wieder Joe Simpson ein. Ich bekam richtig Bammel.

Ohne Licht war es praktisch unmöglich, Eissanduhren zu bohren, und es hätte auch zu lange gedauert – ich wollte nur noch möglichst schnell und möglichst heil hier rauskommen. Wir mußten also Eisschrauben zurücklassen und uns an ihnen abseilen. Die Schraube, an der Michi abseilte, hintersicherten wir jeweils locker mit einer zweiten Schraube. Nachdem die erste Schraube gehalten hatte, sollte sie mich – ein paar Kilo weniger als Michi – auch halten, also nahm ich die zweite mit. Wohl war mir nicht dabei, aber andernfalls hätte uns das Material nie gereicht. Meine größte Angst war, daß einer von uns beiden im Dunkeln einen Fehler machen und den Abseilachter nicht richtig einhängen könnte. Dann wäre er über die ganze Wand nach unten gestürzt. Am Stand prüfte ich vorsichtig tastend nach, ob die Selbstsicherung korrekt war. Der dunkle Abgrund unter mir war mir unheimlich. Zum Glück hatten wir relativ viel Material dabei, aber als wir am Wandfuß ankamen, waren unsere Gurte praktisch leer.

Ich war absolut fertig, körperlich wie psychisch. Aber wir waren noch nicht am Zelt, und ohne Licht war es auf der weiten Gletscherfläche auch nicht leicht zu finden. So irrten wir Stunde um Stunde über den Gletscher, bis wir endlich ein Licht der Venezolaner entdeckten und nach 23 Stunden völlig erschöpft das Lager erreichten. Ich brachte nicht mal mehr einen Bissen zu essen hinunter, sondern verschwand sofort im Schlafsack. Vor lauter Erleichterung, daß das Ganze glücklich ausgegangen war, kam ich gar nicht mehr dazu, enttäuscht zu sein, weil wir nicht auf dem Gipfel waren. Wenn wir uns auch beim Abstieg ins Tal noch ein paarmal wehmütig zu »unserem« Berg umdrehten, war uns doch klar, daß wir richtig entschieden hatten.

Unsere Power war auf jeden Fall weg, und die drei Tage, die uns bis zum Rückflug von Lima noch blieben, verbrachten wir mit Ausruhen. Es waren sechs sehr anstrengende Wochen gewesen, was natürlich auch an unserer dichten Planung lag. Wir hatten vier größere Gipfel bestiegen, am fünften waren wir gescheitert. Rechnet man jeweils zwei bis drei Tage bis zum Hochlager, einen Tag für den Gipfel und zwei Tage zum Hinauslaufen, bleiben nicht viele Rast- und Reservetage. Zum Schluß waren wir richtig ausgelaugt, und das war wohl auch der Grund, warum der letzte Berg nicht mehr klappte.

Aber es waren auch sechs sehr schöne Wochen gewesen. Rückblickend denke ich, die Perureise war sogar eines meiner schönsten Erlebnisse mit Michi, weil wir als harmonisches Team unterwegs waren. Ich lernte viel von ihm, und ich war wirklich froh darüber, daß er die schwierigeren Stellen übernahm. Wie im Fels war es auch im Eis so, daß er noch ganz andere Touren hätte machen können, wäre er mit jemand wirklich Gleichwertigem unterwegs gewesen. So war es jedoch eine intensive gemeinsame Erfahrung, für ihn interessant genug, während ich mit meinem Können am Anschlag war. Was aber meiner alpinen Begeisterung keinen Abbruch tat, ganz im Gegenteil.

Angefrorene Finger und eine blutende Nase

Frust und Lust im Eis und im Fels

Besonders nachhaltig blieben mir die abenteuerlichen Momente in Peru in Erinnerung, vor allem unser nächtlicher Rückzug vom Yerupaja. Im nachhinein wünschte ich mir natürlich, ich wäre beim Aufstieg in der Eiswand schneller gewesen. Ganz klar, ich mußte im Eisklettern besser werden, mehr Routine bekommen. Sicherer auf den Frontalzacken der Steigeisen stehen und mich daran gewöhnen, mit dem Gewicht des Rucksacks zu klettern. Aber ich spürte auch noch etwas anderes: eine zunehmende Unzufriedenheit damit, daß ich fast ausschließlich nur nachstieg. Hätte Michi am Yerupaja nicht alles vorsteigen müssen, wäre unser Zeitplan aufgegangen. So war für alles er zuständig gewesen, ich brauchte mir nicht mehr groß den Kopf zu zerbrechen. Doch es befriedigte mich nicht mehr, immer nur hinterherzuklettern. Spätestens nach Peru war mir klar, daß ich, um vorwärtszukommen, selbständiger werden mußte.

Der erste Teil dieser Überlegungen ließ sich in meinen Augen problemlos umsetzen: Ich mußte einfach üben. Die Westalpen mit ihren Eiswänden und kombinierten Routen sind von Berchtesgaden relativ weit entfernt und waren uns eher fremd, bei uns boten sich dagegen als Trainingsgelände gefrorene Wasserfälle an. Im folgenden Winter stürzte ich mich also hochmotiviert ins Eis. Mit Michi und

Steini, einem befreundeten Bergführer, fuhr ich ins etwa eine Stunde entfernte Gasteinertal, um das Klettern im Wassereis auszuprobieren. Dafür suchten wir uns einen kurzen und leichteren Wasserfall aus. Michi stieg ein, als Zwischensicherungen setzte er einige Eisschrauben. Bis er die Seillänge ausgegangen war und endlich Stand machte, dauerte es ganz schön lange, bis dahin war ich selbst schon mehr oder weniger ein Eiszapfen geworden. Es liegt in der Natur der Sache, daß es da, wo gefrorene Wasserfälle mit gutem Eis zu finden sind, schattig und kalt ist. Meine Finger und Zehen spürte ich bei den Minusgraden fast nicht mehr, und auch meine Geduld war schon ziemlich strapaziert – es machte überhaupt keinen Spaß, ewig herumzustehen und sich nicht bewegen zu können.

Endlich konnten Steini und ich nachkommen. Steif gefroren, wie ich war, waren meine Bewegungen nicht sehr gelenkig. In beiden Händen hatte ich ein Eisgerät, das ich jeweils so weit oben wie möglich ins Eis schlug. Da ich die Hände ständig über Kopfhöhe hatte und das Blut nach unten sackte, hatte ich bald kein Gefühl mehr in den Fingern. Ich versuchte mich stabil auf die Frontalzacken beider Füße zu stellen, um in dieser Rastposition die Arme entlasten zu können, als ich plötzlich einen dicken Eisbrocken von oben auf mich zukommen sah. Anscheinend war auch meine Reaktion eingefroren, denn ich starrte auf den Brokken, ohne das Geringste zu tun, und einen Augenblick später hatte ich ihn schon im Gesicht. Er fiel mir mit einem dumpfen Schlag mitten auf die Nase. Im ersten Moment war ich wie benommen, dann spürte ich, daß es mir warm über den Mund lief. Abbrechende Eisschollen sind meistens sehr scharfkantig, ich blutete richtig stark. Während meiner Eiskletterlaufbahn habe ich noch so manchen Cut abgekriegt, aber dieser erste war wirklich schlimm, knapp vorbei an einer Nasenbeinfraktur. Innerhalb kürzester Zeit schwollen mir beide Augen zu, und die Nase war danach wochenlang dick und blau.

Ich hatte aber auch einen kapitalen Fehler gemacht. Beim Eisklettern darf man sich nie in der Fallinie eines Vorauskletternden bewegen, weil durch das Einschlagen der Geräte Eisschlag gar nicht zu verhindern ist. Je nach Qualität des Eises räumt man das Eis schollenweise ab – und ich war direkt hinter Steini aufgestiegen. Ich hätte seitlich versetzt gehen müssen, genauso wie der Vorauskletternde nicht direkt über dem Stand aufsteigt. Außerdem ist eine Dreierseilschaft im Eis sowieso ungünstig. Ich wurde wütend auf mich selbst, weil ich so blöd war und das nicht bedacht hatte. Nicht nur die Nase tat irrsinnig weh, auch die Finger, die nun langsam wieder auftauten und zu kribbeln anfingen. Das mit dem Eisklettern war doch sowieso ein Mist. Ewig herumstehen und sich Finger und Zehen abfrieren, absolut steif losklettern und dann auch noch mit Eis bombardiert werden – nein danke. Mein Ehrgeiz ließ es allerdings nicht zu, gleich aufzugeben, und so kletterte ich wenigstens noch bis zum Standplatz, wo ich mir die obligatorischen dummen Sprüche anhören durfte. Nach einer Seillänge war der Tourentag schon beendet, und ich war um einige Erfahrungen reicher.

Das Wasserfallklettern begeisterte mich überhaupt nicht. Da ging ich doch lieber wieder Skitouren mit meinen Freundinnen und Bekannten, dabei hatte ich ein Gipfelerlebnis und den Spaß bei der Abfahrt, und je nach Wetter Sonne satt. Trotzdem ließ mir das Eisklettern keine Ruhe, es gehört einfach dazu, wenn man eine gute Alpinistin sein will, wenn schon nicht als eigene Herausforderung, so doch als Training für das Höhenbergsteigen. Ich entschloß mich also, noch einmal mitzugehen, auch wenn ich es bei der Kälte furchtbar ungemütlich fand. Diesmal ging es an die Grünseefälle in den Hohen Tauern. Beim Zustieg konnte ich schon sehen, was auf mich zukam: Über eine 200 Meter breite Felswand ergoß sich eine Eiskaskade neben der anderen. Die Linien waren nahezu senkrecht, in die leichteste stiegen wir ein. Sie war aber trotzdem noch ziemlich steil, und nachdem Michi die erste Seillänge vorausgegangen war, zog er mich mehr nach, als daß ich stieg. Ich kam nur ein paar Meter vom Boden weg. Meine Kraft reichte nicht aus, um die Eisgeräte fest genug einzuschlagen, ich wußte auch gar nicht genau, wie ich überhaupt schlagen sollte. Vor allem mit der linken Hand schlug ich viel zuwenig exakt und dementsprechend oft. Dabei kam mir dann immer jede Menge Eis entgegen und erinnerte mich an meine unliebsame Begegnung mit dem Eisbrocken.

Michi und Steini gaben mir zwar Tips, aber ich verlor schnell die Lust und ließ es bleiben. Viel Erfahrung im Steileis hatte keiner von uns, wir waren alle noch in der Probierphase, und jeder war mit sich selbst beschäftigt. Die Route war zu steil für mich, und das ärgerte mich. Wieder wurde mir demonstriert, daß meine Kletterpartner mir überlegen waren. Ich hatte nun mal sehr viel später zu klettern begonnen als sie. Ich sah durchaus ein, daß Michi wegen mir nicht wieder von vorn anfangen wollte, aber nur zum Sichern und vielleicht mal zum Nachsteigen mitzugehen, das langweilte mich. Für den nächsten Winter nahm ich mir vor, mir fürs Eis Kletterpartner zu suchen, die dasselbe Niveau hatten wie ich, damit ich langsam aufbauen konnte.

Damit war ich bei meinem zweiten Vorsatz, eine selbständige Bergsteigerin zu werden. Sobald ich mit Michi unterwegs war, begann ich, die Verantwortung an ihn abzugeben – weil er besser kletterte, mehr Erfahrung hatte und gerade in Berchtesgaden viele Routen sowieso schon kannte. Das passierte ganz automatisch und dürfte bei bergsteigenden Paaren die Regel sein. Und nicht nur bei denen: Ich denke schon, daß Frauen dazu tendieren, die Männer organisieren zu lassen, ihnen viel zu schnell die Verantwortung zu übergeben, sei es nun im Sport, in der Freizeit oder überhaupt im Zusammenleben. Es war eben auch sehr bequem, daß ich mich um nichts kümmern mußte, weder um die Routenauswahl noch um die Zeitplanung oder die Zusammenstellung der benötigten Ausrüstung. Dadurch, daß Michi den Einstieg suchte und vorauskletterte, beschäftigte ich mich so gut wie nie mit der Routenfindung und lernte so natürlich auch nicht, die topographischen Routenskizzen aus dem Kletterführer zu interpretieren. In diesen sogenannten Topos sind die wichtigsten Informationen zur Tour durch Symbole eingezeichnet, anhand derer sich der Routenverlauf nachvollziehen läßt, was um so wichtiger wird, je weniger offensichtliche Sicherungspunkte vorhanden sind. Als ich nun begann, mit anderen Leuten zu klettern, fiel es mir zunächst schwer, ein solches Topo in die Wand zu projizieren und den Routenverlauf herauszulesen. Überhaupt erst mal den Einstieg anhand der wenigen Informationen zu finden war schon eine Kunst. Ich hatte eben keine Übung darin, die vielen Details in einer Skizze zu deuten und sie zu nützen.

Schon im Sommer 1998, nachdem wir von Peru zurückgekehrt waren, war ich auf Elke zugegangen und hatte einige kürzere Touren mit ihr gemacht, genauso mit Susi aus Michis Freundeskreis in Berchtesgaden. Ich erlebte es als extreme Bereicherung, mit anderen Frauen zu klettern. Wir wählten gemeinsam eine für uns beide passende Tour aus und planten zusammen. Die Verantwortung war auf beide verteilt, keine war die »Chefin«. Es war selbstverständlich, daß wir im Überschlag kletterten, uns also beim Vorstieg abwechselten. Mit Michi war es einfach die Macht der Gewohnheit gewesen, daß er zumindest die schwereren Längen vorstieg, weil wir so eingespielt waren. Er ließ mich schon vorsteigen, aber ich mußte es einfordern, denn natürlich brauchte ich am Anfang länger als er. Angehalten hat er mich nicht zum Vorstieg, und das war sicher auch noch ein guter Teil Fürsorge mit dabei, weil er Angst hatte, mir könnte etwas passieren. Am Anfang war ich wirklich noch ziemlich naiv und dementsprechend frech, ich traute mir zuviel zu, weil ich noch nicht in der Lage war, die Situation richtig einzuschätzen. Da mußte er mich manches Mal in meinen Ambitionen bremsen.

Mittlerweile war ich beim Sportklettern am Ende des siebten, Anfang des achten Grades angelangt. Im Gegensatz zu früher war ich überzeugt, daß nur eine Rotpunkt-Begehung zählte, wenn ich also ohne Benutzung technischer Hilfsmittel vorstieg, und da hatte ich einen enormen Ehrgeiz entwickelt. Mit den Mädels gab es da gar keine Diskussionen: Beim Sportklettern stieg sowieso jede vor, anschließend wurde das Seil abgezogen, und die nächste kam dran, und bei Gebirgstouren gingen wir abwechselnd. Ich war viel mit Elke unterwegs, die schon sehr viel Erfahrung im alpinen Gelände hatte. Mit ihr kletterte ich unter anderem die Direkte Südkante am Großen Mühlsturzhorn, einen Klassiker von Hinterstoißer und Kurz aus dem Jahr 1936, der ursprünglich technisch mit Strickleitern geklettert wurde und heute bei einer freien Begehung mit 7 bewertet ist. Die Standplätze waren mit Normalhaken eingerichtet, die Zwischenhaken waren ebenfalls geschlagen, aber so reichlich, daß wir kaum einmal selbst etwas legen mußten. Schon damals ergab sich zwischen Elke und mir eine ideale Arbeitsteilung. Während ich in leichterem, brüchigem und schlecht abgesichertem Gelände eine ziemliche Null war, konnte Elke hier ihre Stärken ausspielen. Aus unseren vielen gemeinsamen Touren vor allem am Untersberg und am Hochkönig entwickelte sich eine langjährige Freundschaft, und wir sind heute noch ab und zu gemeinsam unterwegs. Grundsätzlich klettern wir überschlagen; doch wenn es alpin anspruchsvoll wird, geht Elke vor, wenn es schwer und überhängend ist, schickt sie mich vor. Wir ergänzen uns da als Seilschaft sehr gut.

Elke hatte großes Talent, ihre berufliche Tätigkeit als Psychologin so zu koordinieren, daß sie bei schlechtem Wetter arbeitete und bei schönem Wetter draußen war. Ich dagegen war mit meinen Arbeitstagen völlig unflexibel. Nach vier Jahren mit einem Hundert-Prozent-Pensum hatte ich zwar meine Arbeitszeit in der Loipl-Klinik schrittweise reduziert, zuletzt auf dreißig Wochenstunden, aber die waren verteilt auf Montag bis Freitag. Ich wäre viel lieber noch viel öfter unterwegs gewesen. Ich hatte das Gefühl, in meinem bisherigen Leben zuwenig erlebt zu haben, und das wollte ich nachholen. Alle in meinem Freundes- und Bekanntenkreis waren von klein auf im Gebirge gewesen, hatten mir so viel Erfahrung voraus – ich wollte endlich mal genug Zeit zum Bergsteigen haben, ein bißchen aufholen. Ich begann, mit dem Gedanken zu spielen, die Arbeit für ein paar Monate zu unterbrechen. Immerhin hatte ich einiges an Ersparnissen und pflegte keinen sehr aufwendigen

Lebensstil, und eine Stelle als Therapeutin würde ich schon wieder finden. Als sich dann noch die Möglichkeit ergab, zwischendurch im Olympiastützpunkt zu jobben, war das für mich der willkommene Anlaß, im Loipl zu kündigen. Es war ein sehr herzlicher Abschied und auch nicht unbedingt ein endgültiger, ich ließ mir offen, wie lange ich unterbrechen und ob ich zurückkehren würde.

Ab Mai 1999 konnte ich also bergsteigen, so viel ich wollte – das war genial. Zum Klettern mußte ich mir unter der Woche jeweils einen Partner suchen, Elke hatte ja auch nicht immer Zeit. Mit unterschiedlichen Leuten zu klettern war in verschiedener Hinsicht sehr lehrreich für mich. Vor allem merkte ich, daß eine eigenständig durchgeführte alpine Tour, für die man selbst verantwortlich ist, ein viel größeres Erfolgserlebnis ist. Ich mußte entschlossen sein, ich mußte Entscheidungen treffen, ich konnte selbstbestimmt meinen eigenen Weg gehen – was gab es Schöneres, erst recht, wenn man in der DDR aufgewachsen war, wo so wenig Raum war für Selbstverwirklichung?

Michi arbeitete in dieser Zeit normal weiter, und damit war natürlich ein gewisses Konfliktpotential vorhersehbar. Wir waren ein Jahr vorher, kurz nach Peru, zusammengezogen, in eine große Vierzimmerwohnung in Königssee. Zunächst war er davon ausgegangen, es wäre ganz praktisch, wenn ich mehr daheim sei, dann würde ich mich mehr um den Haushalt kümmern. Er war als Einzelkind bei seiner Mutter aufgewachsen und gewöhnt, daß sie alles für ihn erledigte, einschließlich Hemdenbügeln. Ich war auch durchaus bereit, etwas mehr zu übernehmen, aber grundsätzlich hatten wir getrennte Kassen, zahlten beide die Hälfte der Miete und erledigten beide die Hälfte der Hausarbeit. Das war für mich auch weiterhin so, nur daß ich von Erspartem lebte und statt arbeiten bergsteigen ging. Was wiederum oft dazu führte, daß Michi nach einem anstrengenden Arbeitstag nach Hause kam und ich sonnenverbrannt von einem schönen Tag im Gebirge erzählte – daß das nicht gerade motivierend für ihn war, liegt auf der Hand. Ich hingegen war total glücklich, ich hätte dieses Leben ewig führen können, aber dafür reichte mein Geld dann doch nicht ganz. Auf jeden Fall gab in dieser Situation die Arbeitsaufteilung im Haushalt immer mal wieder Anlaß zu Streit.

An einem Montag in diesem Sommer kündigte sich am Morgen ein strahlend schöner Tag an, und niemand hatte Zeit, mit mir zu klettern. Auf einmal hatte ich die Idee, ich könnte die Watzmann-Ostwand allein klettern. Ich war sie bereits zweimal mit Michi gegangen und traute mir das von der Schwierigkeit her zu, nur wegen der Wegfindung machte ich mir etwas Sorgen. Ich war beide Male hinter ihm hergeklettert, ohne mich groß mit der Routenführung zu beschäftigen, und in der 1800 Meter hohen, ziemlich unübersichtlichen Felswand ist es auch mit der besten Routenbeschreibung noch eine anspruchsvolle Aufgabe, den richtigen Weg zu finden.

Ich nahm das erste Schiff über den Königssee. Beim Anblick der gewaltigen Wand wurde mir etwas mulmig. Ich hatte Michi mit Absicht nichts von meinem Plan erzählt, weil mir klar war, daß er dagegen gewesen wäre. Eine Frau, noch dazu aus dem Flachland, mit so wenig Erfahrung wie ich, und dann im Alleingang durch die Watzmann-Ostwand – das konnte ja nicht gutgehen. Und im nachhinein muß ich ihm eigentlich recht geben.

Ich traf relativ bald auf einen mir bekannten Bergführer, dessen Gast eine Frau war. Sie gingen recht zügig, waren mir aber trotzdem etwas zu langsam, so daß ich sie bald überholte. Doch irgendwann realisierte ich, daß ich mich verstiegen hatte, ich befand mich plötzlich in zu schwierigem Gelände. Ich kletterte also zurück und war dadurch wieder unterhalb der beiden. Nun erschien es mir vernünftiger, hinter ihnen zu bleiben und ihnen zu folgen, denn mein Auge war noch viel zu wenig geschult, um zwischen all den Felsbändern zu erkennen, wo es durchging. Es wäre eine echte Herausforderung gewesen, wenn ich den Weg allein hätte finden müssen, und es hätte sicher sehr viel länger gedauert. So habe ich etwa sechs Stunden auf den Gipfel gebraucht – mit Michi zusammen habe ich es später sogar mal ohne Pause in vier Stunden geschafft –, aber es war eben auch kein richtiger Alleingang. Am Abend gab es erst mal ziemlichen Ärger mit ihm, weil er mein Verhalten unverantwortlich fand. Damit hatte er auch nicht ganz unrecht – manchmal erkannte ich es zu spät, wenn ich nur meiner eigenen Perspektive folgte, und mir das einzugestehen fiel mir schwer.

An den Wochenenden kletterten Michi und ich weiterhin viel zusammen, und an schönen Tagen, an denen ich daheim war oder früh genug nach Hause kam, gingen wir am Abend noch ins Endstal zum Sportklettern. Es liegt am Hohen Göll, nördlich vom Alpeltal und rechts vom Kehlsteinhaus; von Scharitzkehl war das noch etwa eine Stunde Aufstieg. Das Tal schließt mit der Göll-Westwand ab, rechts und links davon befinden sich rund fünfzig Routen, durchwegs schwierige Lochklettereien. Weil ich in diesem Sommer so viel kletterte, konnte ich mein Niveau schnell steigern. Zu meiner ersten 9– kam ich überraschend: Ich war an diesem Tag mit Rudei im Endstal, der die Route »Bis daß der Tod uns scheidet« sehr genau kannte. Ich stieg relativ unbekümmert ein und dachte mir, ich probiere es einfach mal – nie im Leben hätte ich gedacht, daß es auf Anhieb klappt. Rudei hatte mir im Vorfeld alle wichtigen Informationen zur Route gegeben und sagte mir jeden Griff an, so daß ich den Vorteil hatte, genau zu wissen, wie ich die einzelnen Stellen angehen mußte. Im Gegensatz zu einer Onsight-Begehung, bei der man die Route ebenfalls im ersten Versuch schafft, aber keinerlei Informationen über sie hat, war mir also eine Flash-Begehung geglückt. Ich freute mich riesig; noch nie war ich eine so schwierige Tour geklettert.

Mit Michi zusammen gelang mir in der Untersberg-Südwand die »Direkte Gelbe Mauer«, eine mit etwa zehn Seillängen relativ lange Tour im oberen achten Grad. Das war eine sehr schöne und tatsächlich gemeinsame Unternehmung. Wir kannten die Route beide nicht, gingen überschlagen und konnten sie beide onsight klettern. Wir begingen sie allerdings kurz nach ihrer Sanierung mit Bohrhaken, also in einem »sicheren« Zustand. Auch diese Route aus dem Jahr 1972 wurde ursprünglich technisch geklettert, bekam dann aber jahrelang keine Begehung, weil sie wegen der schlechten Haken und Holzkeile wirklich gefährlich war. Die Sanierung war deswegen problematisch, weil nicht nur an den Standplätzen und an den neuralgischen Punkten Bohrhaken gesetzt wurden, sondern so viele Zwischenhaken, daß sie mehr oder weniger Sportklettercharakter bekam. Kurz darauf schritt die Berchtesgadener Ethikkommission, in der auch die »Huber-Buam« Thomas und Alexander vertreten sind, ein und beschloß, die Sanierung rückgängig zu machen, weil sie den Charakter der Route völlig verändert hatte. Seitdem gibt es nur noch die Bohrhaken an den Ständen, und kaum jemand verirrt sich mehr in die Route. Schade, daß hier keine Zwischenlösung gefunden werden konnte.

Weil sich unsere Leistungsfähigkeit langsam angenähert hatte, eröffneten sich Michi und mir ganz neue Möglichkeiten für gemeinsame Unternehmungen. Aber natürlich hatte auch er sich durch das viele Klettern im Klettergarten noch gesteigert und war mittlerweile schon im französischen Grad 8a angelangt, während ich stolz auf meine 7b+ war. Was mir aber weiterhin fehlte, war seine langjährige alpine Erfahrung. Deswegen war eine meiner Lieblingstouren die Renoth-Führe in der Westwand des Untersbergs, denn sie war einerseits eine richtige Gebirgstour, andererseits aber sehr üppig abgesichert. Die sechs Seillängen mit den Schwierigkeitsgraden 6, 8–, 6, 7+, 7+ und 6 ließen sich völlig risikolos begehen, deswegen kletterte ich sie auch so oft und so gern mit allen möglichen Partnern. Durch die Bohrhaken an den Ständen und auch dazwischen hätte es keine weiten Stürze gegeben, es konnte wirklich nichts passieren.

Als ich sie in meinem »freien« Sommer mit Elke ging, hatten wir noch einen besonderen Spaß. Kurz vor uns war eine Männerseilschaft eingestiegen. Als sie uns näher kommen sahen, erklärten sie uns besorgt, wir müßten für den Normalweg auf den Untersberg noch ein Stück weiter am Wandfuß entlanggehen und kämen dann durch das Mittagsloch auf den Gipfel. Wir bedankten uns artig für diese Information, ließen uns aber nicht von unserem Plan abbringen und stiegen ein. Vollends irritiert waren die beiden, als wir sie nach kurzer Zeit eingeholt hatten und unsererseits höflich darum baten, vorbeigelassen zu werden, weil wir doch gern vor Einbruch der Dunkelheit den Gipfel erreicht hätten. Es machte uns eine diebische Freude, an ihnen vorbeizuklettern, und Kaffee und Kuchen auf dem Stöhrhaus schmeckten noch besser als sonst. Wenn auch der Hüttenwirt mal wieder ziemlich unfreundlich zu uns war, der grundsätzlich etwas gegen diese emanzipierten Frauenseilschaften zu haben schien und meines Wissens nur männlichen Kletterern einen Schnaps anbot. Wobei es uns ja nicht um den Schnaps ging, aber dieses Erlebnis war symptomatisch für die ältere Generation, und nicht nur für die: Kletternde Frauen wurden in Berchtesgaden immer noch nicht als Selbstverständlichkeit angesehen, höchstens vielleicht als Seilzweite hinter ihren Partnern. Das entsprach der ebenfalls konservativen Rollenverteilung im »richtigen Leben«. Und der hatten Elke und ich den Kampf angesagt. »Wer sich nicht wehrt, endet am Herd«, das war zu der Zeit unser Lieblingsspruch.

Damit das Eisklettern nicht ganz in Vergessenheit geriet, fuhr ich – ich hatte ja Zeit – mit Mani aus unserem Freundeskreis eine Woche nach Chamonix. Er wollte sich auf die Eingangsprüfung für die Bergführerausbildung vorbereiten, und für mich war das eine willkommene Gelegenheit für erste alpine Eistouren. Wir stellten unser Zelt am Fuß der Aiguille-du-Midi-Südwand auf dem Gletscher auf und gingen von dort aus Routen am Mont Blanc du Tacul, beispielsweise das Chérécouloir, dessen Steilheit sich zwischen fünfzig und achtzig Grad bewegt. Eines der nächsten Ziele war das Jaegercouloir, das 55 bis sechzig Grad steil und mit 650 Metern erheblich länger ist. Am Einstieg stellten wir fest, daß keiner von uns beiden die Eisschrauben eingepackt hatte, weil jeder dachte, der andere hätte sie. Zum Zelt zurückzugehen hätte viel zu lang gedauert, also entschlossen wir uns zu einer Alternativroute, bei der wir keine Eisschrauben brauchen sollten.

Das Gervasutticouloir lag gleich links daneben, ein 700 Meter hohes, breites Firncouloir, das nach oben immer schmäler wurde und wohl auch steiler, aber das konnten wir nicht genau erkennen, weil oben Nebelschwaden hingen. Nachdem es offensichtlich nicht so schwer war, zwischen fünfzig und 55 Grad steil, gingen wir zwar am Seil miteinander verbunden, aber ohne zu sichern. Es wurde immer wärmer, und teilweise sanken wir bis zum Knie ein. Eisschrauben hätten uns da tatsächlich nichts gebracht, falls es nötig gewesen wäre, hätten wir als Fixpunkt eines der Eisgeräte, einen sogenannten Toten Mann, vergraben. Je näher wir dem Gipfelgrat kamen, desto steiler wurde das Gelände – und da sahen wir es: Wir waren die ganze Zeit unter einer riesigen Ausstiegswächte geklettert. Von einem Moment auf den anderen wurde uns klar, wie gefährlich das war, was wir gerade machten, denn das Ding hätte ja, gerade bei der Erwärmung, jederzeit abbrechen und mit uns die Wand hinunterfegen können. Die Wächte stand meterweit über uns hinaus, und wir mußten uns regelrecht durch sie hindurchgraben, um auf den Tacul zu kommen. Der Nebel war keine Entschuldigung, wir hätten uns nach den Verhältnissen erkundigen müssen, und tatsächlich war das Gervasutticouloir wegen dieser Wächte schon lange nicht mehr begangen worden. Im nachhinein war uns das ganz schön peinlich, denn wir hatten schlichtweg Glück. Ohne mir selbst Gedanken darüber zu machen, hatte ich mal wieder jemandem vertraut, der schon um einiges mehr Erfahrung hatte als ich und der vorneweg stieg.

Auf dem Rückweg hatte Mani Probleme mit seinen Augen. Anscheinend hatte er eine schlechte Sonnenbrille, auf jeden Fall hatte er sich bei dem diffusen Licht die Hornhaut verbrannt und konnte bald überhaupt nichts mehr sehen. Bei schönstem Tourenwetter nahm ich mit ihm die Seilbahn nach Chamonix hinunter. Die Apotheker in Chamonix haben mit diesen völlig zugeschwollenen Augen schon Erfahrung und gaben ihm das richtige Medikament, so daß er sich in den verbleibenden drei Tagen bis zum Lehrgang schnell erholte und letztendlich auch die Prüfung bestand. Wieder mal war ein Abenteuer glücklich überstanden, aus dem ich hoffentlich gelernt hatte.

Unser langer Urlaub rückte näher. Nach der anstrengenden Expedition nach Peru im Vorjahr stand uns der Sinn nach einem großen Kletterurlaub, der eben auch Erholung bieten und nicht nur Energie kosten sollte. Michi schlug das Yosemite Valley in Amerika vor, und ich war sofort Feuer und Flamme. Wälder, Wasserfälle und spektakuläre Granitdome vereinigen sich dort zu einer grandiosen Landschaft, in der schon seit mehr als vierzig Jahren Klettergeschichte geschrieben wurde. Er war schon mal dort gewesen, bevor wir uns kennengelernt hatten, hatte auch schon Bigwalls gemacht, die »Salathé« zum Beispiel, und er wollte gern mal wieder hin. Als ich von den langen Touren an der tausend Meter hohen Wand des El Capitan hörte, war ich begeistert. Die Amerikanerin Lynn Hill, die 1993 als erster Mensch überhaupt die dortige Route »The Nose« frei kletterte, war sowieso mein großes Vorbild. Sie hatte es den Männern wirklich gezeigt; ihre Begehung war ein Meilenstein in der Klettergeschichte.

Mitte September machten wir uns also für sechs Wochen nach Amerika auf. Der Herbst tauchte die Wälder und Berge in wunderbare Farben. Die Kletterszene im Camp Four gefiel mir auf Anhieb, die offenen, kontaktfreudigen Leute, die lebendige Stimmung, das Easy living. Wir begannen mit kürzeren Routen am Cookie Cliff, um uns an das Rißklettern wie auch an das Absichern der Risse mit Friends und

Klemmkeilen zu gewöhnen. Dann war der große Tag da – wir stiegen in die »Nose« ein. Als ich voller Ehrfurcht am Wandfuß stand und sich über mir diese tausend Meter Fels senkrecht in den Himmel türmten, war ich total beeindruckt und kam mir ziemlich klein vor. Doch die nächsten Stunden und Tage war ich so intensiv mit dem Klettern beschäftigt, daß mir zum Nachdenken gar nicht viel Zeit blieb.

Unsere Arbeitsteilung sah so aus, daß ich die leichteren Seillängen, die frei geklettert werden konnten, vorstieg. Das waren Risse im Bereich 5.8 bis 5.9 der amerikanischen Wertung, also im oberen fünften bis zum oberen sechsten Grad. Im Gegensatz zu Michi hatte ich vom technischen Klettern an zwei Leitern keine Ahnung, so daß klar war, daß diesen Part er übernehmen würde. Die Schwierigkeiten würden sich bis 5.11/A 3 steigern, sich also im achten Grad bewegen, wobei A 3 die technische Bewertung angibt. Hier reicht der Schwierigkeitsgrad von A 0 bis A 5, je nachdem wie heikel die Fixpunkte sind, an denen man sich fortbewegt. Technisches Klettern erfordert Feingefühl und viel Übung. Auch der Zeitaufwand für diese »Bastelei« ist gewaltig, weshalb der Nachsteiger nicht selbst klettert, sondern mit Steigklemmen, den Jümars, am Seil aufsteigt. Damit man nicht nach jeder Seillänge komplett umbauen muß, wird sowieso nicht im Überschlag geklettert, sondern erst nach einiger Zeit gewechselt. Der Nachsteiger trägt deswegen nicht mal Kletterschuhe, sondern bequeme Trekkingschuhe, mit denen er gut in den Schlingen stehen kann.

Dieses Nachjümaren am Fixseil langweilte mich, weil es wenig mit Klettern zu tun hatte. Es ging vor allem darum, schnell zu sein, die Quergänge ohne große Pendler zu überwinden, das Sicherungsmaterial wieder aus den Rissen zu holen. Deswegen wollte ich, solange es möglich war, vorsteigen. Doch ich mußte mir eingestehen, daß meine Vorstiegsambitionen größer waren als meine Fähigkeiten. Ich brauchte viel zu lange, die breiten Risse machten mir zu schaffen, und beim Kramen nach der passenden »Pro« (wie die Amerikaner für das Sicherungsmaterial, die »Protection«, sagen) fiel mir nicht nur einmal ein Klemmkeil aus der Hand und damit unwiederbringlich die Wand hinunter. Das begeisterte Michi verständlicherweise nicht, es war ja alles sein Material, und wir hatten noch viel vor uns und würden es brauchen. Schließlich war ich auch noch so ungeschickt, daß mir die Kopie der Routenbeschreibung davonflog. Nun wurde Michi richtig ungemütlich, und das mit Recht: Vor allem im mittleren Teil der Route hatten wir Probleme mit der Wegfindung und verloren viel Zeit, bis wir die richtige Linie hatten.

Irgendwann kam ich an einen Punkt, an dem ich mich nicht mehr weiterwagte und Michi vorausschicken mußte. Er hatte das technische Klettern gut drauf, aber er war auch selbst sehr gefordert. Beim King Swing beispielsweise mußte er, von oben am Seil gesichert, immer wieder die glatte Wand entlang nach links und wieder zurücklaufen, bis er genug Schwung hatte, um den nächsten Riß zu erreichen. In der 23. Seillänge erwartete uns dann das Great Roof, eine nach rechts ziehende Verschneidung in Form eines offenen Buches, die in ein großes Dach übergeht und als eine der Schlüsselstellen gilt. Als ich die vollkommen glatten Wände mit dem schmalen Riß dazwischen vor mir sah, konnte ich mir beim besten Willen nicht vorstellen, wie Lynn Hill das frei klettern konnte. Das Great Roof ist für viele Männer die eigentliche Schlüsselstelle der »Nose«, weil der Riß so dünn ist, daß eben nur zierliche Frauenfinger hineinpassen. Meine Hochachtung vor Lynn stieg ins Unermeßliche. Das war Wahnsinn – ich konnte das nicht mal technisch!

Während ich am Fixseil aufstieg und die Sicherungen mitnahm, sinnierte ich darüber, daß ich unbedingt an meinem Vorstieg arbeiten mußte. Weil ich nicht sicher war, welches Material Michi gehörte und welches nicht, räumte ich das Great Roof komplett aus. Ich wunderte mich zwar schon, warum manche Teile so schlecht herausgingen und schon fast eingewachsen waren, aber ich wollte keinen Ärger mit Michi riskieren, weil ich wieder irgend etwas nicht zurückgebracht hatte, und holte deshalb mit Gewalt alles raus. Das dauerte natürlich entsprechend lang, und als ich endlich mit dem vollen Materialgurt um die Dachkante zum Stand kam, schaute Michi recht verdutzt. Ich hatte eine Menge Keile mitgenommen, die andere Seilschaften hängen ließen, weil sie sie nicht mehr herausbekamen. Diese werden dann von folgenden Seilschaften benützt, die oftmals dankbar dafür sind. Damit ihr Charakter erhalten bleibt, werden die Routen im Yosemite von Zeit zu Zeit wieder »gecleant«. Deshalb beschlossen wir auch, die Keile nicht wieder anzubringen, das wäre ein riesiger Aufwand gewesen.

An diese vier Tage am El Cap habe ich ganz intensive Erinnerungen. Die »Nose« war ein eindrückliches und unvergeßliches Klettererlebnis. Weil es am ersten Tag ein paar Stunden geregnet hatte und alle anderen Seilschaften abgeseilt waren, gehörte die Wand die meiste Zeit uns allein – ein Glücksfall bei einem solchen legendären Klassiker. Gut, wir brauchten lange, biwakierten dreimal, aber dafür konnten wir auch dreimal den kalifornischen Sonnenuntergang genießen. Der immer tiefer werdende Abgrund unter mir machte mir eigentlich nichts aus, mit der Ausgesetztheit kam ich klar. Das Thema war eher, keine Ausrüstung fallen zu lassen – meine Meisterleistung mit dem Topo beeinträchtigte die Stimmung zwischen uns beiden schon ganz schön. In so einer Wand hat ein Moment der Unaufmerksamkeit ganz andere Auswirkungen als im Alltag, und Schusseligkeit konnten wir uns da einfach nicht leisten.

Abends war ich jeweils so müde, daß ich in der Wand auch schlafen konnte, wobei ich am Morgen trotzdem nicht richtig erholt war. Die Biwakplätze liegen auf relativ breiten Bändern, und selbstverständlich ist man auch im Schlaf am Standplatz fixiert. Eine Nacht allerdings war ein bißchen stressig. Wir erreichten den eigentlichen Biwakplatz nicht, weil wir mit der Wegsuche so viel Zeit verloren hatten. Auf einer schrägen Rampe mußten wir ein Notbiwak einrichten. Ich lag vorn und rutschte nachts immer wieder nach unten. Ein paarmal wachte ich auf und hing mit einem Bein und einem Arm über dem Abgrund – zum Glück war es dunkel und ich konnte nicht sehen, wie weit es nach unten ging.

Unendlich stolz war ich, als ich die 34. Seillänge zum Ausstieg führen durfte. Mit tausend Meter Luft unter mir ließ das absolut ausgesetzte Dach meine ansonsten starken Nerven dünn werden – auch wenn es nur 5.7 war. Und oben die große Überraschung: Steini erwartete uns mit einem Bier für jeden. Er war als zweite Seilschaft nach uns in die »Nose« eingestiegen, mußte aber zu seiner Enttäuschung abbrechen, weil sich sein Seilpartner der Tour nicht gewachsen fühlte. Nun war er über den Normalweg auf den El Cap gestiegen. Damit unser Haulbag nicht zu schwer wurde, hatten wir während der ganzen Begehung mit Wasser und Trockennahrung gut haushalten müssen. Um so besser schmeckte uns jetzt das Bier, obwohl es warm geworden war, weil Steini uns einen Tag eher erwartet hatte. Ich vergaß alle Strapazen und war rundum glücklich.

Wenige Tage später verließen wir das Valley und besuchten verschiedene Klettergebiete in Utah wie den Zion-Nationalpark und Indian Creek sowie den Red Rock Canyon bei Las Vegas, wobei wir jeweils ein paar Routen kletterten und am Pausentag weiterfuhren. Nach diesem Rundtrip kamen wir nach Yosemite zurück. Ich wollte mit Steini noch die »Regular« am Half Dome gehen, die Michi bereits von früher kannte. Sie hat im Gegensatz zur »Nose« nur 24 Seillängen und ist auch etwas leichter, 5.11d in den Zigzags, ein guter Achter, wenn man die Stellen frei klettert. Wir gingen sie natürlich technisch, so reduzierte sich die Schwierigkeit auf 5.9, also einen oberen Sechser. Wir biwakierten am Wandfuß und kamen tatsächlich in einem Tag durch, im letzten Licht stiegen wir aus.

Wir waren uns aber leider nicht einig darüber, wo der Abstieg hinunterführte. Ich hatte mir die Beschreibung angeschaut und war mir sicher, daß wir über die Treppen des Normalwegs und um den Half Dome herum absteigen mußten. Steini allerdings zog los, um direkt über die Platten abzusteigen. Ich hatte keine Lust, plötzlich vor einem Abbruch zu stehen, und nahm den Normalweg. Letztendlich trafen wir uns am Wandfuß wieder. Es war mir überhaupt nicht recht, daß jeder von uns seinen eigenen Weg ging, am Berg läßt man sich nicht allein – aber was sollte ich machen, wenn dieser dickschädelige Berchtesgadener einfach nicht auf mich hörte? Als Bergführer ließ er sich von einer »Anfängerin« wie mir nichts sagen, und diskutiert wurde nicht. Heute ist das ganz anders, Steini und ich sind immer noch und gern zusammen unterwegs, und mittlerweile nimmt er mich durchaus ernst. Und wenn ich ehrlich bin: Ich bin zwar keine Berchtesgadenerin, aber einen Dickschädel habe ich auch.

Unser schneller Erfolg am Half Dome freute mich sehr. Ich wäre gern noch länger im Valley geblieben; wir hatten Freunde getroffen, ich hätte weiterhin Kletterpartner gehabt, und Zeit hatte ich genug. Ich spürte aber, daß Michi das nicht recht war, und flog dann doch mit ihm heim. Im nachhinein ärgerte ich mich über mich selbst. Ich wurde das Gefühl nicht los, ich hätte mich durchsetzen sollen.

Daheim in Berchtesgaden brach bald der Winter an, und damit war ich wieder mit dem Eisklettern konfrontiert. Ich merkte, daß es mir Spaß machte, wenn ich auf meinem Niveau kletterte, ich durfte einfach nicht mit Michi in zu schwere Sachen einsteigen. Der Königsbachfall mit seinen vielen Gumpen war zum Beispiel so eine Route, die mir sehr gefiel. Ich konnte zügig klettern, mir wurde nicht kalt, ich hatte keine einzige Minute Streß, und als Belohnung konnte ich den schönen Tiefblick auf den Königssee genießen. Wir waren damals noch mit normalen Steigeisen mit zwei Frontalzacken sowie mit geraden Eisgeräten mit Handschlaufe und Halbrohrhaue unterwegs. Die Halbrohrform sollte die Sprengwirkung im Eis vermindern, führte aber umgekehrt dazu, daß man mehr Kraft brauchte, weil sie nicht so gut ins Eis eindrang.

In diesem Winter wurden zum ersten Mal Eiskletterwettkämpfe auf internationaler Ebene ausgetragen. Dafür wurden Stahlkonstruktionen künstlich vereist und daran Routen eingerichtet. Bisher hatten mich Wettkämpfe nicht sonderlich interessiert, aber nachdem einige starke Berchtesgadener Kletterer, unter ihnen auch Michi, daran teilnahmen, wurde ich doch neugierig. Sie erzählten begeistert von der super Szene und den coolen Partys, und ich beschloß, bei der nächsten Weltcup-Austragung in Saas-Fee mitzufahren und mir das anzuschauen. Die anderen redeten zwar auf mich ein, es mache doch am meisten Spaß, wenn man selbst mitmache, doch dazu fühlte ich mich viel zu schlecht und zu unerfahren. Erst als Michi meinte, sie würden mit mir noch trainieren gehen, stimmte ich zu. Die Jungs hatten nämlich gemerkt, daß das Leistungsniveau zumindest bei den Männern doch recht ordentlich war und sie technisch noch aufzuholen hatten.

Drytooling hieß das Zauberwort – Klettern mit Steigeisen und Eisgeräten, aber im Fels. Der moderne Trend ging hin zu Mixed-Routen, in denen sich Eiswände oder -zapfen und Fels abwechseln. Aus diesen beiden Elementen setzten sich auch die Wettkampfrouten zusammen, wobei die Drytooling-Passagen meist mit künstlichen Klettergriffen auf Holzflächen nachempfunden wurden. Wir wollten also das Drytoolen probieren und übten an einem leicht überhängenden Felsen, wie wir die Eishauen in kleinste Löcher oder auf winzigen Leisten plazieren mußten, um uns daran hochziehen zu können. Auch mit den Zacken der Steigeisen galt es, die vorhandenen Strukturen im Fels optimal zu nützen. Es ging mir wahnsinnig in die Unterarme, es war anstrengend, aber es erschien mir nicht unmöglich. Der kleine Überhang zum Schluß forderte mich absolut heraus, ich mußte ein Gerät im Fels plazieren, mich daran hochziehen, blockieren und dann das andere Gerät setzen.

Die Entwicklung neuer Spielformen des Eiskletterns zog in der Folge andere Bewertungssysteme nach sich. Klassische Eiswände wurden bisher und werden auch weiterhin mit der Angabe ihrer Steilheit in Grad qualifiziert. Gefrorene Wasserfälle, in denen man in reinem Wassereis unterwegs ist, erhielten eine WI-Bewertung (für »Water Ice«), die bis WI 7 geht. WI 6 bedeutet senkrechtes Eis mit überhängenden Abschnitten, bei WI 7 kommt noch dazu, daß die Route wegen geringer Eisauflage schwierig abzusichern ist und gefährlich sein kann. Sobald eine Eisroute felsige Passagen aufweist, handelt es sich um Mixed-Routen; hier geht die Skala momentan bis M 13. Ausschlaggebend sind die Steilheit und die Länge der Route, je mehr Eis vorhanden ist, desto leichter ist sie. Für die Einstufung mit M 13 ist meist ein Längenzug entscheidend, der nur bei entsprechener Körpergröße möglich ist. In jedem Fall ist zu berücksichtigen, daß die Verhältnisse je nach Temperatur und Eismenge variieren können – steht im Eiskletterführer WI 5, heißt das noch lange nicht, daß der Wasserfall an dem Tag, an dem man davorsteht, auch wirklich WI 5 ist. Die Bewertung ist in jedem Fall nur ein Anhaltspunkt.

Das Klettern von Überhängen beim Drytoolen oder im Gletschereis hatte eigene Bewegungsabläufe kreiert, die wir versuchten, uns selbst beizubringen. Es gab noch keine Literatur und kein Anschauungsmaterial dazu, wir steckten in einer kreativen Probierphase. Zu diesen Bewegungsformen gehörte die »Figure of four«: In Dächern wird in Ermangelung eines Trittes ein Bein über den gegenüberliegenden Arm gehängt. Nun kann man sich mit dem unteren Fuß abstoßen und hat mit dem zweiten Arm eine größere Reichweite, beispielsweise in Passagen mit weiten Zügen. Außerdem geht das schneller, als lange nach einem doch nicht vorhandenen Tritt zu suchen. Zudem ist eine Figure of four vorteilhaft, wenn man nur einen sehr kleinen Hook beispielsweise an einer schmalen Leiste hat, auf dem man das Eisgerät ansetzen kann. Zieht man sich daran hoch und schlägt weiter, kann es sein, daß die Haue von der Leiste rutscht, sobald sie nach außen belastet wird. Bei einer Figure of four hingegen bleibt die Belastungsrichtung nach unten erhalten, der Hook hält, mit dem anderen Gerät kann man nach oben gehen und muß sich nur mit dem unteren Fuß etwas abschieben. Das bedeutet aber auch, daß das ganze Körpergewicht kurzzeitig nur an einem Arm hängt und diese Hand das Gerät nicht loslassen darf.

Für unsere Eisgeräte mußten wir uns sowieso etwas einfallen lassen. Das Reglement der Eiskletterwettkämpfe sah vor, daß, aus sportlichen Gründen und um die Verletzungsgefahr zu verringern, ohne Handschlaufen geklettert wurde. Die Griffe unserer Geräte waren darauf noch nicht eingerichtet, so daß wir uns entsprechende Vorrichtungen überlegten, mit denen das Festhalten am Griff etwas erleichtert wurde. Hier kam mir allerdings noch der Zufall zu Hilfe. Anfang Februar 2000 ging ich mit Michi auf die ISPO, die internationale Sportartikelmesse in München. Ich schaute auf gut Glück bei der Firma Black Diamond vorbei, die mir als Hersteller von Eiskletterausrüstung ein Begriff war, und fragte, ob sie mir für den Wettkampf die Ausrüstung leihen würden. Sie waren tatsächlich einverstanden! So stand in Saas-Fee für mich schon eine Kiste mit Helm, Klettergurt, Steigeisen und Eisgeräten bereit. Das Modell »Cobra« war damals bei den Eisgeräten das Beste vom Besten, es hatte zwar auch noch einen geradem Schaft, aber bereits eine Querstrebe am unteren Ende des Griffs, um das Abrutschen der Hand zu verhindern.

Der Wettkampf in Saas-Fee fand im zehn Geschosse nach unten führenden Parkhaus statt, wo eine natürliche Felswand vereist worden war, die im Vorstieg geklettert werden mußte. Dieses Setting ermöglichte den Zuschauern, von den verschiedenen Rondellen der Garage aus die Athleten aus nächster Nähe zu beobachten. Entsprechend groß war der Rummel, aus den Lautsprechern kam laute Musik, und ich versuchte, nicht nervös zu werden und unvoreingenommen mitzuklettern. Bei den Frauen waren lediglich zehn Teilnehmerinnen am Start, von denen mir als einzige Kim Csizmazia aus Kanada ein Begriff war, von der ich schon viel gehört hatte. Bei den Männern war das Teilnehmerfeld viel größer und die Konkurrenz stark; Michi schaffte es immerhin ins Halbfinale. Weil wir so wenig Frauen waren, gab es nur zwei Durchgänge für uns. Der erste lief gut für mich, ich hatte das zweitbeste Ergebnis und startete im Finale als vorletzte.

Für die Finalroute mußten wir vorher in den Isolationsbereich, damit wir die anderen Kletterinnen nicht beobachten konnten und keine Vorabinformationen hatten. Ich beobachtete Kim bei ihrem beeindruckenden Aufwärmprogramm – sie hangelte an der dafür vorgesehenen Metallleiter mit Leichtigkeit von Sprosse zu Sprosse –, traute mich aber nicht, sie anzusprechen, weil mein Englisch damals noch so schlecht war und ich vom Eisklettern doch eigentlich gar nichts verstand. Dann wurde ich aufgerufen. Ich kletterte einfach, was meine Arme hergaben. Die Drytooling-Passage gelang mir gut, doch im Eisdach kurz vor der Umlenkung ging mir die Kraft aus, und ich stürzte. Kim kam nach mir und kletterte locker bis zum Top, doch trotzdem bedeutete das den zweiten Platz für mich, denn von den anderen war keine über die Drytooling-Passage gekommen.

Ich stand da mit einem großen Blumenstrauß und dem Preisgeld und konnte es kaum glauben. Es hatte geklappt, einfach so. Ich hatte doch überhaupt nicht spezifisch trainiert! Eine gute Armkraft, die hatte ich schon, die kam einfach durch das viele Klettern vorher, und auch beim Biken bergauf zog ich ja immer am Lenker. Dazu kam noch, daß meine Konkurrenz nicht so groß war. Das beste war, daß mir Black Diamond die gesamte Ausrüstung überließ. Das traf sich wunderbar, denn ich wollte anschließend noch zwei Wochen nach Chamonix. Michi mußte nach Hause und arbeiten, für mich waren es die letzten Wochen Freiheit, die ich genießen wollte, bevor ich meine neue Stelle antrat. Ich konnte im Bus des französischen Eiskletterteams mitfahren. Dabei kam ich mit Christophe Profit ins Gespräch und verabredete mich mit ihm gleich für eine Mixed-Route. Mit einem der bekanntesten französischen Kletterer unterwegs sein zu können empfand ich als große Ehre.

Ich fuhr nach Vallorcine ins »Hôtel des Voyageurs«. In Bernie Schülkes Bergsteigertreffpunkt traf man immer Leute, mit denen man klettern gehen konnte. Leider kam er drei Jahre später in einer Lawine ums Leben. Zunächst ging ich mit einem jungen Deutschen, der auch allein war, die »Nuit Blanche« im Argentièrebecken. Ich dachte mir nicht viel dabei; er erzählte, was er schon alles gemacht hatte, die anderen sagten auch, daß ich mit ihm gehen könne, und damit war das für mich okay. Wir fuhren mit der Grands-Montets-Seilbahn hinauf, querten eine Viertelstunde hinüber an die Wände, seilten ab, wobei wir uns die Routen schon anschauen konnten, und kletterten wieder hoch. Wir gingen die vier oder fünf Seillängen im Überschlag. Da das meine ersten richtigen Vorstiegsversuche im alpinen Eis waren, war ich froh, daß das Eis durch die vielen Begeher schon perforiert war, das machte es etwas leichter. Es waren immerhin einige senkrechte Passagen im Grad WI 5 zu klettern. Ich hatte an den Black-Diamond-Eisgeräten Handschlaufen befestigt, weil ich Angst hatte, sie zu verlieren, aber das erwies sich eher als unpraktisch. Es ist mir im übrigen auch später, ohne Handschlaufen, nie passiert, daß ich ein Eisgerät fallen ließ.

Mit Christophe ging ich dann ein paar Tage später wieder ins Argentièrebecken, um links von der »Nuit Blanche« die »Tequila Stuntman« zu klettern. Das war eine leicht überhängende Mixed-Route mit viel Fels, 200 Meter hoch, M 7 oder M 8, und sie flößte mir ganz schön Respekt ein. Die Standplätze waren gebohrt, ansonsten mußte größtenteils selbst abgesichert werden, im Eis mit Schrauben, im Granit mit Klemmkeilen und Friends. Zum Glück war klar, daß Christophe alles vorsteigen würde. Als er die Tour vorschlug, dachte ich mir, ich schaue mir das halt mal an, ich hatte so etwas ja noch nie gemacht. Aber ich wußte, er konnte das vorsteigen, und daß ich im Nachstieg überall hochkomme, da war ich mir sicher.

Christophe kletterte los. Nach einigen Metern legte er eine Sicherung und kletterte weiter. Völlig unerwartet stürzte er plötzlich – ich bekam einen riesigen Schreck, straffte das Seil, aber er flog und flog, weil er schon so weit über die Zwischensicherung hinausgeklettert war. Er prallte mit dem Kopf gegen die Wand und blieb kurz über dem Boden hängen. Mir wurden die Knie richtig weich, ich zitterte. Unter seinem Helm lief Blut heraus, aus einer Wunde hinter dem Ohr. Ich überlegte, wie wir hier jemals wieder wegkämen, aber ich war zu keinem klaren Gedanken fähig. Doch zum Glück war die Verletzung weniger dramatisch, als es zunächst ausgesehen hatte. Christophe war der felsenfesten Überzeugung, er würde gleich wieder einsteigen – ich konnte es nicht glauben. Aber ich hätte auch unmöglich vorsteigen können, eigentlich blieb ihm gar nichts anderes übrig. Während ich nachstieg, mußte ich sehr oft rasten, es war wirklich eine anspruchsvolle Route. Es war mir unvorstellbar, wie man so etwas im Vorstieg machen kann, gebannt schaute ich Christophe zu und bewunderte seine geschmeidigen Bewegungen. Beim Sichern stieg mir allerdings furchtbar die Kälte in die Knochen, alles schmerzte vor Kälte, besonders die Brüste. Aber ich zerbrach mir nicht groß den Kopf darüber.

Den Rest der Zeit in Chamonix vertrieb ich mir mit Freeriden und ging auch noch einmal mit Christophe in einen Eisklettergarten. Dann kam Michi nach, wir hatten noch eine Woche und fuhren weiter ins Aostatal, ins Val di Cogne, weil dort die Verhältnisse so gut waren und es mehr Möglichkeiten zum Eisklettern gab. Dort trafen wir wieder auf »das« kanadische Eiskletterpaar Will Gadd und Kim Csizmazia, die nach Saas-Fee in den Alpen geblieben waren. Sie kletterten mit dem Schweizer Ueli Steck die »X-Files«, eine M 10 von Stevie Haston. Das war eine der ersten schwierigen Mixed-Routen in Europa, und alle drei konnten sie rotpunkt klettern. Wir dagegen konnten sie nur bewundern und wendeten uns leichteren Dingen zu, keinen Mixed-Routen, sondern langen, bis zu senkrechten Wasserfällen. Unter anderem gelang uns die »Superrependance« mit WI 5+. Das waren tagesfüllende Mehrseillängenrouten, und einmal riskierten wir fast ein Biwak, weil wir den Abstieg nicht fanden und uns in der Dunkelheit in brüchigem Schrofengelände wiederfanden. Wir seilten uns an einem Normalhaken und an Baumstämmen ins Ungewisse ab und waren erst um zwei in der Nacht im Tal. Ich war am Ende meiner Kräfte und konnte am nächsten Tag kaum einen Fuß vor den anderen setzen, und das grelle Sonnenlicht ertrug ich auch nicht. Woher kam bloß diese Empfindlichkeit?

Ich begann zu überlegen, wann ich das letzte Mal meine Tage hatte, und das war schon lange her. Als wir wieder daheim waren, holte ich mir sofort in der Apotheke einen Schwangerschaftstest und machte ihn gleich noch auf der Toilette des Einkaufszentrums. Er war positiv. Bevor ich mit Michi darüber sprach, vergewisserte ich mich erst noch bei einer Frauenärztin, ich wollte wirklich sicher sein. Ihr Kommentar nach der Untersuchung war: »Das ist sogar ziemlich sicher. Wollen Sie wissen, was es wird?«

Dreierseilschaft

Wird mit Kind wirklich alles anders?

Viele Frauen wünschen sich nichts sehnlicher als ein Kind, und für sie wäre eine solche Diagnose Grund zur Freude gewesen. Für mich war die Bestätigung, daß ich schwanger war, eher ein Schock. Das konnte ich doch jetzt wirklich nicht brauchen, wo es doch gerade anfing, richtig gut zu laufen mit dem Klettern. Ich hatte doch noch so viele Pläne, die ich realisieren wollte. Ich wollte so weitermachen!

Dazu kam noch, daß ich im März meine neue Stelle antreten sollte, in einer allgemeinen Reha-Klinik in der Schönau. Dort hatte ich mich halbtags beworben, weil ich weiterhin stundenweise mit dem Olympiastützpunkt zusammenarbeiten wollte, wie ich es während meiner arbeitsfreien Monate immer mal wieder gemacht hatte, um mir etwas dazuzuverdienen. Dort trainierte der Nachwuchs des Skiverbands in den Sparten Langlauf, Biathlon und Ski alpin; ich behandelte die C-Kader-Athleten der Christophorusschule. In der Reha-Klinik hatte ich eine Zusage bekommen und den Arbeitsvertrag bereits unterschrieben.

Ich hatte Bammel davor, Michi zu sagen, daß er Vater wird – ich befürchtete, er würde das nicht so toll finden. Ich wußte ja selbst nicht so recht, was ich darüber denken sollte. Als ich ihm das Ultraschallbild zeigte, reagierte er aber völlig anders, als ich erwartet hatte. Er sagte so etwas wie: »Super, wir kriegen ein Kind! Das ist doch schön! Wir schaffen das schon.« Ich hatte überhaupt nicht damit gerechnet, daß er sich freut. Da waren wir nun dreieinhalb Jahre zusammen, aber anscheinend kannte ich längst noch nicht alle seine Seiten. Gerade weil ich selbst mit der Situation haderte, war es eine sehr schöne Erfahrung, zu spüren, daß mein Partner hinter mir stand. Mit dieser Sicherheit im Rücken fühlte sich das, was da auf uns zukam, schon ganz anders an.

Ich versuchte also, mich an den Gedanken zu gewöhnen, daß ich ein Kind bekam. Zunächst war das noch nicht so augenfällig, und es änderte sich noch nicht viel. In der Reha-Klinik sagte ich der Fairneß halber Bescheid, daß ich zu dem Zeitpunkt, als ich den Vertrag unterschrieb, von der Schwangerschaft noch nichts gewußt hatte. Ich konnte trotzdem anfangen und arbeitete von März bis zum Beginn des Mutterschutzes im Juli wieder als Krankengymnastin. Aber eine berufliche Zukunft in der Physiotherapie begeisterte mich nicht wirklich. Während meiner Auszeit war mir immer bewußter geworden, wie mir der geregelte Arbeitsrhythmus widerstrebte. Als Ausweg hatte ich die Bergführerausbildung gesehen und mich auch schon für die Aufnahmeprüfung angemeldet. Als Bergführerin, so stellte ich mir das damals zumindest vor, hätte ich die Freiheit, viel unterwegs zu sein und während der Arbeitszeit das zu tun, was ich am liebsten machte. Den Eingangslehrgang für das Skifahren und Tourengehen wollte ich auf keinen Fall absagen und nahm im vierten Schwangerschaftsmonat als einzige Frau unter rund dreißig Männern teil. Obwohl das Schulefahren auf den Skiern nicht meine Stärke war, bestand ich die Prüfung. Daß ich den Sommertermin für das Fels- und Eisklettern nicht wahrnehmen konnte, war sowieso klar, da wäre ich dann im achten Monat. Ich ging davon aus, daß ich den im Jahr darauf nachholen würde – ich klammerte mich an diesen Strohhalm, um für die Zeit nach der Geburt eine Perspektive zu haben.

Dann waren da noch die Sponsoren. Nach meinem Weltcup-Erfolg von Saas-Fee waren zwei Firmen aus der Outdoorbranche auf mich zugekommen, die bereit waren, mich in der nächsten Saison zu unterstützen. Neben Black Diamond mit der Eiskletter-Hardware war das noch ein Sportartikelhersteller, der einen Eiskletterschuh mit integrierten Steigeisen entwickelt hatte. Die Kooperationsverträge sahen vor, daß ich an allen Weltcup-Austragungen mit der betreffenden Ausrüstung teilnahm und umgekehrt eine finanzielle Unterstützung zur Deckung der Reisekosten bekam. Die Verträge lagen unterschriftsreif auf meinem Schreibtisch. Für mich war das ein lukratives Angebot, denn ich wollte das Wettkampfthema ernsthaft angehen. Doch jetzt war ich schwanger. Ich mußte da erst mal anrufen und denen meine »anderen Umstände« erklären. Mir schwebte schon vor, beim kommenden Weltcup wieder mitzumachen, irgendwie würde sich das doch auch mit Baby organisieren lassen, aber versprechen konnte ich natürlich nichts. Ich hatte doch selbst noch gar keine Ahnung, wie das dann alles laufen würde. Daher hätte ich es gut nachvollziehen können, wenn die Ansprechpartner von einer Zusammenarbeit Abstand genommen hätten. Zu meiner Überraschung hatten sie aber beide Verständnis für meine Situation und waren zuversichtlich, daß ich das hinkriegen würde. Schließlich handelte es sich auch noch nicht um riesige Summen.

Die Sponsorenverträge waren ein zweiter Strohhalm für mich. Die Verpflichtung, an den Wettkämpfen teilzunehmen, würde mich motivieren, nach der Geburt so schnell wie möglich wieder fit zu werden. Ich würde mir Trainingsmöglichkeiten organisieren müssen. Der Weltcup war eine Herausforderung, ein Ziel, auf das ich hinarbeiten konnte. Das zu wissen tat gut. Denn insgesamt war die Schwangerschaft eine schwierige Zeit für mich. Ich schaffte es lange nicht, eine Beziehung zu diesem kleinen Wesen in mir aufzubauen, das ich noch nicht richtig vor mir hatte. Auf die Geburt freute ich mich mittlerweile, auf den Moment, wo es endlich da wäre, aber die Zeit bis dahin war nicht einfach. Ich war unausgeglichen, schlecht gelaunt und psychisch sehr labil. Mein Umfeld und insbesondere Michi hatten es in dieser Zeit nicht leicht mit mir. Ich war nicht diejenige, die dasitzt und zufrieden auf die ersten Kindsbewegungen wartet. Ich wollte mich weiterhin sportlich betätigen, und mit meinen körperlichen Veränderungen konnte ich mich nur schwer anfreunden.

Im Frühling begann wieder die Klettersaison. Weil er Bedenken hatte, weigerte sich Michi, mich im Vorstieg zu sichern, und im Nachstieg machte es mir keinen rechten Spaß. Außerdem wurde ich schwerer, der Klettergurt spannte am Bauch, meine Körperspannung ließ nach, und auch meine Arme wurden schnell müde. Einmal war ich mit Elke beim Klettern und war froh, jemanden zu haben, der mir zuhörte und der Verständnis für meine Ängste vor der Zukunft hatte. Ich erinnerte sie an unseren Spruch »Wer sich nicht wehrt, endet am Herd« – genau das sah ich mir jetzt bevorstehen. In Berchtesgaden lebte ich in einem Umfeld mit eher konservativer Rollenzuschreibung, da ging üblicherweise der Mann arbeiten, und die Frau war zu Hause für die Kinder da. So wollte ich nicht leben. Aber würde ich die Anforderungen an eine Mutter und meine eigenen Bedürfnisse unter einen Hut kriegen? Die Vorstellung, ich müßte auf meine Wünsche verzichten, gefiel mir überhaupt nicht. Und irgendwie war es ja doch so, daß sich für die Mutter sehr viel mehr ändern würde als für den Vater.

Einschneidende Veränderungen befürchtete ich vor allem was meine sportlichen Leistungen anging. Da beruhigte mich allerdings Elke: Sie erzählte mir von der Diplomarbeit einer Kollegin, die belegte, daß Frauen nach einer Schwangerschaft leistungsfähiger sind als vorher, wenn sie ihre Möglichkeiten nützen. Damals überzeugte mich das nicht so ganz, aber im nachhinein muß ich Elke recht geben. Mein Kletterniveau ist nicht schlechter geworden, im Gegenteil. Und ein paar Jahre später war ich dann diejenige, die Elke aufmunterte, als die sich vor der Geburt ihres Kindes ebenfalls Sorgen machte, sie könne danach nicht mehr so gut klettern.

Kurz darauf war Klettern dann sowieso kein Thema mehr für mich. Das Interesse war plötzlich weg, es nervte mich im Gegenteil sogar, wenn Freunde und Bekannte von nichts anderem redeten. Die und die Route, der und der Kletterzug, jene Bewegungsabfolge ... Gab es denn keine anderen Gesprächsthemen mehr? Ich wollte gar nichts mehr davon wissen. Aber körperlich ging es mir ja gut, und so war ich oft zu Fuß oder mit dem Bike in den Bergen unterwegs, und auch gelaufen bin ich ab und zu. Das war als Ausgleich vor allem für meine Psyche wichtig. Michi kletterte in diesem Sommer auch viel weniger, zum Teil mir zuliebe, zum Teil weil er sich in einem Viererteam mit Freunden auf die Salomon Races vorbereitete. In diesem Wettkampf in verschiedenen Outdoor-Sportarten war er für mich eingesprungen, ich konnte nur zuschauen. Das zeitaufwendige Training nahm ihn sehr in Beschlag.

Mir war wichtig, daß wir vor der Geburt noch umzogen, einerseits natürlich, um mehr Platz zu haben, andererseits aber auch, um in einer Umgebung zu wohnen, wo es andere Mütter mit Kindern gab, mit denen ich mich austauschen und zur Kinderbetreuung zusammentun könnte. In Marktschellenberg wurde ein neu gebautes Haus vermietet, in dem ich mich auf Anhieb wohl fühlte. Ich stellte mir vor, wenn ich dann mit Kind die erste Zeit den ganzen Tag zu Hause wäre, sollten jederzeit Freunde zu Besuch kommen können. Nachdem der Umzug geschafft war, waren wir gut vorbereitet auf unseren Nachwuchs, der sich mittlerweile mit kräftigem Strampeln bemerkbar machte.

Ich hatte ziemlich zugelegt, war zehn Kilo schwerer und fühlte mich plump und unförmig. Trotzdem hatte ich noch immer das Bedürfnis, mich zu bewegen. Im achten Monat machte ich mit Ilona eine Radtour um den Untersberg, nichts Extremes, ich hatte Lenker und Sattel so eingestellt, daß ich mit meinem dicken Bauch besser sitzen konnte. Aber es war ein neues Mountainbike, die Bremsen waren sehr straff eingestellt, und als es auf dem sandigen Reitweg ein kurzes Stück steil hinunterging, zog ich prompt zu stark an der Vorderbremse und flog über den Lenker nach vorn, voll auf den Bauch. Bis auf einen riesigen Schreck schien alles heil zu sein. Ilona brachte mich sofort zu meinem Frauenarzt. Ich hatte eine harte Bauchdecke und wehenartige Schmerzen, aber das war vor dem Sturz auch immer mal wieder so gewesen. Bei der Untersuchung konnte der Arzt nichts Auffälliges erkennen, doch er bestand darauf, ich müsse es im Krankenhaus beobachten lassen. Dort bekam ich Infusionen zur Reduzierung der Wehentätigkeit, um eine Frühgeburt zu verhindern. Sie behielten mich zwei ganze Wochen, und ich hatte den Verdacht, das taten sie auch, damit ich keinen Unfug mehr machte. Dazu hatte ich aber sowieso ein zu schlechtes Gewissen, ich machte mir wirklich Sorgen.

Ich war dann noch zwei Wochen daheim, bis eines Nachmittags die Fruchtblase platzte und wir uns auf den Weg ins Krankenhaus machten. Die Ärzte waren besorgt, weil die Herztöne schlecht hörbar waren, sie vermuteten, die Nabelschnur sei verklemmt. Weil dadurch das Kind in Gefahr sei, empfahlen sie einen Kaiserschnitt. Ich hätte mir die Geburt anders gewünscht, aber so, wie sie die Situation schilderten, wollte ich kein Risiko eingehen und fragte nicht lange nach.

Am 22. August 2000 kam unser Sohn Emanuel auf die Welt – gesund und munter und 3650 Gramm schwer. Sobald ich dieses kleine Wesen im Arm hatte, waren nur noch positive Gefühle für ihn da. Meine Zuneigung für ihn überschwemmte mich regelrecht. Alle Zweifel, die ich jemals gehabt hatte, waren wie weggeblasen. Ich wollte ihn überhaupt nicht mehr loslassen; die ersten zwei Nächte hatte ich ihn die ganze Zeit im Arm.

Mit Emanuel fing tatsächlich ein neuer Lebensabschnitt an. Als Eltern empfanden wir beide ein tiefes, intensives Glück. Michi war richtig stolz auf den »Stammhalter«, und seine ganze Familie war vernarrt in den Kleinen. Aber es war auch anstrengend, vor allem in den Nächten. Emanuel kam jede Nacht zwei-, dreimal und schrie, und das ständige Aufstehen kostete viel Energie. Nicht nur mich, auch Michi stand dazwischen auf und beruhigte ihn, aber ich bemühte mich, mehr zu übernehmen, weil er am nächsten Tag in die Arbeit mußte. Ich konnte wenigstens am Morgen liegenbleiben oder mich am Nachmittag mal hinlegen. Manchmal hörte ich Emanuel aber auch schlicht nicht mehr, weil ich so müde war. Das war dann schon auch eine Generalprobe für unsere Beziehung.

Grundsätzlich versuchten wir, die Belastungen durch das Kind gemeinsam zu tragen, aber tagsüber war ich meistens allein zuständig. Emanuel schlief sehr lange nicht durch, mindestens zwei Jahre, das machte uns auf die Dauer ein bißchen mürbe. Für mich war das die schwierigste Zeit, weil ich fast rund um die Uhr für das Kind da war und mich überhaupt nicht mehr erholen konnte. Das Schlimme am Schreien war vor allem, daß ich nicht wußte, was es bedeutete. Heute ist Emanuel alt genug, um zu sagen, was ihm wehtut oder daß er Hunger hat oder daß ihm kalt ist – damals war ich oft ratlos und wollte es als Mutter natürlich auch gut machen. Nachdem Emanuel zwei, zweieinhalb war, wurde es eigentlich immer leichter.

Ich war überzeugt davon, daß nur eine glückliche Mutter eine gute Mutter sein kann – oder nur glückliche Eltern gute Eltern sein können. Das bedeutete langfristig für mich, daß ich nicht nur Hausfrau und Mutter sein wollte, weil ich damit nicht glücklich war, und kurzfristig, daß ich auch für mich selbst sorgen mußte und nicht nur für Emanuel dasein wollte. Ich war erst 26 und hatte einen Großteil des Abenteuers Leben noch vor mir. Meine Idealvorstellung war, Emanuel so in dieses Leben zu integrieren, daß es für alle stimmte. Michi und ich versuchten gemeinsam, einen Mittelweg zu finden zwischen der Befriedigung unserer eigenen Bedürfnisse und denen unseres Kindes. Das sah dann zum Beispiel so aus, daß wir uns wenige Wochen nach der Geburt mit einem Tragtuch und einer Hängematte ausrüsteten und zusammen in den Klettergarten gingen. Emanuel schlief in den ersten Monaten tagsüber viel und tat das auch in der Hängematte, die wir an einem vor Steinschlag sicheren Ort zwischen zwei Bäumen aufhängten. Die Hängematte verschlossen wir oben mit Karabinern, damit er nicht herausfallen konnte. Michi und ich holten uns Bestätigung am Fels, in den Kletterpausen beschäftigten wir uns mit unserem Sohn.

Bevor Emanuel in den Kindergarten ging und dadurch am Vormittag versorgt war, schaffte ich mir durch gegenseitige Absprachen mit den Nachbarinnen kleine Freiräume, damit ich mal laufen gehen oder im Winter eine kleine, schnelle Skitour machen konnte. Und natürlich half uns Michis Mutter, die nicht weit weg wohnte, immer wieder und nahm uns den Kleinen ab. Emanuel ist gern bei ihr und hat zu ihr eine intensive Beziehung, die schon früh wachsen konnte, ganz anders als bei meinen Eltern, die er durch die Entfernung viel seltener sieht.

In den ersten Jahren waren wir oft auf Reisen. Wir hatten uns einen Campingbus gekauft, luden ihn mit Lebensmitteln und Windeln voll und fuhren mit Emanuel an den Gardasee, nach Südfrankreich oder Sardinien. Dabei lernten wir andere Familien kennen, die kletterten, was vieles vereinfachte. Die Kinder konnten miteinander spielen, einer paßte auf sie auf, der Rest konnte klettern gehen. Besonders schön waren die Monate, als Michi ein halbes Jahr unbezahlten Urlaub nahm, um mehr Zeit mit Emanuel verbringen zu können, der damals zwei Jahre alt war. Wir kamen zwischendurch zwar immer mal wieder nach Hause, waren aber eigentlich ständig in irgendwelchen Klettergebieten unterwegs und machten das, was mit Kind ging. Sportklettern in gut abgesicherten Routen ließ sich mit der Familiensituation gut vereinbaren.

Unsere alten Kletterfreunde in Berchtesgaden waren leider zu der Zeit alle noch ohne Nachwuchs. Bei ihnen wurde die Familienplanung den Kletterzielen untergeordnet und erst zum Thema, als sie ein Niveau erreicht hatten, auf dem sie sich nicht mehr steigern konnten, oder als sie alles erlebt hatten, was sie glaubten, erlebt haben zu müssen. Mittlerweile sind die meisten Mitte dreißig, und eine Frau nach der anderen wird schwanger … Das wäre bei uns sicher nicht anders gewesen, hätte es der Zufall nicht anders gewollt. Damals beneidete ich sie manchmal schon um ihre Unabhängigkeit und Freiheit, aber wenn ich dann wieder Emanuel im Arm hatte, spürte ich, daß ich mir gar kein anderes Leben wünschte.

Nachdem ich Emanuel vier Monate gestillt hatte, merkte ich, daß er nicht mehr satt wurde. Ich hatte im November mit dem Eisklettertraining begonnen – mit dem mir eigenen Ehrgeiz. Schließlich war es nicht mehr lange bis zur Wettkampfsaison, und ich wollte nicht nur meinen Sponsoren, sondern vor allem mir selbst etwas beweisen. Und: Ich wollte nicht nur Mutter und Hausfrau sein. Auf jeden Fall wurde die Milch weniger und Emanuel immer unzufriedener, bis ich dann begann, Brei zuzufüttern.

Um wettkampfspezifisch zu trainieren, hatte ich die simple Idee, eine Metalleiter aus dem Baumarkt an die Hauswand zu lehnen und mich auf der Unterseite bei frei hängenden Füßen mit den Eisgeräten hinaufzuhangeln: ein Gerät setzen, blockieren, das zweite setzen, blockieren und so fort. Auch die Figure of four konnte ich so wunderbar trainieren, eine nach der anderen. Erstens ging das schnell – ich hatte nicht genug Zeit, um draußen im Eis oder im Fels zu trainieren, weil Emanuel schnell wieder Hunger bekam. Und zweitens war es sehr effektiv, das hat mich richtig stark gemacht. Außerdem hatten wir noch die Strickleiter und die Wand mit den Klettergriffen im Keller, an der ich das Drytoolen trainierte. Ich konnte meinen Tagesablauf zwischen stillen, spazierengehen, putzen, waschen und kochen immer wieder unterbrechen und eine Trainingseinheit dazwischenschieben. Am meisten Spaß machte es, wenn Kirsten Buchmann, die ich in Saas-Fee kennengelernt hatte, vorbeikam und wir gemeinsam trainierten.

Die Vorbereitung auf die Wettkampfsaison hatte sich für mich als ideale Möglichkeit entpuppt, trotz kleinem Kind sportlich aktiv zu sein, weil ich es leicht in meinen Tagesablauf integrieren konnte. Ich hatte meinen körperlichen Ausgleich, und Emanuel hatte eine zufriedene Mutter. Jetzt hoffte ich nur, daß sich bei den Wettkämpfen auch alles so gut organisieren ließ. Nachdem Michi ebenfalls Weltcup-Ambitionen hatte und auch teilnehmen würde, fuhren wir als gesamte Familie zu den Austragungen, denn ich stillte noch. Da die Durchgänge der Männer und der Frauen zeitlich versetzt stattfanden, sollte es mit der abwechselnden Betreuung von Emanuel klappen.

Auch wenn das alles sehr positiv klingt, zwischendurch hatten wir in unserer Beziehung auch sehr anstrengende Zeiten, die ganz klar durch die Belastungen ausgelöst wurden. Im Januar 2001 flog Michi für drei Wochen mit Freunden nach Thailand, um sich von der stressigen Zeit zu erholen, sich auszuruhen und zu klettern. Er argumentierte damit, daß ich schließlich auf die Weltcups fahren und er sich da nach mir richten würde. Daran hatte ich zu kauen, die Stimmung war nicht gut. Aber ich schluckte es. Ohne seine Unterstützung hätte es für die Wettkämpfe schlecht ausgesehen, und sie waren das, was mich in dieser Phase wirklich aufbaute.

Mit Babyflasche und Eisgerät

Erfolg in den Eiskletter-Weltcups

Im Jahr 2000, als ich in Saas-Fee dabei war, wurde zum ersten Mal eine Weltcup-Serie durchgeführt. Für 2001 stand wieder eine komplette Serie aus fünf Events an, die im österreichischen Pitztal, im Valle di Daone in Italien, in Chamonix, Saas-Fee und Kirov in Rußland ausgetragen wurden. Im Januar fand in der Schweiz zudem das erste Kandersteg Ice Climbing Festival statt, eine von mehreren Outdoor-Firmen organisierte Veranstaltung, die sich seither sozusagen als Auftakt der Wettkampfsaison etabliert hat. An einem Wochenende kommen mittlerweile Hunderte von Eiskletterern zusammen, können Workshops bei Weltcup-Athleten besuchen, Ausrüstung testen und an den umliegenden Wasserfällen klettern. Es gibt verschiedene Wettkämpfe, abends werden Vorträge gezeigt, und vor allem wird bis in die Morgenstunden gefeiert – die Szene zeichnet sich bis heute durch eine extrem fröhliche Stimmung und eine große Ausdauer bei den Partys aus.

Für Black Diamond war klar, daß ich in Kandersteg dabeisein sollte, und da alle Wettkämpfe im Zeitraum von Mitte Januar bis Anfang März stattfanden, ergab das ein gedrängtes Programm für uns – denn Emanuel mußte mit. Noch vor dem ersten Wettkampf im Pitztal hörten wir munkeln, daß eine starke Französin, Liv Sanzos, wohl den ganzen Weltcup abräumen würde. Sie war bei Sportkletterwettkämpfen sehr erfolgreich gewesen, hatte also schon viel Wettkampfroutine, und mit ihren Eisgeräten sollte sie eine Art Wunderwaffe besitzen. Diese waren tatsächlich ausgeprägt gebogen, so daß Liv sie gut in Klettergriffe einhängen und sich daran hochziehen konnte. In der Isolation konnte ich sie beim Aufwärmen aus der Nähe erleben. Sie hatte unheimlich Strom und die nötige Blockierkraft, war außerdem sehr leicht, und es war klar, daß sie es mir nicht einfach machen würde. Kim nahm nicht mehr am Weltcup teil, Liv würde also meine Hauptkonkurrentin sein.

Eiskletterwettkämpfe sind offene Veranstaltungen, grundsätzlich kann sich jeder anmelden. Durchschnittlich sind es um die zwanzig Frauen und sechzig bis achtzig Männer. Zunächst gibt es eine Qualifikationsrunde, die achtzehn besten Athleten kommen ins Halbfinale. Die Qualifikation wird flash geklettert, jeder kann die anderen beim Klettern beobachten und daraus Schlüsse ziehen, die Route darf aber nicht vorab getestet werden. Ab dem Halbfinale gibt es keine Informationen mehr; die Teilnehmer müssen sich vorher in der Isolationszone einfinden und werden einzeln an die onsight zu kletternde Wand gebracht. Die besten acht bestreiten das Finale. In jedem Durchgang gibt es ein Zeitlimit, normalerweise acht Minuten in der Qualifikation, im Halbfinale zehn und im Finale zwölf bis vierzehn Minuten. In der Regel scheitern die Kletterer aber nicht an der Zeit, sondern an der Schwierigkeit, stürzen also, bevor die Zeit abgelaufen ist. Die Routen sind jeweils so angelegt, daß nur die Spitzengruppe das Top erreichen sollte, im Finale entsprechend nur die beziehungsweise der Beste. Dabei steigen von der Qualifikation bis zum Finale das Niveau und die Länge der Routen, eine Finalroute kann bis zu dreißig Meter lang sein.

Das Warten in der Isolation empfand ich als sehr nervenaufreibend. Die Qualifikation und das Halbfinale waren gut gelaufen, und es hatte sich bestätigt, was ich befürchtet hatte: Liv war einfach einen Tick besser als ich. Da in umgekehrter Reihenfolge der Ergebnisse gestartet wurde, damit es für die Zuschauer möglichst spannend blieb, mußte ich fast bis zum Schluß warten. Ich brachte die Zeit herum, indem ich mich aufwärmte, meine Geräte und Steigeisen feilte und Yogaübungen machte. Natürlich wurde ich immer nervöser. Ich wußte nichts von den Ergebnissen der anderen, versuchte mir anhand der Zeit, die sie brauchten, vorzustellen, wie es bei ihnen gelaufen war. Außerdem zitterte ich jedesmal, daß Emanuel nicht gerade dann Hunger bekam und brüllte, wenn ich zum Klettern dran war. Unter diesen Umständen war es schwierig, mit meinen Gedanken ganz beim Klettern zu bleiben.

Endlich wurde ich aufgerufen. Ich gab mein Bestes, und es lief gut. An der begeisterten Reaktion des Publikums konnte ich ablesen, daß noch keine Teilnehmerin so weit wie ich gekommen war. Trotzdem reichte es nicht ganz – Liv, die als letzte startete, übertraf mich und wurde Erste.

Ich freute mich über meinen zweiten Platz. Immerhin hatte ich mir den in einem mühsamen Spagat zwischen Mutterpflichten und sportlicher Ambition erkämpft. Michi brachte mir Emanuel zum Stillen in die Isolation, und sobald meine Durchgänge erledigt waren, übernahm ich den Kleinen, damit Michi klettern konnte. Natürlich war Emanuel von dieser unruhigen Situation total überfordert und schrie ständig. Und dann die Nächte: Weil er jede Nacht zwei-, dreimal aufwachte und gestillt werden mußte, waren wir morgens wie gerädert. An die Partys war sowieso nicht zu denken. Es war für uns alle drei absoluter Streß. Bei den weiteren Wettkämpfen fuhr manchmal Michis Mutter mit, das machte es ein Stück einfacher. Trotzdem waren wir auch durch die nervliche Anspannung der Wettkämpfe an unserer Grenze, oft ergab ein Wort das andere, und schon waren wir wieder mitten drin im Streit.

Valle di Daone und Chamonix liefen ganz ähnlich, Liv wurde jeweils Erste, ich Zweite. In Saas-Fee verpaßte Liv das Halbfinale, weil sie zu langsam war. Ich behielt die Nerven und kletterte im Finale bis zur Umlenkung – das bedeutete den Sieg. Ich war überglücklich. Vor allem bedeutete das auch, daß Liv für diese Austragung keine Weltcup-Punkte bekam und ich damit Chancen auf den Gesamtsieg hatte. In Kirov würde es sich also entscheiden, und selbst ein zweiter Platz sollte mir reichen. Emanuel kam auf diese weite Reise nicht mit. Ich hatte inzwischen abgestillt, und meine Mutter und Michi kümmerten sich zu Hause um sein Wohl. Es fiel mir schwer, ihn für mehrere Tage zu verlassen, denn ich war noch nie länger als ein paar Stunden von ihm getrennt gewesen. Aber ich hatte ein großes Ziel vor Augen.

Allein die Zugfahrt von Moskau nach Kirov war schon ein Abenteuer. Was ich sehr genoß, war das Aufgehobensein unter all diesen Kletterfanatikern, für die es nichts Schöneres gab, als in steilen Wänden zu hängen und einen Weg nach oben zu finden. Ich fand in der Wettkampfszene viele sehr gute Freunde, mit denen ich gemeinsam trainierte und immer wieder draußen unterwegs war – das sind richtig familiäre Beziehungen geworden.

Im Finale saßen Liv und ich wieder als letzte in der Isolation. Liv war ein Kapitel für sich, sie redete nie ein Wort mit jemandem, saß immer ganz allein für sich und nagte an ihrem Power Bar. Dann ging sie raus und gewann jedesmal. Sie war uns schleierhaft. Erst später merkte ich, daß sie eigentlich nur Berührungsängste hatte, und wenn man von sich aus auf sie zuging, wurde sie richtig gesprächig. Sie war wirklich sehr stark, ihre im Vergleich zu mir fünfzehn Kilo weniger machten sich bemerkbar. In Rußland war sie allerdings bei der extremen Kälte ziemlich schnell am Ende, Kälte vertrug sie nicht, und sie hörte mit den Wettkämpfen auch bald wieder auf.

Ich wollte gewinnen und gab alles. Ich kletterte auch tatsächlich am weitesten, Liv stürzte noch unter der Höhe, die ich erreicht hatte. Im nachhinein stellte die Jury allerdings einen Fehler bei mir fest, ich hatte eine rote Linie überschritten und bekam Punktabzug. Nun wurde ich doch hinter Liv gewertet. Ich war stinksauer, daß mir das passiert war, denn zum ersten Mal war ich wirklich deutlich besser geklettert als sie. Aber dann realisierte ich, daß ich mich statt dessen lieber über meinen Gesamtsieg freuen sollte. Es ging wirklich knapp aus, Liv fehlten am Schluß vielleicht zehn Punkte, und ich fuhr mit einer russischen Pelzjacke – die wollte ich ja schon immer haben! – als Prämie nach Hause. Die Party fand im Zug nach Moskau statt, und endlich war ich auch mal wieder dabei. Die Russen hatten es mit der Gastfreundschaft gut gemeint und uns noch einige Flaschen Wodka mit auf die Reise gegeben. Daheim begrüßten mich die Nachbarn mit einem Gratulationsbanner für die Weltcup-Siegerin, meine Mutter hatte für das leibliche Wohl gesorgt, und ich schloß endlich wieder Emanuel in die Arme. Dann mußte ich allerdings dringend meinen Kater ausschlafen.

Ich konnte mit dem Ergebnis dieses Winters mehr als zufrieden sein. Aber wir hatten nicht nur Emanuel mit seinen fünf Monaten, sondern auch uns selbst zu viel zugemutet. Ich nahm außer an den Weltcup-Austragungen noch an ein paar kleineren Wettbewerben teil, weil ich mich meinen Sponsoren gegenüber verpflichtet fühlte. Michi war nicht dazu bereit, sich da auch noch um das Kind zu kümmern, also nahm ich Emanuel mit und organisierte mir die Unterstützung von Freundinnen. Aus der Distanz von heute denke ich, ich hätte es beim Weltcup bewenden lassen sollen, die Deutschen Meisterschaften – obwohl ich, noch dazu in Berchtesgaden, Deutsche Meisterin wurde – und dieser und jener Wettbewerb hätten nicht auch noch sein müssen. Ich dachte eben, ich müsse alles mitnehmen, was geht. Und das war eindeutig zuviel. Michi arbeitete voll, hatte nachts wenig Ruhe, weil Emanuel bei uns im Zimmer schlief, dann die Action mit den Wettkämpfen, die nervliche Belastung, weil er selbst auch teilnahm – im nachhinein sehe ich das ein. Ich hatte einfach einen Haufen Energie und meinte, das müsse alles gehen. Michi war ein paar Jahre älter als ich, und außerdem hatte er einen anstrengenden Job.

Und es kam eben noch etwas anderes dazu: eine gewisse Konkurrenz zwischen uns beiden. In den Jahren darauf wurde es zwar mit Emanuel weniger umständlich, aber ich hatte den Eindruck, daß es für Michi schwierig war, mit meinem Erfolg umzugehen. Er kletterte genausogut wie ich, er trainierte gewissenhaft, aber er mußte sich in einem viel größeren Teilnehmerfeld gegen viel stärkere Konkurrenten behaupten. Ich kletterte an die Spitze, er schnitt irgendwo im ersten Drittel ab. Mit der Zeit hatte jemand, der voll im Beruf stand, gegen die zunehmende Zahl von Profis überhaupt keine Chance mehr. Völlig verständlich, daß ihn das frustrierte.

Mein Gesamtsieg im Weltcup zog eine Menge Interviews für die Presse und das Fernsehen nach sich. Weitere Firmen boten mir eine Zusammenarbeit an. Ich genoß es, in den Medien plötzlich so gefragt zu sein, und die Sponsoren eröffneten mir eine neue Perspektive: eine größere finanzielle Unabhängigkeit. Solange ich mit Emanuel zu Hause war und nicht arbeitete, lebten wir von Michis Einkommen und meinen Ersparnissen. Da gefiel mir die Vorstellung gut, nicht nur die mit den Wettkämpfen verbundenen Kosten durch die Unterstützung der Sponsoren finanzieren zu können. Natürlich mußte ich umgekehrt auch etwas dafür tun. Die Zusammenarbeit bestand über meine Teilnahme am Weltcup hinaus in meiner Anwesenheit auf Messen und Events, außerdem sollte ich meine Erfahrung in die Entwicklung von Produkten einfließen lassen. Das war spannend für mich, wenn ich auch immer mehr Zeit vor dem Computer verbrachte, um E-Mails zu beantworten. In diesem Business lernte ich innerhalb kürzester Zeit viele sympathische und interessante Leute kennen. Mit den Jahren wurden die Verträge immer attraktiver, aber auch die Verpflichtungen nahmen zu. Präsentationen vor größerem Publikum waren am Anfang ein Horror für mich. Ich bereitete mich gewissenhaft vor und lernte dadurch auch für mich persönlich viel dazu. Es wurde immer mehr zum Alltag, in der Öffentlichkeit zu stehen.

Was mir am schwersten fiel, waren die Vertragsverhandlungen, in denen ich mich sozusagen als Person verkaufen mußte. Ich kam aus einem medizinischen Beruf, da gab es einen Tarifvertrag und keine Verhandlungsbasis. Plötzlich sollte ich festlegen, wieviel ich als Sportlerin wert war. Ich mußte erst lernen, meine Forderungen zu begründen und den Verhandlungspartnern nachvollziehbar zu machen, welche Vorteile für sie in einer Zusammenarbeit mit mir lagen. Forderungen zu stellen war um so heikler, je mehr ich die Menschen, die mir gegenübersaßen, aus dem persönlichen Kontakt heraus schätzte. Letztlich war mir über das Eisklettern mehr oder weniger zufällig der berufliche Wiedereinstieg nach der Babypause gelungen. Und es war sicherlich so, daß die Verpflichtungen, die ich meinen Sponsoren gegenüber einging, meinen Ehrgeiz noch mehr anstachelten.

Doch bevor das Training für die nächste Wettkampfsaison anstand, wollte ich erst einmal den Sommer genießen. Für meine Motivation war die Abwechslung zwischen Winter und Sommer extrem wichtig, denn gegen Ende des Winters konnte ich den Boulderkeller nicht mehr sehen. Wegen Emanuel kamen alpine Ziele weniger in Frage, verwegene Abenteuerklettereien hatten wir als verantwortungsvolle Eltern sowieso aus dem Programm gestrichen, aber wir waren oft beim Sportklettern in unseren Berchtesgadener Gebieten. Entweder hatten wir Emanuel in der Kraxe dabei, oder wir ließen ihn in der Obhut seiner Oma. Es lief bei mir tatsächlich erstaunlich gut, der Kraftzuwachs über den Winter machte sich auch beim Klettern bemerkbar. Am Dürreckberg gelang mir mit »Viagra« meine erste 7c+, später die »Wilde Orchidee« im Endstal, ebenfalls im oberen neunten Grad. Im Herbst konnte ich mit der »Little Big Man« im Endstal sogar eine erste 8a punkten und schaffte damit den Sprung in den zehnten Grad.

Wir waren oft an der Gitschenwand am Trattberg, unserem Sommerklettergebiet bei Salzburg. Dort sprach mich Sandra Wielebnowski, die ich dort schon mehrmals mit ihrem Freund beim Klettern getroffen hatte, auf die Eiskletterwettkämpfe an: Ich sei doch diejenige, die den Gesamt-

Weltcup gewonnen hätte, und sie würde das auch gern mal probieren. Wir probierten nicht nur das Eisklettern aus, sondern trainierten den ganzen Herbst gemeinsam, und daraus entstand eine herzliche Freundschaft. Seitdem sind wir auch im Sommer viel zusammen unterwegs. Sandra ist herrlich unkompliziert und fröhlich. Sie arbeitet als Ergotherapeutin mit Kindern, daher kann sie gut mit Emanuel umgehen und hat viel Geduld mit ihm. Die Erfahrung machte ich eben auch mit den Jahren: Nicht jeder kann sich darauf einlassen, daß ein Kind andere Bedürfnisse hat und daß ein Tag anders läuft, wenn Emanuel dabei ist. Aber er gehört nun mal zu meinem Leben, und ihm zuliebe muß ich ab und zu zurückstecken, auch wenn mir das nicht immer leichtfällt.

Mit Sandra und anderen Freundinnen arbeitete ich viel im Boulderraum und an der Strickleiter, machte Liegestütze und Klimmzüge als Intervalltraining. Da man beim Eisklettern immer einen großen Griff in der Hand hat, werden hauptsächlich die großen Muskeln beansprucht. Ich begann im Oktober mit zwei bis drei Trainingseinheiten die Woche und längeren, meist zweitägigen Regenerationspausen, in denen ich höchstens locker joggte, eine kurze Skitour oder Ausgleichsgymnastik machte. Im November und Dezember steigerte ich mich auf vier bis fünf Einheiten mit entsprechend kürzeren Erholungspausen. Beim Training an der Metalleiter vor dem Haus waren wir kreativ und ließen uns verschiedene Varianten einfallen. Zum Aufwärmen stiegen wir mit Fußeinsatz hinauf und hinunter. Mit frei hängendem Hochblockieren konnten wir uns richtig plätten – deswegen machten wir das auch nur aufwärts, weil durch die schwindende Kraft meist die Koordination nachließ und das ein hohes Verletzungsrisiko für die Schultergelenke bedeutet hätte. Dann machten wir pro Sprosse eine Figure of four, anschließend an jeder zweiten Sprosse, aber immer noch statisch. Schließlich kamen dynamische Züge zur dritten und vierten Sprosse dran, um die Schnellkraft zu trainieren. Aufgelöst wurde das Ganze dadurch, daß die untere Hand das an der Sprosse hängende Eisgerät kurzzeitig losließ, damit die Beine ausfädeln konnten.

Dieses Programm brachte Ausdauer in den Unterarmen und natürlich Armkraft. Das beste Training für mich war aber trotzdem klettern, klettern, klettern. Wenn es sich mit Emanuel irgendwie einrichten ließ, versuchte ich, wenigstens kurz draußen zu klettern, ich war einfach am liebsten draußen in der Natur. Wegen schlechter Eisverhältnisse oder Lawinengefahr war das nicht immer möglich. Doch wir hatten im Pitztal einen genialen Trainingsort entdeckt, eine Eishöhle im Pitztaler Gletscher, die mit bis zu 140 Grad überhing. Dort konnten wir im ewigen Eis in fast 3000 Meter Höhe die Klettersaison schon im Herbst beginnen und uns an die Kälte gewöhnen. Der Zustieg hielt sich nach der Auffahrt mit der Pitztaler Gletscherbahn in Grenzen, und an manchen Wochenenden glich der Gletscher einem Trainingslager, wenn mehr als zwanzig Kletterer die Routen im Eisbruch belagerten. Wir richteten sie von oben ein, denn das Gletschereis ist extrem dicht, und in der überhängenden Höhlenwand aus der Kletterstellung heraus Schrauben zu setzen wäre unmöglich gewesen – sie ließen sich nur mit zwei Händen eindrehen. Dann konnten wir an vier bis sechs Routen gleichzeitig die verschiedenen Bewegungsabläufe testen und immer wieder andere Linien klettern. Für das Üben der Schlagtechnik und der Figure of four war das Gelände ideal, ebenso für Heelhooks. Mittlerweile hatten sich Steigeisen mit Fersensporn durchgesetzt, einer zusätzlichen langen Zacke, die waagerecht nach hinten zeigt. Mit dem »Heel Spur« hatte sich das Bewegungsrepertoire noch einmal erweitert, man konnte ihn weit über dem Kopf mit der Ferse ins Eis schlagen und sich an diesem Heelhook »aufhängen«, um die Arme zu entlasten und anschließend die Geräte neu zu setzen.

Abgesehen davon, daß sich die Pitztaler Eishöhle zu einem regelrechten Szenetreffpunkt entwickelte, wo man immer coole Leute traf und eine super Stimmung herrschte, fand ich es jedesmal wieder faszinierend, in diesen phantastischen Eisstrukturen zu klettern. Das Gletschereis war sehr hart, je nach Lichteinfall glänzte es grünlich oder bläulich, es war von grauen und schwarzen Linien durchzogen, die ihm das Aussehen von in der Bewegung gefrorenen Wellen gaben. Manchmal war es glasklar, und ich stellte mir vor, durch das meterdicke Eis ins Unendliche zu schauen. Und es war im Gegensatz zu einem gefrorenen Wasserfall, der nur kurzfristig existiert, uralt; es hatte sich vor mehreren Jahrzehnten aus Schnee gebildet und war im Lauf der Zeit von weit oben heruntergeflossen. Wie endlich diese zufällige Laune der Natur war, sollte ich ein paar Jahre später feststellen, als die Höhle wohl auch durch die zunehmende Abschmelzung der Gletscher einstürzte und von unserem Lieblingsspot kaum etwas übrigblieb.

Das Klettern im Pitztal war für mich ein spannendes Spiel. Ich hatte Spaß an den kraftvollen Bewegungsabläufen, konnte mir so richtig Pump holen – das schmerzhafte Spannungsgefühl auf der Innenseite der Unterarme, das die Kletterer auch vom Sommer kennen. Ich werde immer wieder gefragt, was ich mache, um keinen Pump zu bekommen. Ich kann darauf nur sagen, daß ich oft vom ersten Kletterzug an harte Unterarme bekomme, aber versuche, sie zu ignorieren, und einfach trotz Pump weitermache. Es geht immer viel weiter, als man glaubt. Erfolg spielt sich vor allem im Kopf ab. In der Eishöhle wurde mir klar, daß Klettern für mich wirklich eine absolute Leidenschaft war. Ich fror, die Finger taten weh, die Unterarme waren aufgepumpt, und ich gab trotzdem nicht auf und ging an mein körperliches und mentales Limit. Ich konnte mich unheimlich schinden.

Das Training im Gletscher machte uns fit für die kommende Saison – und war ein Gemeinschaftserlebnis mit guten Freunden. Außer Michi waren oft die Schweizer Jack und Petra Müller aus dem Black-Diamond-Team dabei. (Sie hatten ebenfalls eine kleine Tochter, wir konnten uns also auch über Windelgrößen austauschen.) Meistens kam Kirsten mit, und manchmal tauchte Hari auf, Harald Berger aus Salzburg, ein im Eis wie im Fels überlegener Kletterer. Wir testeten das neu entwickelte Material, tüftelten gemeinsam an schwierigen Stellen und halfen uns gegenseitig, unsere Schwächen zu erkennen. Deshalb bewährte es sich, mit verschiedenen Leuten zum Klettern zu gehen. Ich lernte viel, wenn ich andere beobachtete, und bemühte mich umgekehrt, die Kritik der anderen umzusetzen.

Michi und ich trainierten auch in unserem Mixed-Hausgebiet am Etzerfelsen bei Maria Gern. Dort gibt es Routen von M 7 bis M 9+, maximal fünfzehn Meter lang und teilweise stark überhängend. Es brauchte einige Anläufe, bis ich »Money talks« (M 9–) und »Captain Hook« (M 9+) in der Tasche hatte. Die »Verkehrte Welt« (M 8+) in der Almbachklamm dagegen gelang mir onsight.

Die Wettkampfperiode begann für mich mit einem enttäuschenden neunten Platz in Kirov. Ich hatte einen Linienfehler gemacht und war nicht ins Finale gekommen. Ich hätte mich ohrfeigen können! Danach fanden im Pitztal die Eiskletter-Weltmeisterschaften statt, für die ebenfalls Weltcup-Punkte vergeben wurden. Dort konnte ich sowohl in »meiner« Disziplin Difficulty als auch im Speed den Sieg für mich verbuchen und war damit zweifache Weltmeisterin. Das Schwierigkeitsklettern gilt als Königsdisziplin des Eiskletterns, das Klettern auf Geschwindigkeit wird meist noch mit angehängt, aber von den Difficulty-Leuten nicht ganz ernst genommen, weil es technisch wenig anspruchsvoll ist. Es geht einfach darum, wer am schnellsten eine senkrechte Eiswand hinaufkommt. Ähnlich wie das Klettern auf Zeit im Fels gilt Speed als Domäne der Osteuropäer, hier dominieren klar und kaum angefochten die russischen Sportlerinnen und Sportler. Geklettert wird mit speziellen Speed-Eisgeräten, die wie überdimensionierte Fiffihaken aussehen und mit ihrer Breite von zwei bis drei Millimetern besonders leicht, aber so messerscharf sind, daß sie teilweise im Eis kaum Halt finden und durchrutschen. Zur hohen konditionellen Beanspruchung kommt also eine nicht zu unterschätzende Verletzungsgefahr. Ich machte aus Neugier ein paarmal mit, Ausdauer hatte ich ja. Grundsätzlich trat ich beim Speed aber nicht so gern an, denn wenn am nächsten Tag Halbfinale und Finale im Difficulty stattfanden, wollte ich mich nicht am Abend vorher völlig verausgaben.

Ein entscheidender Faktor bei meinen Siegen war das Publikum. Wenn die Leute um mich herum mich anfeuerten und mich sozusagen nach oben trieben, setzte das einen richtigen Energieschub in mir frei. Ich genoß es, von den Zuschauern an mein Leistungslimit gepusht zu werden, ich gab dann gern alles, was ich konnte. Für mich ist das die soziale Komponente meines Sports: Je mehr Leute um mich sind, die Anteil an dem nehmen, was ich tue, desto kräftiger fühle ich mich. Das ist auch draußen so, da ist es dann vielleicht der Sicherungspartner oder ein paar Freunde, die dabei sind. Zu ihnen habe ich persönliche Beziehungen, sie machen mir Mut.

Weiter ging es mit einem dritten Platz im Valle di Daone. Auch der war wieder ärgerlich: Ich war kurz vor dem Top und mußte mit beiden Geräten in einen Holzzapfen schlagen. Ich schlug erst rechts, dann links – und schlug vorbei, ins Out! In Saas-Fee konnte ich aber an den Erfolg im Pitztal anknüpfen und wurde Erste. Nun war klar, daß ich für den Gesamtsieg in der letzten Weltcup-Austragung in Quebec aufs Ganze gehen mußte. Die Strategie ging auf, ich gewann, doch in der Gesamtwertung ging es mir wie Liv im Jahr zuvor: Letztendlich fehlten nur ein paar Punkte, ich wurde Zweite hinter Xenia Stobnikova aus Rußland. Daran hatte ich ein bißchen zu kauen.

In Kanada war auch Michi dabei, und nachdem wir schon mal dort waren, bot es sich an, den Aufenthalt zu verlängern und die kanadischen Eisklettergebiete zu erkunden. Möglich war das, weil Emanuel bei Michis Mutter war, das erste Mal für zwei ganze Wochen. Seit Emanuels Geburt waren wir nie mehr so lange für uns gewesen, und wir waren dankbar für die Möglichkeit, endlich mal wieder draußen lange Routen zu klettern. Wir flogen von Quebec nach Calgary und fuhren mit einem Mietwagen weiter in die kanadischen Rockys, wo wir alpine Klassiker wie »Curtain Call« und »Weeping Wall« kletterten. In der »Upper Weeping Wall« waren wir etwas zu spät dran, aufgrund der Neigung des Hanges oberhalb der Route wußten wir, daß eine gewisse Schneebrettgefahr bestand. Wir hatten einen Fehler gemacht: Wir waren zu dritt und damit zu langsam. Tatsächlich erwischte uns eine Spin Drift, als wir – ungesichert – im Abstieg waren. Ich zog mich an meinen Geräten ganz nah ans Eis und wartete, bis die Schneemassen über uns hinweggestaubt waren. Und ich hoffte inbrünstig, daß die anderen beiden ebenso sicher standen wie ich. Zum Glück war die Lawine nicht größer gewesen.

Weil es so extrem kalt war – am Abend hatte es minus 29 Grad –, hielten wir uns mehrere Tage in den kürzeren Mixed-Routen des Haffner Creek bei Banff auf. Die Kanadier hielten uns für verrückt, weil wir bei so einer Kälte kletterten, aber wir wollten die Zeit nützen. In der Panthercave gelangen uns mit »Cineplex« (M 8) und »Scrambled Veggies« (M 9–) zwei schöne Mixed-Routen, die mich so richtig auf den Geschmack brachten.

Daheim war die Umstellung von Winter auf Sommer ein hartes Stück Arbeit. Ich brauche immer eine gewisse Zeit, bis ich wieder ins Felsklettern hineinkomme und den Anschluß finde. Doch es lief besser und immer noch ein Stückchen besser, und bald war ich auf einem Niveau, auf dem ich 7c und 7c+ recht schnell klettern konnte. Bei den 8a-Routen war es anfangs so, daß sie mir liegen mußten und ich sie immer wieder probieren mußte. Ich checkte die Einzelstellen aus, bis ich sie beherrschte, dann hängte ich sie zusammen, schließlich konnte ich die Route ganz durchsteigen. Doch dann ging eine nach der anderen, sie waren nicht mehr unerreichbar. Ich machte einfach Meter, ich hatte ja viel nachzuholen, und war recht glücklich damit, daß ich mich immer noch steigern konnte.

Emanuel wurde in diesem Sommer zwei Jahre alt, ihn für einen Tag oder auch ein Wochenende bei seiner Oma oder einer Freundin zu lassen wurde zunehmend unproblematischer. Das verschaffte uns den Freiraum für den einen oder anderen Alpintrip. Im Hochköniggebiet kletterten wir an der Torsäule die Neun-Seillängen-Route »Opera Vertikal« (9–). Wir arbeiteten an einer freien Begehung des Schertlepfeilers am Untersberg, die mit 9 bewertet war. Bei mir blieb es allerdings beim Versuch. Dafür konnten wir bei einem Abstecher in die Dolomiten die »Perlen vor die Säue« an der Kleinen Zinne onsight verbuchen, eine 9–. Im Herbst brachen wir dann wie im Jahr zuvor für zwei Wochen nach Kalymnos auf. Michis Mutter war wieder dabei, so daß wir sorglos klettern konnten, bevor wir uns mit den beiden am Strand vergnügten. Ich war meistens im Bereich 7c+ unterwegs, doch mit »Daniboy« konnte ich mich sogar über eine 8a/8a+ freuen. Wieder ein kleiner Schritt vorwärts Richtung 8b, in den zehnten Grad – auch wenn auf Kalymnos, der Urlaubsstimmung entsprechend, die Routen alles andere als hart bewertet sind.

Höchst zufrieden mit den Errungenschaften des Sommers stürzte ich mich ins Training für den Winter. Es muß effizient gewesen sein: Diesmal waren es nur vier Weltcup-Austragungen, im Valle di Daone, im Pitztal, in Kirov und in Saas-Fee, ich erreichte in allen den ersten Platz und wurde außerdem im Pitztal Weltmeisterin. Damit wurde ich mit der höchsten erreichbaren Punktezahl Weltcup-Gesamtsiegerin in der Disziplin Difficulty. Ich freute mich riesig – es war einfach wunderschön, daß mein Traningsfleiß mit so einem super Ergebnis belohnt wurde. Besonders in Saas-Fee stellte ich fest, daß die Wettbewerbe von Jahr zu Jahr an Attraktivität gewannen. Dort fand der Event immer noch indoor statt, wurde aber von der natürlichen Felswand in das Rondell der Tiefgarage verlagert, indem man eine ehemalige Seilbahnstütze aufstellte, sie vereiste und mit Drytooling-Passagen kombinierte. Durch stark überhängende Konstruktionen, die weit in den Raum hinausragten, entstanden anspruchsvolle Routen, die auch für die Spitzengruppe noch Herausforderungen darstellten. Weite Distanzen mußten über bewegliche Eis- oder Holzelemente überbrückt werden – durch das ständige Drehen und Schwingen eine knifflige Aufgabe. Nicht zuletzt für die Zuschauer war diese Verlagerung ein großer Gewinn, konnten sie nun über das gesamte Rondell der Tiefgarage hinweg die Athleten in jeder beliebigen Höhe beobachten. Und wir Kletterer konnten uns über ein optimal organisiertes Wochenende freuen.

Sicherlich hatte mein Erfolg auch mit der stetig verbesserten Ausrüstung zu tun. Im Wettkampf und in Mixed-Routen war ich schon lange nicht mehr mit auf die Bergschuhe zu schnallenden Steigeisen unterwegs, sondern mit einem leichten Eiskletterschuh, bei dem die Steigeisen aus Gewichts- und Hebelgründen direkt in die Schuhsohle integriert sind. Beim Klettern von Wasserfällen verwendete ich allerdings weiterhin einen Lederbergschuh und normale Steigeisen, weil ich zum einen im dünnen Wettkampfschuh viel zu schnell kalte Füße bekam, zum anderen für den Zu- und Abstieg ein weiteres Paar Schuhe hätte mitnehmen müssen. Der Wettkampfschuh bot dafür sehr große Bewegungsfreiheit und durch die steife Sohle und den über den Knöchel gezogenen Bund trotzdem ausreichende Stabilität. Vorne verwendete ich nur einen einzelnen, langen Frontalzacken, denn er erlaubte auch das Abdrehen des Fußes und ermöglichte ein sehr exaktes Plazieren auf kleinsten Felsvorsprüngen. Hinten war der Fersensporn für Heelhooks angebracht. Natürlich waren das in winzigen Stückzahlen hergestellte Exotenmodelle, für eine größere Zielgruppe viel zu extrem. Daher hatte sich mein erster Schuhhersteller auch aus dem Geschäft zurückgezogen, und ich arbeitete neu mit Lowa zusammen. An der Entwicklung ihres Wettkampfschuhs war ich intensiv beteiligt.

Noch entscheidender für den Erfolg beim Eisklettern waren die Eisgeräte. Black Diamond stellte mir am Anfang meiner Wettkampfkarriere das Modell »Cobra« zur Verfügung, das noch relativ gerade war, aber bereits einen modifizierten Schaft hatte, um dem handschlaufenlosen Klettern im Wettkampf entgegenzukommen. Später wechselte ich auf das »Fusion«, das durch die ausgeprägte Krümmung ein ergonomisches Blockieren ermöglichte und bei dem der Griffwechsel komfortabler war. Durch die neuen Bewegungsformen beim Eisklettern kommt es immer wieder vor, daß das Gerät von einer Hand in die andere wechselt, beispielsweise bei einer seitlichen Querung, und dafür muß das Gerät weiter oben eine zweite Griffmöglichkeit aufweisen. Außerdem kann ich mich für einen Längenzug am oberen Griff festhalten und so meine Reichweite erhöhen. Die Querstrebe am unteren Ende des Schafts erleichtert das Halten des Geräts und verhindert das Abrutschen. Zusätzlich versehe ich den Griff mit aufgerauhtem Grip Tape, wie es für Skateboards verwendet wird. Allerdings ruiniere ich mir damit immer sehr schnell meine Handschuhe.

Die Hauen neuer Eisgeräte müssen in jedem Fall vor dem Einsatz geschliffen werden – eine Wissenschaft für sich! Deswegen habe ich im Keller auch einen Schraubstock und unterschiedlich feine Feilen. Nach Felskontakt ist ebenfalls behutsames Nachfeilen fällig. Zum reinen Drytoolen gehe ich sowieso nur mit älteren Hauen. Bei Mixed-Routen mit viel Eis oder bei Wasserfällen hingegen achte ich sehr genau auf den richtigen Schliff. Durch ihn hat das Gerät festen Halt im Eis und rutscht auch unter Belastung nicht heraus. Umgekehrt soll es aber auch nach dem Zug leicht wieder herauszunehmen sein; verbeißt sich eine Haue im Eis, kostet es viel Kraft, sie wieder herauszubringen. Besonders bei sehr kaltem Eis sollte die Sprengwirkung möglichst gering sein.

Mit optimal vorbereiteter Ausrüstung macht Eisklettern doppelt soviel Spaß. Meiner Erfahrung nach ist es das beste, man schleift sich seine Hauen selbst – dann ist man wenigstens selbst dafür verantwortlich, wenn es daran scheitert.

Faszination Mixed

Je steiler, desto geiler

Mein Weltcup-Gesamtsieg war natürlich ein guter Grund zum Feiern – wobei Eiskletterer nicht wirklich ein Problem damit haben, einen Grund zum Feiern zu finden. Die Partys nach den Wettkämpfen sind fast schon legendär geworden, und in Saas-Fee, wo schon viele Wettbewerbe stattgefunden haben, ist diese Tradition besonders ausgeprägt. In der Tiefgarage gibt es einen Nebenraum, mit einer langen Bar und so niedrig, daß es, sobald sich genug Leute darin drängen, schön warm wird. Emanuel war daheim bei Michi, und so konnte ich mich unbeschwert bis in die Morgenstunden austoben. Zwischendurch fiel mir zwar immer mal wieder ein, daß ich mich für den nächsten Tag sehr früh mit Ueli Steck zum Mixed-Klettern in Ueschinen verabredet hatte, aber das verdrängte ich schnell wieder mit einem Glas Rotwein. Schließlich stand mir noch einer der Höhepunkte der Nacht bevor: An den Klettergriffen an der Zimmerdecke konnten diejenigen, die immer noch Power hatten, zeigen, was sie draufhatten – die Männer mit Vorliebe mit nacktem Oberkörper. Ich wollte mich nicht lumpen lassen und setzte zu einem Dynamo an, doch dann rutschte mir die Hand vom Griff und ich fiel nach unten. Zum Glück gab es ein paar Leute, die mich auffingen, aber ihre Reaktion war der fortgeschrittenen Stunde entsprechend auch nicht mehr optimal. Das Ergebnis war ein stechender Schmerz im Kreuz, der aber schnell wieder in Vergessenheit geriet.

Am nächsten Morgen machte er sich allerdings durchaus bemerkbar – als ob es nicht schon hart genug gewesen wäre, nach so einer Nacht um sieben Uhr aufzubrechen! Aber ausgemacht war ausgemacht, wir wollten schließlich genug Zeit zum Klettern haben und gute Eisverhältnisse antreffen. Wir fuhren nach Kandersteg und stiegen mit den Skiern eine Stunde ins Ueschinental hinauf; ich hatte also Zeit, meinen Gedanken nachzuhängen. Mir tat der Rücken weh, das war das eine. Das andere: Ich hatte noch ein hitziges Telefongespräch mit Michi geführt. Er hatte damit gerechnet, daß ich am Tag nach dem Wettkampf direkt nach Hause komme. Ich hatte mir überlegt, daß es nicht viel bringt, wenn ich tagsüber Zug fahre und abends ankomme, daß ich doch besser den Tag noch zum Eisklettern nütze, den Nachtzug nehme und morgens ausgeruht und mit frischen Semmeln für das Frühstück vor der Tür stehe, um meinen Sieg mit Michi und Emanuel zu feiern. In der Schweiz hatte ich die besten Mixed-Touren direkt vor der Nase, und nach der Weltcup-Saison, deren Schwerpunkt nun mal auf dem Wettkampftraining liegt, hungerte ich regelrecht danach, endlich draußen klettern zu können. Michi ärgerte sich über meinen spontanen Entschluß, länger zu bleiben, und schon hatten wir wieder einen Anlaß zum Streit. Denn er hungerte umgekehrt genauso danach, klettern zu können, und fühlte sich ausgenutzt. Wo hörte das Nutzen einer günstigen Gelegenheit auf, und wo begann der Egoismus? Ich fand es schwierig, darauf eine Antwort zu finden.

In seinen Augen trieb ich es mit meiner Kletterbegeisterung und mit meinem Ehrgeiz immer wieder einmal zu weit. Einerseits war er natürlich stolz darauf, daß seine Freundin in der von Männern dominierten Welt des Eiskletterns so erfolgreich war. Andererseits bedeutete das aber, daß ich in den Medien gefeiert wurde, während er mir in vielen Fällen den Rücken freihielt, indem er Emanuel übernahm. Dabei war er es, durch den ich klettern gelernt hatte, und ohne Michis harte Schule wäre ich heute nicht da, wo ich bin. Das Klettern war zu unserer gemeinsamen Leidenschaft geworden. Sie verband uns, aber sie benötigte auch viel Zeit, und neben ihr, der Kinderbetreuung und Michis Full-time-Job blieb wenig Raum für unsere Beziehung. Wenn er abends erschöpft von der Arbeit kam, hatte ich die Zeit, die mir Emanuel ließ, zum Trainieren oder Sportklettern genutzt und war zufrieden. Michi fehlte dieser Ausgleich, und daß er zuwenig zum Trainieren kam, frustrierte ihn. Immer wieder kam es deswegen zu Auseinandersetzungen, und auch jetzt konnte ich mich auf einen Krach gefaßt machen, wenn ich heimkam.

Während ich mich also sorgte, weil die Konflikte zwischen Michi und mir immer unüberbrückbarer schienen, kamen wir dem Objekt meiner Begierde näher. Der Berner Markus Stofer hatte das Eisklettergebiet Ueschinen im Winter 2002 bei einer Skitour entdeckt. Innerhalb eines Monats entstanden fünfzehn Routen von M 6 bis M 10. Der Kalk war steil bis überhängend, hatte eine löchrige Struktur und vor allem viel Eis, das den Fels in filigranen Zapfen bedeckte. Das kam mir sehr entgegen – ich liebe bei allem Drytoolen nach wie vor das Eis, und der Ausstieg vom Fels zum Eis ist für mich jedesmal das schönste. Durch die gute Absicherung mit Bohrhaken hat Ueschinen den Charakter eines Klettergartens, in dem wir nach Herzenslust herumprobieren und an unseren Eisgeräten turnen konnten. Wenn es auch in den neunziger Jahren schon Mixed-Touren gegeben hatte, in jenem Winter erlebte das Mixed-Klettern einen wahren Boom, entwickelte sich sehr dynamisch, und Ueschinen war absolut aktuell. Deswegen wollte ich mir diese Chance eben auch nicht entgehen lassen.

Ueli und ich wurden von Rainer Eder begleitet, einem Fotografen aus Zürich, den ich am Tag zuvor in Saas-Fee kennengelernt hatte. Mit ihm ergab sich von Anfang an eine tolle Zusammenarbeit, aus der im Lauf der Jahre eine Freundschaft wurde, die über das gemeinsame Arbeiten weit hinausgeht. An den Einstiegen angekommen, schauten wir uns voller Respekt die Routen an, die sich überhängend über unsere Köpfe wölbten. Besonders die »Twin Towers« hatte es mir angetan, aus der zwei große Eiszapfen herunterwuchsen. Die Drytooling-Passage zwischen den beiden Zapfen sah nach guten Hooks aus, und ich dachte, ich versuche es mal – die Tour war mit M 10 bewertet, und ich konnte mir noch nicht so recht vorstellen, was das hieß. Ich wendete alle Tricks an, die ich vom Wettkampf kannte, einschließlich der Figure of four, und war völlig überrascht, als ich die Route bereits im dritten Versuch rotpunkt klettern konnte. Ich hatte doch nie gedacht, daß ich tatsächlich eine M 10 schaffen würde! Vor lauter Konzentration hatte ich sogar meine Rückenschmerzen vergessen. Auch Ueli gelang die Rotpunktbegehung, Rainer freute sich über die guten Bilder, und ich fuhr einerseits sehr zufrieden, andererseits mit schlechten Vorahnungen nach Hause.

Wenig später war ich wieder in Kandersteg, diesmal zusammen mit Michi. Emanuel war bei seiner Oma gut aufgehoben, und wir hatten zwei volle Wochen Zeit, um uns ganz dem Mixed-Klettern zu widmen. In Ueschinen kletterte ich die »Pink Panther« (M 9+) und »Slice of Scheiß«, eines der ersten Projekte von Simon Anthamatten, das trotz des unteren zehnten Mixed-Grades nicht ganz seinen Erwartungen entsprochen hatte – daher der Name.

Die Anthamatten-Brüder Simon und Samuel aus Zermatt waren sowieso ein Kapitel für sich, ein äußerst sympathisches. Ich kannte sie aus dem Black-Diamond-Team und natürlich von den Wettkämpfen, wo sie meist auf den vorderen Rängen mitmischten. Sie waren noch sehr jung, hatten aber mit Anfang zwanzig schon ein hohes Kletterniveau und enorm viel Erfahrung. In die Wettkämpfe gingen sie immer völlig cool und ließen sich von der aufgeregten Atmosphäre nicht beeindrucken. Beim Klettern erkannte man sie schon von weitem, denn sie zeichneten sich durch einen eigenen Anthamatten-Kletterstil aus. Eher klein gewachsen, kompensierten die beiden ihre geringere Körpergröße durch Dynamik: Sie hüpften, pendelten, baumelten und schwangen, daß es eine Lust war und man als Zuschauer bei der unruhigen Wackelei immer Angst hatte, die Geräte würden jeden Moment von den kleinen Hooks rutschen. Die Dynamik hatte wohl auch mit ihrem Temperament zu tun, sie steigerten sich da richtig rein, und weil sie voll auf Risiko gingen, stürzten sie eben auch ab und zu. Was sie aber nicht davon abhielt, am Abend fröhlich zu feiern und ihrer Lebensfreude freien Lauf zu lassen. Ich schätzte ihre Unkompliziertheit sehr, auf der anderen Seite waren sie zuverlässige Seilschaftspartner, auf die ich mich absolut verlassen konnte.

Das zweite Mixed-Gebiet, das Michi und ich besuchten, war Sulwald bei Isenfluh im Lauterbrunnental, wo uns mit »White-out« eine weitere M 10 gelang. Mit der »Tomahawk« konnten wir uns sogar auf M 10+ steigern. Im Gegensatz zu Wasserfällen, die sich jedes Jahr wieder neu bilden und je nach Eismenge und -qualität unterschiedlich schwierig sein können, bleiben beim Mixed-Klettern die Schwierigkeitsgrade vergleichbarer. Der Felsuntergrund gibt die Struktur vor, und die Eismenge variiert meist nicht so stark. Trotzdem können sich die Verhältnisse ändern: Manchmal fehlt der Ausstiegszapfen, und die Route ist gar nicht bis zum Ende möglich. Oder die Hooks verändern sich durch die starke Beanspruchung mit den scharfen Hauen, vergrößern sich oder brechen ganz ab. Deswegen ist es für Erstbegeher schwierig, eine objektive Bewertung festzulegen. Die feine Unterscheidung mit Plus- und Minus-Abstufungen macht daher in meinen Augen wenig Sinn.

Für überhängende Mixed-Routen braucht es vor allem Power ohne Ende. Hier machte sich meine Wettkampfvorbereitung bemerkbar, und ich konnte meine Stärken – Kraft und Technik – ausspielen. Zwischendurch kletterten wir in Kandersteg auch einmal einen langen, anspruchsvollen Eisfall, »Rübezahl« (WI 6–), und dabei fiel mir wiederum auf, daß ich meine Defizite im reinen Eis hatte und Michi dort aufgrund seiner Erfahrung sicherer und souveräner unterwegs war als ich. Dafür kam ich mit der athletischen Beanspruchung in den Mixed-Routen vielleicht einen Tick besser zurecht, einfach durch den besseren Trainingszustand. Eigentlich hätten wir uns in unseren Qualitäten ideal ergänzt, sollte man meinen, und doch gerieten wir immer wieder in eine ungute Konkurrenz, die völlig unnötig war.

Es war unglaublich, wie die Leistungen im Eisklettern in den wenigen Jahren emporgeschnellt waren. Wenn ich mir vorstellte, daß ich ein paar Jahre zuvor noch mit geraden Eisgeräten unterwegs war, mit denen man sich immer die

Fingerknöchel dick und blau schlug, so daß man nach ein paar Tagen richtige Geschwülste an den Gelenken hatte! Jetzt war ich so richtig auf den Geschmack gekommen und konnte gar nicht genug kriegen. Aber diese Begeisterung für etwas stellt sich wohl erst dann ein, wenn man einen gewissen Level erreicht hat.

An der modernen Eiskletterei fasziniert mich die Vielfalt der Bewegungsformen. Ich bewege mich anders als beim Felsklettern. Im Fels gehen mir irgendwann die Finger auf, wenn ich müde bin. Im Eis geht es immer noch ein bißchen weiter, auch wenn mir die Unterarme schon so weh tun, daß ich es selbst nicht mehr recht glaube – aus dem einfachen Grund, weil die Griffe am Eisgerät so groß sind. Darum liegt mir das Eisklettern wohl auch: Ich liebe diese Dynamik und Athletik und die Möglichkeit, mich bis zur Erschöpfung auszupowern. Und ich liebe das Gefühl, abends zu wissen, was ich gemacht habe.

Doch Eisklettern stellt nicht nur große physische, sondern auch mentale Anforderungen. Es ist ein ständiger Anpassungsprozeß an wechselnde Bedingungen und erfordert ein hohes Maß an Aufmerksamkeit und Erfahrung. Aus vorangegangenen Erfolgserlebnissen schöpfe ich das nötige Selbstvertrauen, das mich wieder in eine neue Route einsteigen läßt. Ich kann mittlerweile auf eine breite Basis von Erfahrungen zurückblicken, die es mir ermöglichen, auch in anspruchsvollen Situationen cool zu bleiben. Aber natürlich ist Respekt vor den Gefahren wie Lawinen oder Eisschlag überlebensnotwendig. Ich bin in meinem Tun den Naturgewalten ausgesetzt. Ich habe im Hinterkopf, daß Freunde beim Klettern ums Leben kamen. Der Respekt vor den Gefahren hilft mir, anspruchsvolle Situationen vorsichtig einzuschätzen, mit geschärften Sinnen und gesteigerter Aufmerksamkeit vorzugehen, mögliche Risiken zu antizipieren.

Natürlich habe ich auch Angst. Angst ist unbedingt notwendig, um zu überleben. Aber sie darf nicht so groß sein, daß sie lähmt – der Kick ist ja gerade, über der Angst zu stehen, sie zwar wahrzunehmen, aber zu überwinden. Daraus entsteht dann meine tiefe Zufriedenheit, wenn ich eine Herausforderung gemeistert habe. Sicherheit vermittelt mir vor allem das Wissen, daß ich genug Kraft habe, und wenn ich mich subjektiv sicher fühle, wird meine Aktion auch objektiv sicher. Es liegt weitgehend in meiner Hand, wie die Situation ausgeht – das spüre ich heute viel intensiver als früher.

Nachdem wir uns rund um Kandersteg ausgetobt hatten, fuhren Michi und ich weiter nach Courmayeur, auf die Südseite des Mont-Blanc-Massivs. Im Aostatal wartete nämlich noch eine besondere Herausforderung auf uns: »Mission Impossible«, die weltweit erste M-11-Route, die der Italiener Mauro »Bubu« Bole 2001 eröffnet hatte. Seither war sie »das Ding«, von dem alle sprachen. Ein riesiges Granitdach, durch das eine feine Rißspur zog, die sich irgendwann verlor, so daß man einen unendlich langen Zug machen mußte, um an den weit herabhängenden Ausstiegszapfen zu gelangen. Dafür würde ich all mein Können und all mein Selbstvertrauen zusammennehmen müssen.

Bubu hatte mich, als wir während des Weltcups zusammen in der Isolation saßen, neugierig gemacht. Er erzählte von dieser Erstbegehung, die er komplett mit Normalhaken abgesichert hatte, und mit seiner witzigen Art und seinen bildhaft ausgeschmückten Schilderungen brachte er alle Anwesenden zum Lachen. Zunächst war ihm die Route so schwer vorgekommen, daß er sie zum einen »Mission Impossible« nannte und zum anderen mit »M Bubu« bewertete, weil er keine Ahnung hatte, wie er sie einstufen sollte – auf jeden Fall war sie schwerer als alles, was bis dahin an schweren Routen existierte. Als er sie dann endlich rotpunkt klettern konnte, brauchte er für die Begehung fast eine Stunde, in der er – nach eigener Aussage – verzweifelt versuchte, sich an den Eisgeräten festzuhalten. Er kam sich vor wie eine Fledermaus. Einen Fuß immer über Kopfhöhe, um durch Heelhooks die Arme zu entlasten, kam er schließlich an der Schlüsselstelle an und mußte den Eiszapfen erreichen. Eines seiner Eisgeräte hatte er im Felsdach verklemmt, mit dem anderen versuchte er, den massiven Eisvorhang zu erreichen. Völlig überstreckt fand er im Eis ein Placement für das Gerät und mußte dann das andere Gerät vom Fels lösen, um hinüberpendeln zu können. Diese Situation schilderte er so lebhaft und nachvollziehbar, daß wir uns alle vor Lachen bogen. Er ließ sich mit einer vollen Breitseite so an den Zapfen heranschwingen, daß dieser von dem Schlag regelrecht erbebte, doch damit war es noch nicht geschafft: Für den Ausstieg durch das Eis mußte er seine letzten Kräfte mobilisieren. Angeblich zitterte er dabei so, daß der ganze Eiszapfen vibrierte – ob aus Angst oder vor Erschöpfung, ließ er offen.

Nun standen Michi und ich also unter diesem Dach und waren nur noch beeindruckt. Die Wand war etwa dreißig Meter hoch und hing stark über. Mein Herz schlug schneller. Fast wie bei einem ersten Rendezvous. Der feine Riß im dunklen Granit bildete eine perfekte Linie, die im unteren Teil von einer Eispassage unterbrochen wurde; oben schloß sich der grandiose Eisvorhang an. Das Wetter war prächtig, die Eisbedingungen gut – das ist in der »Mission« nicht immer der Fall, weshalb sie erst zwei Jahre nach der Erstbegehung die erste Wiederholung erhielt. Wir hatten einen idealen Zeitpunkt erwischt, es war nicht zu kalt, minus zwei Grad am Morgen. Liegen die Temperaturen weit unter dem Gefrierpunkt, ist es schwierig, den Körper an seine Leistungsgrenze zu bringen. Sobald die ersten Sonnenstrahlen kamen, wurde es allerdings spürbar wärmer, und wir waren uns bewußt, daß wir nicht zu lange brauchen durften. Bei zu starker Erwärmung hätte der etwa fünf Meter lange Ausstiegszapfen abbrechen können, und dieses Risiko wollten wir auf keinen Fall eingehen.

Der Umstand, daß die Route nur mit Normalhaken abgesichert war, flößte mir zusätzlichen Respekt ein. Nachdem ich eingestiegen war, stellte ich jedoch bald fest, daß die Absicherung trotz des alpinen Charakters durchaus vertrauenserweckend war. Der Riß hatte sich für diesen Stil angeboten, und Bubu hatte gute Arbeit geleistet. In der Eispassage fanden unsere Schrauben bei der guten Eisqualität sowieso optimalen Halt. Im Zapfen würde ich keine Eisschraube setzen, auch wenn ich dadurch einen größeren Sturz riskierte. Das Problem bei der Absicherung von Wasserfällen ergibt sich daraus, daß ein Eiszapfen, falls er abbricht, an seiner Basis abreißt, also dort, wo er am Fels angewachsen ist. Setzt ein Kletterer eine Eisschraube in den Zapfen und bricht dieser ab, reißt ihn der Zapfen mitsamt der Sicherung nach unten. Es ist daher empfehlenswert, die letzte Sicherung im Fels einzuhängen, den Zapfen zu überklettern und erst an seiner stabilen Basis eine Schraube zu setzen. Bei einem Sturz im Zapfen besteht dann zwar das Risiko, an die Felswand zu knallen, aber wenn die Route steil genug ist und der Sicherungspartner entsprechend dynamisch sichert, hält sich diese Gefahr in Grenzen.

Das satte Eis zu Beginn war völlig problemlos. Ich folgte dem schmalen Riß. Schnell war klar geworden, daß ein seitliches Verklemmen der Hauen den besten Halt bot. Da es im Riß kaum Möglichkeiten gab, die Frontalzacken meiner Steigeisen zu plazieren, wählte ich mit der Figure of four die für mich einfachste und schnellste Lösung, mich nach oben zu bewegen. Ich kam zügig vorwärts, hängte ein ums andere Mal eine Expreßschlinge in einen Haken und das Seil in den Karabiner, bis der Riß aufhörte. Nun mußte ich kurz nach links traversieren, um dann den Übergang zum Zapfen angehen zu können. Ich drehte ein Eisgerät und hängte es in einen Unterhook ein. Deutlich merkte ich, wie meine Unterarme härter wurden und sich der wohlbekannte Pump einstellte. Es war klar: Ich durfte nicht zu lange in einer Position verharren, mußte schauen, daß ich weiterkam.

An dieser Stelle machte ich bei meinem ersten Versuch einen Abgang. Beim zweiten Mal wußte ich bereits, wo sich die kleinen Löcher und Absätze versteckten, an denen ich meine Geräte ansetzen konnte. Ich löste den Fersensporn aus dem vielleicht zehn Quadratzentimeter großen Eisfleck am Ende des Risses. Zum Glück hatte er gehalten! Mit einer weiten Bewegung streckte ich mich so weit wie möglich, drückte mich mit dem Fuß noch etwas ab und erreichte tatsächlich mit dem Eisgerät das winzige Loch. Jetzt durfte ich die Füße nur ganz vorsichtig lösen, denn ein Pendler meines Körpers hätte unweigerlich zur Folge gehabt, daß sich die Haue aus dem Löchlein verabschiedet hätte und ich zum zweiten Mal die Reise nach unten angetreten hätte. Mit aller Kraft hielt ich die Körperspannung aufrecht und zog im Fels weiter.

Der Eisvorhang, blau in der Sonne schimmernd, war nun scheinbar zum Greifen nah. Aber eben nur scheinbar – mir war schleierhaft, wie ich da hinkommen sollte. Ich klinkte das Seil in den letzten Fixpunkt im Fels, eine verlängerte Schlinge, welche die Seilreibung durch den Knick im Seilverlauf reduzieren sollte, gleichzeitig aber auch meine potentielle Sturzhöhe vergrößerte. Dreißig Meter über dem Boden hängend würde ich all meinen Mut brauchen, um ein Gerät aus dem Fels zu lösen, es ins Eis zu schlagen, mit den Füßen hinüberzuschwingen und das zweite Gerät nachzusetzen. Michi rief mir aufmunternd ein »Bleib dran, Ines, das geht schon!« zu, und obwohl sich meine Unterarme müde anfühlten, spürte ich meinen absoluten Willen, die Schlüsselstelle zu schaffen.

Der Eisvorhang stand an einer Stelle ein paar Zentimeter weiter nach innen, zur Wand hin gerichtet. Diese Stelle fokussierte ich, stellte meinen Fuß so hoch wie möglich an den Fels, schob schwungvoll an – und erreichte das Eis nicht ganz. Beim nächsten Versuch mußte meine Haue greifen, für ein weiteres Mal reichte meine Kraft nicht. Wieder holte ich Schwung, holte aus, und die Spitze des Geräts biß sich wenige Millimeter ins Eis. Meine Spannweite war ausgeschöpft, ich hing völlig überstreckt zwischen Fels und Eis. In solchen Momenten kann ich letzte Reserven abrufen und erstaunliche Kräfte entwickeln. Ich hoffte inständig, das Gerät im Eis würde nicht ausbrechen, ließ meine Beine mit Schwung an den Zapfen pendeln und löste das zweite Gerät mit einem energischen Ruck aus dem Fels. Mein Puls raste. Ich hing am Zapfen, schnaufte wie eine Dampflokomotive und mußte mich erst mal beruhigen.

Hoffentlich würde der Zapfen weiterhin halten. Er fühlte sich solide an, ich hatte eigentlich keine Bedenken, daß er abreißen könnte. Nervös war ich trotzdem. Ich mußte die Nerven behalten und sicher zur Umlenkung klettern. Der kleinste Fehler würde einen riesigen Satz nach unten bedeuten. Vorsichtig querte ich den Eisvorhang an seiner Innenseite bis zu einer kleinen Öffnung, durch die ich hindurchkletterte, um auf die Außenseite und zum Ausstieg zu gelangen. Die Umlenkung war an einem Baum angebracht. Ich hängte mein Seil ein und schrie erst einmal lauthals meine Freude in die Welt hinaus, bevor Michi mich abließ.

Auch ihm gelang anschließend die Rotpunktbegehung, und so waren zu der Handvoll Wiederholer zwei neue hinzugekommen – und ich war die erste Frau. Nicht nur die erste, die »Mission Impossible« kletterte, sondern auch die erste, die den Schwierigkeitsgrad M 11 geschafft hatte. Obwohl die Entwicklung seit Bubus Erstbegehung weitergegangen war und es inzwischen auch M-12-Routen gab, erfüllte mich das mit einem gewissen Stolz. Und ich war überglücklich, mein persönliches Limit nach oben verschoben zu haben. Zu der Zeit, im Jahr 2003, hatte sich mit Kim Csizmazia, der Freundin von Will Gadd, erst eine Frau in eine M 10 gewagt. Heute, nur zwei, drei Jahre später, ist das nichts Außerordentliches mehr. Aber damals gab es einfach keine Frauen in schwierigen Mixed-Routen. Sie kletterten M 7, höchstens M 8. Mit meiner Begehung erregte ich in der Männerwelt des Eiskletterns Aufsehen.

Ich führte meinen Erfolg in der »Mission Impossible« darauf zurück, daß ich zwar auf der einen Seite sehr zielgerichtet an sie heranging, mich aber auf der anderen Seite bei allem Ehrgeiz nicht unter Druck setzte. Das versuche ich grundsätzlich bei meinen Projekten so zu halten. Ich sage mir nicht, ich muß jetzt da hochkommen, aber natürlich denke ich auch nicht schon vorher, das kann ich nicht – ich lasse es mir einfach offen. Ich probiere es aus; wenn es geht, geht es. Wenn ich mir schon vorher sage, daß es nicht geht,

Das Land der unbegrenzten Eisklettermöglichkeiten: Norwegen bietet ein großes Potential an Mixed-Routen (oben während der Erstbegehung von »Goodbye Lenin«) und Wasserfällen – und das alles in einer spektakulären Landschaft.

Vorige Seite: Eis kann furchterregend schön sein – der Haugsfossen in Norwegen.

Black Diamond

Der neunte Grad in Berchtesgaden:
im Schertlepfeiler an der Untersberg-Südwand.
Links oben die Ankunft am Stöhrhaus mit
Sandra Wielebnowski nach dem »Fototermin«.

Black Diamond

Willkommene Belohnung nach dem Training im Klettergarten Karlstein: Bei der Kugelbachbäuerin kehrt nicht nur Emanuel gern ein.

Festhalten an praktisch nichts: die erste Rotpunktbegehung der »Symphonie de Liberté« in einem Tag. Die Schlüsselstelle im oberen Wanddrittel (oben); der Beginn der »Spit Verdonesque«, der Genfer Pfeiler in der Eiger-Nordwand vor dem Mönch, Zufriedenheit nach der gelungenen Durchsteigung (im Uhrzeigersinn).

Eine fast unerfüllbare Mission: Die besondere Herausforderung der M-11-Route »Mission Impossible« im Aostatal ist der Übergang zwischen dem überhängenden Fels und dem Eisvorhang, durch den hindurch auf die Außenseite geklettert wird.

DDR-Nostalgie: vor dem heimischen Gartenzaun in Bad Düben (links unten), Klettern an den Auslegern ausgedienter Braunkohlebagger bei Gräfenhainichen, mit Moni Kallsperger.

Vorwärts Richtung zehnter Grad, alpin: mit Ueli Steck in der Schlüsselstelle der »Letzten Ausfahrt Titlis« (rechts), der morgens besonnte Ostpfeiler des Titlis, Aufbruch am Grassenbiwak (unten).

In der Schlucht von Ouray/USA gibt es Eis vom Feinsten (linke Seite), Genußklettern im Haffner Creek in Kanada (rechts).

Hometraining in Bayerisch Gmain: Balancieren auf der Slackline im Garten schult das Gleichgewicht, Hangeln an der Strickleiter bringt Kraft.

Mama ist die Beste: Emanuel ist von seinem Geburtstagskuchen begeistert, mit Freundinnen zusammen macht Küchenarbeit mehr Spaß.

Auftakt zur Wettkampfsaison 2006 in Val Daone: kritischer Blick vor dem Start, die stark überhängende Finalroute, die strahlenden Siegerinnen (Stéphanie Maureau aus Frankreich, links, wurde Dritte, Anna Torretta, Mitte, aus Italien wurde Zweite).

Möglichst vielseitig klettern: Nach dem Gewinn des Gesamt-Weltcups 2006 geht es zum Riß-klettern nach Utah. Die roten Sandsteintürme des Castle Valley erfordern eine ganz eigene Klettertechnik, bei der Hände und Füße im Riß verklemmt werden.

Folgende Seite: Nach getaner Arbeit – Ausklang eines Klettertags in Karlstein, erschöpft, aber glücklich.

dann geht es natürlich auch nicht. Das spielt sich alles im Kopf ab. In erster Linie dort entscheidet sich, ob ich ein Projekt klettern kann oder nicht.

Dazu kamen noch die Erfolgserlebnisse aus den vorhergegangenen Routen. Nachdem ich die M-10-Routen »Tomahawk« und »White-out« so zügig im zweiten Versuch geschafft hatte, ging ich davon aus, daß ich auch einen Grad mehr hinkriegen würde – die Frage war nur, in welchem Stil. Ich wollte nicht irgendwie hochkommen, sondern ich wollte eine Rotpunktbegehung machen, also weder hängen noch stürzen. Bei alpinen Touren läßt sich damit argumentieren, daß es um das Gesamterlebnis geht und darum, daß man überhaupt die Begehung geschafft hat. Aber auch da wird mir der Rotpunktgedanke immer wichtiger. Beim Sportklettern jedoch, sei es im Fels oder im Eis, würde ich nie behaupten, eine Route geklettert zu sein, wenn ich sie nicht rotpunkt gegangen bin.

Erstaunlicherweise fiel mir die M 11 leichter als der neunte Grad im Fels. Meine Psyche war stabil. Ich schaute nicht nach unten, auch wenn ich genau wußte, daß da dreißig Meter Abgrund unter mir lauerten. Für mich führte der Weg klar und deutlich nach oben. Trotz der »unerfüllbaren Mission«.

Nordwandgesichter, strahlend

Der obere neunte Grad am Eiger

In einer der endlosen Isolationsstunden auf dem Weltcup 2003 wurde eine kühne Idee geboren: ein Klettertrip nach Kalymnos, fünf Frauen, zwei davon mit Kind, Sonne, Strand, wunderbarer Fels und – bis auf den Fotografen Andi Hechenberger – keine Männer. Ich war bereits zweimal auf der griechischen Insel gewesen und war von den phantastischen Routen an den überhängenden Sintersäulen begeistert, war also Feuer und Flamme für diesen Vorschlag. Nachdem Michi für den Sommer ein ehrgeiziges Projekt am Eiger in den Raum gestellt hatte, war eine solche Reise im Frühling ideal, um mich vom Eis auf den Fels umzustellen und wieder auf 8a hinzutrainieren. Emanuel würde ich dabeihaben, Petra nahm ihre Tochter Jenny mit, die eineinhalb Jahre älter ist als Emanuel, so wäre ihm nicht langweilig. Mit Kirsten kam noch eine zweite Freundin mit, bei der ich mir sicher sein konnte, daß wir uns gut verstehen und eine coole Zeit zusammen haben würden; dazu gesellten sich noch Alma und Gundi. Alles bestens, dachte ich, und freute mich auf die beiden Wochen. Ich konnte nicht ahnen, daß ich die schlimmste Situation in meinem Leben vor mir hatte und zum ersten Mal erleben würde, was es heißt, wirklich Angst zu haben.

Erwartungsgemäß verbrachten wir einen wunderbaren

Urlaub. Teilweise nahmen wir die Kinder, bewaffnet mit Sandeimern, Schaufeln und Puppen, mit an die Felsen, ansonsten blieben wir abwechselnd mit den Kindern am Strand, während die anderen vier zum Klettern gingen. Die Kombination von Fels und Meer war ideal, denn so hatten auch die Kinder ihren Spaß und genug Möglichkeiten, ihren Bedürfnissen nachzugehen. Wir Frauen fanden beim Klettern so viele Herausforderungen, wie wir nur wollten, und kamen abends müde und zufrieden in unsere Ferienwohnung zurück. An einem Tag hatte ich die Kinder betreut und wollte am Abend, nachdem die anderen zurück waren, noch kurz zum Joggen. Ich war froh, mich noch ein bißchen bewegen zu können, und fragte, ob jemand auf die Kinder schauen würde. Petra war duschen gegangen, Kirsten hielt sich oben in unserem Zimmer auf, die anderen beiden versprachen, ein Auge auf die Kinder zu haben. Ich lief los.

Auf dem Rückweg überholte mich ein Rettungswagen mit Blaulicht. Ich wunderte mich kurz, vergaß es aber gleich wieder. Als ich zu unserem Haus zurückkam, schlug mir eine furchtbare Stimmung entgegen. Keiner sagte etwas. Dann nahm mich die Vermieterin beiseite und erklärte mir, mein Sohn sei ins Wasser gefallen und unterwegs ins Krankenhaus. Ich brach fast zusammen. Emanuel war weg. Ich fragte, was passiert sei, aber keiner wollte mir so richtig Auskunft geben. Sie sahen ihn irgendwann im Pool liegen. Die Vermieterin holte ihn sofort heraus, aber er war schon bewußtlos. Eine von uns hatte gerade einen Rettungskurs gemacht und fing mit der Beatmung und der Herzdruckmassage an, während die anderen den Notarzt holten.

Ich begann, innerlich zu zittern. Jemand fuhr mich ins Krankenhaus. Da lag Emanuel, halb bei Bewußtsein, röchelnd, mit einem Röhrchen im Rachen. Der Anblick war schrecklich. Er tat mir so leid, und ich hatte eine solche Angst um ihn, wie ich sie noch nie empfunden hatte. Wäre ich doch bloß nicht zum Joggen gegangen! Hätte ich mich doch nicht auf die anderen verlassen! Ich wünschte mir um alles in der Welt, die Zeit zurückdrehen, das wieder rückgängig machen zu können. Emanuel durfte nicht sterben, aber das lag nicht in meiner Macht. Es war ein furchtbares Gefühl, das, was passiert, nicht selbst in der Hand zu haben.

Das kleine Provinzkrankenhaus erklärte sich bei der Behandlung eines so komplizierten Falls für überfordert. Emanuel sollte nach Athen geflogen werden, mit einem Militärflugzeug. Zu diesem Zweck wurde er in ein künstliches Koma versetzt, um seinen Organismus zu entlasten und die Regeneration eventuell geschädigter Gehirnzellen zu fördern. Das war meine größte Angst: Aus meinem Berufsalltag wußte ich, wie fatal sich Sauerstoffmangel bei Kindern auswirkte. Die Vorstellung, was da auf Emanuel und uns zukommen könnte, war der reinste Horror für mich. Eine Ärztin begleitete uns auf das Schnellboot hinüber nach Kos und zum Militärflughafen. Mittlerweile war es längst Nacht geworden. Der Flug dauerte ewig, weil das Flugzeug noch auf zwei anderen Inseln Verletzte aufnahm. Mit rasendem Puls rutschte ich auf meinem Sitz hin und her; zu Emanuel durfte ich nicht. Dann fuhren wir mit Blaulicht durch Athen, direkt auf die Intensivstation der Kinderklinik. Da saß ich dann erst mal und wartete. Zu erfahren gab es nichts, denn bevor Emanuel nicht aufwachen würde, konnten die Ärzte auch keine Diagnose stellen.

Es waren schreckliche Stunden. Ich machte mir Vorwürfe, weil ich nicht da gewesen war. Aber ich hatte mir nichts dabei gedacht, schließlich ließ ich Emanuel oft in der Obhut anderer Leute, um etwas zu erledigen oder mir selbst einen Freiraum zu verschaffen. In erster Linie waren das Michis Mutter oder meine Eltern, häufig auch Freundinnen oder Nachbarinnen, die selbst Kinder hatten. Demnächst würde Emanuel in den Kindergarten gehen, und auch da würde ich die Verantwortung für ihn zeitweise abgeben. Trotzdem bildete ich mir ein, daß es nicht passiert wäre, wenn ich dabeigewesen wäre.

Ich fühlte mich sehr verloren. In so einer Situation allein zu sein, die Sprache nicht zu verstehen, mich mit den Ärzten nur schwer verständigen zu können, das war fast nicht auszuhalten. Eine Erleichterung war, daß am nächsten Tag Michi kam, den ich telefonisch verständigt hatte und der ins nächste Flugzeug nach Athen gestiegen war. Wenigstens waren wir jetzt zu zweit und konnten die Sorgen miteinander teilen. Ich war froh, daß er Verständnis für das Vorgefallene hatte und mir keine Schuld gab, denn Vorwürfe machte ich mir selbst schon genug. Er war mir eine große Unterstützung, obwohl er selbst genauso große Angst um unseren Sohn hatte. Wir waren jeden Tag zweimal im Krankenhaus und sprachen mit Emanuel, der noch nicht wieder bei Bewußtsein war. Die Ärzte hatten uns erklärt, daß er im Unterbewußtsein sehr viel von seiner Umgebung wahrnehmen würde.

Wir hofften und bangten. Ich wünschte mir den Moment herbei, in dem er aufwachen würde, und gleichzeitig hatte ich panische Angst davor. Würde er ganz normal sein? Als dieser Moment dann endlich da war, fragte Emanuel nach seinem Bulldog und lächelte, und da wußte ich, daß alles in Ordnung war. Das war Manu, wie er immer gewesen war. Uns fiel ein Stein von Herzen.

Am Tag darauf stand Emanuel auf, noch einen Tag später war er schon wieder am Spielplatz, wenn auch noch sichtlich geschwächt. Selig schaute ich ihm beim Spielen zu. Selten in meinem Leben war ich so erleichtert gewesen. Wir hatten einfach sehr viel Glück gehabt, daß keinerlei Folgeschäden zurückblieben, es war ja nicht klar, wie lange er ohne Sauerstoff gewesen war. Allerdings bekam ich noch Vorwürfe zu hören: Das sei doch klar gewesen, daß das nicht ginge, mit Kind und Kegel in Urlaub zu fahren, und der Mann nicht dabei ... Ich versuchte zu trennen, was in meiner Verantwortung lag und was nicht. Es kämpften sowieso alle Beteiligten mit ihrem Schuldbewußtsein, da machten Vorwürfe es nicht besser. Das einzige, was zählte, war, daß Emanuel gesund und munter war.

Aber die Frage der Verantwortung für mein Kind stellte sich natürlich weiterhin. Ich hatte Emanuel oft beim Klettern mit dabei, nie war etwas passiert, und ausgerechnet eine banale Alltagssituation wäre ihm fast zum Verhängnis geworden. Nahm ich mir zu viele Freiräume? Müßte ich mehr für mein Kind dasein? Frauen scheinen viel anfälliger für Schuldgefühle zu sein als Männer, wenn sie ein selbständiges Leben führen wollen. Warum war es so schwierig, neben einem Kind auch noch eine andere Verwirklichung haben zu wollen? Ich brauchte zwischendurch Zeit für meine eigenen Bedürfnisse, sonst wurde ich unzufrieden und unausstehlich. Und ich konnte und wollte Emanuel auch nicht rund um die Uhr kontrollieren. Bei der Erziehung von Kindern ist es schwierig abzuschätzen, was sie schon allein schaffen und was nicht.

Ich nahm mir vor, mir in Zukunft bewußter zu überlegen, wie ich das Problem organisatorisch lösen konnte. Aber das Schuldgefühl wurde ich lange nicht los. Um so mehr freute ich mich, als deutlich wurde, daß Emanuel keinerlei Ängste vor dem Wasser entwickelte und wie eh und je begeistert planschte und badete. Zwei Jahre später war ich dann unheimlich stolz auf ihn, als ich beobachten konnte, wie er mit großer Freude schwimmen lernte. Die dramatische Geschichte nahm zum Glück ein gutes Ende.

Einige Wochen später, nachdem Emanuels Unfall und die ganze Aufregung überstanden waren – zunächst war mir jegliche Lust zum Klettern vergangen, und Energie hatte ich sowieso keine mehr –, gingen wir die Vorbereitung des Eiger-Projekts an. Weil wir mittlerweile im Klettergarten viele 8a-Routen geklettert waren, hatte Michi die Idee gehabt, wir könnten versuchen, diese Schwierigkeit auch im Gebirge zu klettern. Und wenn schon alpin, dann gleich richtig: Die Eiger-Nordwand sollte es sein. In der »Spit Verdonesque« am Genfer Pfeiler gab es eine Seillänge, die mit 10– bewertet war, und wenn wir davor noch »Le Chant du Cygne« anhängten, ergab das 900 Höhenmeter extremer Kletterei in einem hochalpinen Ambiente. Daß wir 8a beherrschten, wußten wir, aber wie würde sich das anfühlen, wenn es nicht um eine, sondern um 27 Seillängen ging?

Michi brauchte mich nicht zweimal zu fragen, ob ich bei diesem Plan dabei wäre. Für so etwas war ich natürlich zu begeistern. Am liebsten kletterte ich sowieso im Gebirge, und der Anziehungskraft dieser Wand kann sich wohl kein Bergsteiger entziehen. Der Mythos, der ihr vorauseilt, war auch mir durch Bücher und Filme bekannt, und das Geheimnisvoll-Berüchtigte der Eiger-Nordwand machte sie erst recht attraktiv für mich. Wir würden uns schließlich in einer mit Bohrhaken abgesicherten Sportkletterroute im dem Steinschlag weniger ausgesetzten rechten Wandteil befinden, was die Ernsthaftigkeit auf ein vertretbares Maß senkte.

Bei der Aneinanderreihung der beiden Routen handelte es sich um die damals schwierigste Tour in der Nordwand. Der Profi-Kletterer Robert Jasper hatte sie 1999 erstbegangen, indem er die untere Hälfte von »Le Chant du Cygne« durch drei querende Seillängen mit Schwierigkeiten bis zu 7b mit der »Spit Verdonesque« verband. Der Kombination gab er den Namen »Symphonie de Liberté« und kletterte sie in zwei Tagen in Begleitung seiner Frau Daniela rotpunkt. »Le Chant du Cygne« wurde 1991/92 von Daniel H. Anker und Michel Piola erstbegangen und wies bis zur Abzweigung der »Symphonie de Liberté« Schwierigkeiten bis 8 auf, das war also noch die leichtere Übung. Nach dem Quergang zum Einstiegsband der »Spit Verdonesque« folgten zehn Seillängen zwischen 6+ und 9+, die Pierre-Alain Steiner und Paul Maillefer 1983 ursprünglich in technischer Kletterei erstbegangen hatten. Sie verwendeten M-8-Bohrhaken mit Alulaschen, die Robert teilweise ausgewechselt hatte. Das würde der anspruchsvollere Teil für uns sein.

Ursprünglich planten wir nicht einmal, die Tour an einem Tag zu schaffen, unser Ziel war eine Rotpunktbegehung. Und zwar im Team: Wir würden im Überschlag klettern, hatten aber vor, die Schlüsselseillänge im oberen Teil beide nacheinander vorzusteigen und dazwischen das Seil abzuziehen. Wir fanden, zu einer Rotpunktbegehung gehörte dazu, daß beide die schwerste Länge im Vorstieg klettern. Das war ein ambitionierter Plan, und ich hatte ganz schön Respekt vor der Sache. Auf der anderen Seite dachte ich mir, das wird schon keine Zauberei sein – wir schauen uns das einfach mal an und probieren es.

Allerdings bereiteten wir uns auch gewissenhaft darauf vor. Bei uns in Berchtesgaden kletterten wir viele 8a-Routen, beispielsweise »Basic Instinct« im Endstal oder die »Endlos« am Barmstein. Um unsere Kraftausdauer zu trainieren, achteten wir darauf, möglichst lange Sportkletterrouten in nur leicht überhängendem Gelände auszuwählen, die weite Hakenabstände hatten und vom Charakter her den alpinen Gesteinsformationen am nächsten kamen, also vor allem Platten und Leisten beinhalteten. Dann folgten große alpine Touren, die sich in ihrer Länge und Schwierigkeit der »Symphonie« annähern sollten: die »Schweizerführe« an der Westlichen Zinne, die frei mit 9– bewertet war und in einer eindrucksvollen Linie 500 Höhenmeter durch die Nordwand nach oben zog, sowie die vergleichbar schwere »Blaue Lagune« an den Wendenstökken. Hier war neben der Ausdauer auch eine gute Konzentrationsfähigkeit über einen längeren Zeitraum hinweg gefragt.

Unser Familienurlaub in der Schweiz sah dann so aus, daß wir uns für zwei Wochen auf dem Campingplatz in Interlaken installierten. Während Michi und ich jeweils für zwei Tage hinauf zum Eiger fuhren, um uns in die Route »einzuarbeiten«, vergnügten sich Emanuel und Oma Christa auf Raddampferfahrten auf dem Brienzer See oder im Eisenbahnmuseum. Michis Mutter war für solche Aktionen immer zu haben, was uns die ganze Sache sehr erleichterte. Wir waren sehr froh über ihre Unterstützung, ohne die unsere Unternehmung gar nicht möglich gewesen wäre. Auch der Jahrhundertsommer 2003 kam uns entgegen, zum einen hatten wir am Berg meistens gutes Wetter, zum anderen konnte Christa jederzeit auf das Badeprogramm am Brienzer See ausweichen. Sie machte mit uns wirklich einiges mit, und wir waren ihr für ihr Engagement sehr dankbar.

Bei einer so langen und anspruchsvollen Tour war klar, daß wir nicht einfach hinfahren und durchsteigen würden. Sich eine Begehung stückweise zu erarbeiten war für uns eine neue Taktik. Ein ehrgeiziges Projekt wie dieses benötigt eine ausgefeilte Logistik, bei der alles stimmen muß, um letztendlich erfolgreich zu sein. Unser Plan sah vor, zuerst den oberen, schwierigeren Teil auszuchecken, bevor wir uns an die Gesamtdurchsteigung wagten. Der Einstieg der »Spit Verdonesque« lag auf einem breiten Band. Es war von oben her durch mehrmaliges Abseilen erreichbar; auf ihm querten wir dann zum Einstieg hinüber. Unweit der Abseilstelle bauten wir unser Zelt auf, um nicht zuviel Zeit durch den Zustieg zu verlieren. Wir wollten in der Headwall ein Seil fixieren und die schweren Längen üben, dann die ganze »Spit Verdonesque« klettern und schließlich alle 27 Seillängen von unten aneinanderhängen. Dazwischen würden wir immer wieder Pausentage einlegen, um uns zu regenerieren und Zeit mit Emanuel verbringen zu können.

Als wir das erste Mal mit der Zahnradbahn von Grindelwald zur Station Eigergletscher hinauffuhren, drückte ich mir an der Fensterscheibe die Nase platt, um möglichst viel von der Eiger-Nordwand sehen zu können. Die Ausmaße der schattigen, bedrohlichen Felsmauer machten mich sprachlos, und selbst unter unserem Genfer Pfeiler, von dessen Ausstieg es noch weit bis zum Gipfel war, kam ich mir sehr klein vor. Voller Tatendrang machten wir uns an die Arbeit und schafften unsere Ausrüstung nach oben. Ein exquisiter Biwakplatz mit Blick auf Mönch und Jungfrau wartete auf uns. Die Farbstimmungen beim Sonnenuntergang und die Stille waren ein auffallender Gegensatz zum Trubel auf der Kleinen Scheidegg.

Michis Erfahrung in diesem Gelände und mit der Fixseiltechnik bewährte sich. Am ersten Tag stoppte uns die Schlüsselseillänge, die es in sich hatte. Dummerweise fehlte gerade in der Schlüsselstelle bei einem Bohrhaken das Plättchen, nur noch der Bolzen stand heraus. Es blieb uns nichts anderes übrig, als uns mit einer Schlinge zu behelfen. Bei den Bohrhaken handelte es sich sowieso um schon etwas ältere Modelle, die manchmal nicht mehr unbedingt vertrauenswürdig aussahen. Alle Stände waren eingebohrt, und auch in Platten, in denen man nichts legen konnte, waren einzelne Haken gebohrt. Zwischen den Ständen mußte ansonsten selbst abgesichert werden.

Der zweite Tag lief schon erheblich besser, was sicher auch mit der Gewöhnung an die Ausgesetztheit zu tun hatte. Es pfiff da wirklich hinunter! Unter unserem Einstieg lagen bereits 600 Meter Abgrund, am Ausstieg hatten wir dann 900 Meter Luft zwischen uns und dem Kar. Die glatte graue Wand wies eine sehr geschlossene Struktur auf. Das hatte den Vorteil, daß sie nach Regengüssen sehr schnell trocknete, aber den gravierenden Nachteil, daß es praktisch keine Griffe und Tritte gab. Wir standen auf Reibung, hatten für die Hände nichts als Rauhigkeiten, die wir gerade noch mit den vordersten Fingerspitzen erwischten – aber die mußten wir erst mal finden. Und uns für den Tag der Wahrheit merken.

Die Erholungspause am See tat gut, und es war schön, mit Emanuel am Wasser zu spielen und seine Fortschritte zu beobachten. Aus der düsteren Nordwand kamen wir in eine sonnige, fröhliche Welt, genossen die Wärme und die Sorglosigkeit. Doch nicht für lange. Bei unserem zweiten Ausflug in die »Spit Verdonesque« lief es für Michi super, ihm gelang die gesamte Tour auf Anhieb rotpunkt. Ich brauchte noch etwas Zeit für das Ausarbeiten der Schlüsselstelle, für die mir irgendwann die Kraft ausging. Im Fels war es schon öfter so gewesen, daß Michi die Lösung schneller fand als ich. Also kehrten wir am nächsten Tag in den oberen Teil der Wand zurück, damit auch ich nochmals eine Chance hatte. Mit dabei war Rainer Eder, der aus Zürich angereist war, um uns in den Schlüsselpassagen zu fotografieren. Tatsächlich schaffte ich es diesmal, die schwierigsten Seillängen rotpunkt zu durchsteigen.

Für uns war es aus zweierlei Gründen wichtig, unser Projekt in Fotos festzuhalten: zum einen, um unsere Begehung zu dokumentieren, zum anderen, weil wir, falls uns die Rotpunktbegehung glücken würde, auf entsprechende Berichte in der Presse hofften. Und da lief ohne gutes Bildmaterial nichts. Die Zusammenarbeit mit einem Profi-Fotografen hatte für beide Seiten Vorteile. Wir konnten statt selbstgemachter Schnappschüsse aus der Kletterstellung heraus richtig gute Aufnahmen bieten, und Rainer bekam außergewöhnliche Motive vor die Linse, die er für sich verwerten konnte. Normalerweise geht man dabei so vor, daß man nach der Originaldurchsteigung ein zweites Mal mit dem Fotografen in die Route geht, um bei optimalem Wetter und ohne Zeitdruck die besten Einstellungen suchen zu können – bei der Begehung selbst ist man einzig und allein auf das Klettern konzentriert. In unserem Fall mußte dieser Fototermin ausnahmsweise vor der Begehung stattfinden, weil Rainer danach keine Zeit mehr gehabt hätte. Pech für ihn wäre es allerdings gewesen, wenn wir gescheitert wären, denn dann hätte er mit den Bildern nichts anfangen können. Aber wir waren zuversichtlich und hatten es recht lustig miteinander; für Michi und mich war die Gesellschaft eines Dritten eine willkommene Abwechslung.

Nach einer weiteren Erholungs- und Kinderpause am See brach der Tag der Entscheidung an, an dem wir die komplette Durchsteigung wagen wollten. Wir gingen sehr früh los und standen um halb sieben am Fuß des Genfer Pfeilers. Dort trauten wir unseren Augen nicht: Am Einstieg der »Le Chant du Cygne« herrschte Hochbetrieb, die letzte von drei Seilschaften stieg gerade ein. Und wir wollten doch absolut auf Tempo klettern, denn mittlerweile erschien es uns nicht mehr so unwahrscheinlich, daß wir die Tour an einem Tag schaffen könnten! Doch unsere Sorgen waren unbegründet, es handelte sich um eine Gruppe französischer Bergführeraspiranten, die so schnell waren, daß wir ihr Tempo kaum halten konnten. Der uns unbekannte untere Teil führte durch gestuftes Gelände und war weniger ausgesetzt als weiter oben, die Schwierigkeiten bewegten sich zwischen 5+ und 7. Wir achteten vor allem darauf, möglichst kraftsparend zu klettern, um für die schwierigen Seillängen noch genug Reserven zu haben. Wir vermieden es also, in den Armen zu hängen, und drückten uns möglichst viel mit den Füßen und Beinen nach oben. Während sich der Seilerste auf den Vorstieg konzentrierte, trug der Nachsteiger den leichten Rucksack mit Trinkwasser und Energieriegeln und kletterte frei, aber so zügig wie möglich nach.

Dann zweigte die »Symphonie de Liberté« ab und stellte uns mit der onsight zu kletternden 7b-Seillänge gleich mal eine anspruchsvolle Aufgabe. Vor lauter Tempo kletterte Michi zu weit rechts und übersah einen Bohrhaken, weshalb er langsam und sehr vorsichtig zurückkletterte, um einen weiten Pendelsturz zu vermeiden. Anschließend zog er vom Stand die Camalots zu sich nach oben, denn in den Löchern über sich konnte er sie als Zwischensicherungen bis zum nächsten Bohrhaken setzen. Dann Seil abziehen und die Länge noch mal von vorn, unser Ziel hieß schließlich rotpunkt. Um halb zwei erreichten wir das Band, an dem die eigentlichen Schwierigkeiten erst begannen. Wir hatten dort Wasser und Proviant deponiert und gönnten uns eine kurze Pause. Trotz unserer Bemühungen, uns die Kräfte einzuteilen, fühlten wir uns schon ganz schön ausgepowert.

Wir wußten genau, was jetzt auf uns zukam: 6b+, 7c, 7b, 6a+, 8a, 6a, 7a, 6a, 6b+, 5. Schon nach der 7c waren wir ziemlich geplättet, und erste Zweifel, ob wir uns nicht doch zuviel vorgenommen hatten, trübten unsere Euphorie. In der Schlüsselseillänge war ich zum Vorstieg dran. Ich verfolgte weiterhin die Strategie, keine unnötige Kraft zu vergeuden, und hing prompt ein paar Meter tiefer im Seil. Shit. Noch im Fliegen dachte ich mir: Ob ich da jemals noch mal hochkomme? Michi erging es bei seinem anschließenden Versuch nicht viel besser. Wir waren zu verkrampft, zu unentschlossen drangegangen. Hier lief nichts mehr mit vorsichtig und kraftsparend, bei 8a muß man einfach alles geben, was in einem steckt, da muß man auf einen Schlag alles rauslassen.

Wieder zogen wir das Seil ab. Wieder näherte ich mich der Schlüsselstelle, hängte das Seil in eine Expreß nach der anderen ein. Der letzte Bohrhaken unter der Crux. Wieder hielt ich den Seitgriff mit der linken Hand, stellte den Fuß auf den Reibungstritt, ertastete mit den Fingern der rechten Hand das kleine Nichts, das mir den einzigen Halt bot.

Entschlossen plazierte ich den rechten Fuß auf der Leiste und drückte mich nach oben, erwischte einen winzigen Griff nach dem anderen und erreichte kurz darauf den nächsten Stand. Wow. Völlig ausgepumpt landete ich wieder neben Michi, um ihn nun seinerseits im Vorstieg zu sichern. »Vollgas geben« war der einzige Tip, den ich ihm mit auf den Weg geben konnte, und ich wünschte ihm sehr, daß es auch für ihn klappen würde. Das tat es – schnell und ohne mit der Wimper zu zucken zog Michi zum Stand, und als er mich nachgesichert hatte, fielen sich zwei glückliche Nordwandgesichter in die Arme.

Nachdem wir beide in der Schlüsselstelle geflogen waren, hatte ich dann doch um unser Ziel gefürchtet. Wir waren an unserem Limit. Für einen dritten Versuch hätte die Zeit nicht mehr gereicht, und für den nächsten Tag war schlechtes Wetter angesagt. Es hätte genausogut nicht funktionieren können. Daß es funktionierte, war ein riesiges Erfolgserlebnis und machte mich richtig stolz. Und es war ein gemeinschaftlicher Erfolg: Wir hatten beide das gleiche Ziel und arbeiteten darauf hin. Am Durchstiegstag erlebten wir eine in den Monaten zuvor selten gewordene Solidarität und Harmonie. Gemeinsame Projekte hatten uns schon immer zusammengeschweißt.

Nach der Schlüsselseillänge erwartete uns nur noch eine Stelle im achten Grad, der Rest war kein Problem mehr. Abends um halb neun standen wir am Ausstieg, beobachteten erschöpft, aber zufrieden einen letzten Sonnenuntergang am Eiger. Ich verzichtete zwar ungern auf den Gipfel, aber vom Ende des Genfer Pfeilers bis zur Spitze des Eigers wäre es noch ein sehr weiter Weg gewesen, und außerdem hätten wir Pickel und Steigeisen gebraucht. Also stiegen wir schleunigst über den Westgrat ab, damit wir die Abseilstellen noch vor Einbruch der Dunkelheit hinter uns bringen konnten.

Vierzehn Stunden Kletterzeit – der Tag war lang gewesen, aber wir hatten die erste Rotpunktbegehung der »Symphonie de Liberté« an einem Tag geschafft, und wir hatten insgesamt nur fünf Tage gebraucht, bis das Ziel erreicht war. Wir hatten auch wieder einmal ein gemeinsames Abenteuer bestanden. Es hatte uns fasziniert, den Rotpunkt-Gedanken in eine alpine Wand zu tragen, und wir gingen davon aus, es würde nicht das letzte Mal sein, daß wir uns so etwas vornahmen. Für uns war das die Richtung, in die das alpine Klettern ging.

In allen Bergzeitschriften wurde über unsere Rotpunktbegehung berichtet. Michi schrieb einen ausführlichen Artikel, bebildert mit den Fotos von Rainer. Doch trotzdem trat ein, was er befürchtet hatte: Die Medien nahmen mich stärker wahr als ihn, weil ich eine Frau war und weil es im alpinen Bereich kaum Frauen gab. Sein Ärger war nachvollziehbar, denn die »Symphonie de Liberté« war seine Idee gewesen. Er traute sich an so eine anspruchsvolle Sache heran, er hatte die Erfahrung und konnte besser einschätzen, ob das für uns drinlag oder nicht. Ich konnte aber doch auch nichts dafür, daß die Presse auf mich stärker reagierte als auf ihn. Ich hatte Verständnis für seine Gefühle. Es geht mir heute noch so, daß teilweise vor allem über mich berichtet wird, obwohl ich jeweils mit Seilpartnern unterwegs bin. Hari Berger beispielsweise, mit dem ich mittlerweile sehr viel gemeinsam klettere, im Eis wie im Fels, muß oft damit leben. Nach unserem Eisklettertrip nach Norwegen schrieb er einen Bericht für eine norwegische Kletterzeitschrift. Zur Bebilderung wählte die Redaktion ausnahmslos Fotos von mir aus.

Diese Auseinandersetzung trübte ein wenig unsere Freude über den Eiger, und daß wir uns so viel stritten, machte mir zunehmend Angst. Ständiger Streit führt dazu, daß man den Respekt voreinander verliert, und ich hatte das Gefühl, Michi und ich waren auf dem besten Weg dazu.

Getrennte Wege

Wenn die eigene Route eine andere ist

Nachdem wir vom Eiger zurückgekehrt und die Sommerferien vorbei waren, ging auch mein Erziehungsurlaub zu Ende. Für Emanuel begann mit dem Kindergarten ein neuer Lebensabschnitt. Gerade als Einzelkind schätzte er es sehr, mit all den anderen Kindern zusammenzusein und sich neues Terrain zu erobern. Ich suchte mir wieder eine Teilzeitstelle als Physiotherapeutin, um die Vormittagsstunden zu nützen. Auch Klettertherapie gehörte dort zu meinen Aufgaben, eine interessante Erweiterung meines beruflichen Tätigkeitsspektrums.

Aber wie das bei berufstätigen Müttern nun mal ist, kam ich ein paarmal heftig ins Schleudern, wenn Emanuel krank wurde und ich auf die Schnelle eine Betreuung für ihn organisieren oder meine Behandlungstermine absagen mußte. Klettern kam relativ kurz in dieser Zeit, und die zunehmenden Anfragen von Journalisten wollte ich schließlich auch beantworten. Noch schlimmer wurde es, als ich im Herbst wieder mit dem Wettkampftraining begann. Zum Winter hin kam es dann richtig dick: an den Vormittagen arbeiten, an den Wochenenden Eisfestivals und Wettkampftermine, die Verpflichtungen gegenüber meinen Sponsoren, Interviews, Fototermine ... In der restlichen Zeit hetzte ich zwischen Wäschebergen, die kein Ende nahmen, Emanuel, der beschäftigt werden wollte, und einem von der Arbeit beanspruchten Partner, der Hunger hatte, wenn er nach Hause kam, hin und her. So konnte das nicht weitergehen.

Im Grunde genommen machten mir die Zusammenarbeit mit Sponsoren und Medien und natürlich die damit verbundenen Kletterprojekte am meisten Spaß – wieso sollte ich nicht versuchen, meinen Lebensunterhalt ganz damit zu verdienen? Eine Stelle als Physiotherapeutin würde ich im Notfall wieder finden; ich ging kein allzu großes Risiko ein, wenn ich diesen Arbeitsplatz aufgab.

Aus dieser Entwicklung heraus und ohne daß ich jemals geplant hätte, vom Klettern zu leben, entschloß ich mich, Profi-Kletterin zu werden. Es war mir lieber, mich auf eine Sache zu konzentrieren, als alles nur halb zu machen. Ich würde an den Vormittagen Spielraum haben, um ausreichend zu trainieren, denn auf hohem Niveau zu klettern war ohne umfangreichen Trainingsaufwand nicht möglich. Auch die logistische Abwicklung, die Beantwortung der E-Mails und überhaupt die Schreibarbeiten hoffte ich, an den Vormittagen erledigen zu können. Dann hätte ich am Nachmittag Zeit, um mit Emanuel etwas zu unternehmen und mich um den Haushalt zu kümmern. Wenn ich mehr Zeit für die Familie hätte, würde das sicher auch zur Entspannung zwischen Michi und mir beitragen, wenn ich auch für Foto- und Filmaufnahmen weiterhin seine Kooperation in Anspruch nehmen müßte.

Die Aussicht, eine professionelle Kletterin und damit auch finanziell wieder unabhängiger zu werden, beflügelte mich richtig. Es war schon witzig: Ein paar Jahre zuvor hatte ich mich noch strikt gegen Computer und Handy gewehrt, und mittlerweile war ich mit der internationalen Kletterszene vernetzt, erledigte einen großen Teil meiner

Arbeit am Computer und war froh über die unkomplizierten Kommunikationswege. Ich hatte schon mehrere Anfragen nach einem Diavortrag erhalten und stellte fest, wie groß der Aufwand war, aus der endlosen Menge an Kletter- und Reisebildern einen attraktiven Vortrag mit einer guten Story zusammenzustellen. Auch technisch gab es eine Menge dazuzulernen, beispielsweise wie man Videosequenzen einbaut und alle potentiellen Fehlerquellen ausschließt, damit es bei der Präsentation auch wirklich keine Pannen gibt.

Vor dem Hintergrund dieser beruflichen Umbruchsituation bekamen die Termine dieses Winters eine noch größere Bedeutung. Wie immer war der Auftakt der Saison das Eiskletterfestival in Kandersteg. Ich leitete einen Workshop und kletterte die Wettbewerbe mit. Und nachdem wir schon mal da waren, durfte natürlich ein Klettertag in Ueschinen nicht fehlen. Robert Jasper hatte dort im letzten Jahr mit einer Erstbegehung Aufsehen erregt, die er mit M 12 bewertete – in Europa die erste und weltweit nach Will Gadds »Musashi« die zweite Route dieses Schwierigkeitsgrads. »Vertical Limit« führt über 35 Meter quer durch die Wand und kreuzt dabei einige bestehende Touren. Das hatte nicht überall Begeisterung ausgelöst; da Robert vorhandene Sicherungen benutzte und dazwischen neue Bohrhaken setzte, wären die Erstbegeher der anderen Routen gern gefragt worden. Ich konnte gut nachvollziehen, daß er eine möglichst schwierige Route machen wollte, um einen neuen Standard zu setzen, aber trotzdem kam sie mir sehr gesucht vor. Er hatte in Form eines Quergangs den längsten und schwierigsten Weg durch die überhängende Wand gewählt und war all den schönen Eiszapfen ausgewichen, denn die hätten es leichter gemacht. Das war für mich einfach keine logische Linie. Aber als Trainingstour war sie bestens geeignet, und natürlich reizte es mich auch, auszuprobieren, wie es mir in einer M 12 ergehen würde.

Simon Anthamatten hatte mich schon gewarnt, sie sei »der Ausdauerhammer«, bei der ich den Kopf abstellen und einfach nur klettern müsse. So ähnlich war es dann auch. Ich brauchte fast dreißig Minuten für die Begehung. »Vertical Limit« spornte meinen Ehrgeiz an, und es freute mich, daß ich durchkam, aber schön fand ich die Route nicht. Es gab kaum Eis, sie bestand fast nur aus Drytooling, und der Fels war schon arg zerkratzt und mitgenommen. Auch das macht eine objektive Bewertung beim Mixed-Klettern problematisch: Wird eine Route häufig begangen, besteht zum einen die Gefahr, daß Hooks ausbrechen, zum anderen kann es aber auch sein, daß die Tour leichter wird, weil sich die Angriffsfläche für die Eisgeräte durch den Einsatz der scharfen Hauen vergrößert. Ähnlich wie oft begangene Klettertouren mit der Zeit »abspecken«, unterliegen auch Mixed-Routen einer ständigen Veränderung, nur daß diese sehr viel schneller und in beide Richtungen verläuft.

Im Fels wie im Eis gibt der Erstbegeher einer Route, nachdem er sie eingerichtet und rotpunkt durchstiegen hat, einen Bewertungsvorschlag ab. Wiederholer können diesen bestätigen oder nach oben oder unten korrigieren – es gibt keine objektiven Maßstäbe, mit denen man die Einstufung festlegen könnte. Deshalb sind alle Aussagen über eine Route zunächst einmal Behauptungen, die im Lauf der Zeit durch die Urteile anderer überprüft werden. Dabei ist es wichtig, möglichst realistisch zu bleiben. Niemand tut sich einen Gefallen damit, wenn er zu dick aufträgt. Andererseits ist es aber auch nicht fair, zu bescheiden zu sein und potentielle Wiederholer durch zu niedrige Bewertungen zu gefährden. Wenn sie davon ausgehen, in eine Achterroute einzusteigen, dann sollten sie nicht auf Neunerstellen treffen, die unter Umständen für sie nicht kletterbar sind, nur damit die Erstbegeher sich mit einer strengen Bewertung schmücken können. Eine Bewertung muß so weit zutreffen, daß man keine bösen Überraschungen erlebt.

Nachdem ich »Vertical Limit« geklettert war, fragten mich einige Leute nach meiner Einschätzung. Am liebsten hielt ich mich aus solchen Diskussionen heraus. Meinem Image hätte es natürlich gut getan, wenn ich von mir hätte behaupten können, meine erste M 12 geklettert zu sein – aber ich wollte ehrlich sein. Und ich hatte nicht den Eindruck, daß die Route schwerer war als »Mission Impossible«, hätte sie daher ebenfalls mit M 11 bewertet. Weil meine Stellungnahme an die Öffentlichkeit geriet, erhielt ich einen irritierten Anruf von Robert, doch zum Glück konnten wir die Auseinandersetzung rasch beilegen. Er hatte völlig recht: Der richtige Weg wäre gewesen, mit ihm als Erstbegeher eine Bewertungskorrektur zu diskutieren, anstatt seine Einstufung öffentlich in Zweifel zu ziehen und damit seine Glaubwürdigkeit in Frage zu stellen. Kommunikation ist alles. Auch beim Klettern.

Das war die erste Lehre in meinem gerade erst begonnenen Profi-Dasein. Um sportliche Leistungen vermarkten zu können, um von seinem Sport leben zu können, muß man vertrauenswürdig sein. Für Begehungen oder zumindest für deren Stil gibt es meistens keine Zeugen. Niemand konnte beobachten, ob Michi und ich in der Schlüsselstelle der »Symphonie de Liberté« in die Expreßschlinge griffen oder nicht. Wir waren darauf angewiesen, daß uns geglaubt wurde, wenn wir von einer Rotpunktbegehung berichteten.

Hat man seine Glaubwürdigkeit verspielt, ist man in der Szene unten durch – und bei den Sponsoren. Respektiert wird man einzig und allein durch Ehrlichkeit.

Für mich wäre es katastrophal, wenn jemand meine Vertrauenswürdigkeit anzweifeln würde. Es ist nur so, daß es manchmal nicht so einfach ist, realistisch zu sein. Michi und ich wurden nach der Rotpunktbegehung in der Eiger-Nordwand ebenfalls nach unserer Meinung zur Einstufung gefragt. Wir fanden, daß der »Alpinzuschlag«, den Robert bei seiner Bewertung berücksichtigt hatte, wegen der guten Absicherung nicht gerechtfertigt war, auch wenn die Route sehr ausgesetzt ist. Statt 10– schlugen wir daher 9+ vor. Interessant ist dabei natürlich auch, von wem und aus welcher Motivation heraus gefragt wird. Aber wie objektiv ist man, wenn man schon zwanzig Seillängen hinter sich hat? Wenn es unter den Füßen Hunderte von Metern senkrecht nach unten pfeift?

Ich versuche, weder zu protzen noch tiefzustapeln, und ich hoffe, daß mir das einigermaßen gelingt. Ehrlichkeit ist in diesem Zusammenhang ein unbedingtes Muß, ebenso gegenseitiger Respekt, vor den Leistungen der anderen wie vor ihrer Person. Wir Kletterer sind ein buntes Völkchen aus sehr individuellen Menschen, und die Freiheit, die sich jeder von uns auf seine Fahnen schreibt, sollten wir auch den anderen lassen.

Kaum waren wir von Kandersteg zurückgekehrt, mußte ich schon wieder aufbrechen. Simon Anthamatten und ich waren als einzige europäische Teilnehmer zum Ice Festival nach Ouray eingeladen, und das wollten wir uns nicht entgehen lassen. Auch wenn die Anreise aufwendig war: Der Ort liegt in Colorado, mitten in den Rocky Mountains, auf einer Höhe von fast 2500 Metern. Seit mehr als zehn Jahren findet dort jeweils im Januar der älteste und vermutlich größte Eiskletter-Event der Welt statt. Mit der Unterstützung von Jeff Lowe wurde 1995 der Ouray Ice Park gegründet. Die nahe gelegene Uncompahgre-Schlucht wurde künstlich vereist, indem man Wasserleitungen verlegte und das Wasser über die Felswände rinnen ließ, so daß sich ein Eisvorhang neben dem anderen bilden konnte. Mittlerweile ist die Schlucht im Winter auf ihrer gesamten Länge von drei Kilometern vereist. Die vielfältigen Eisformationen, Säulen und Glasuren bieten eine große Routenauswahl für jedes Niveau. Ein richtiger Spielplatz für Eiskletterer.

Unsere Aufgabe war es, Workshops zu halten, die in Amerika »Clinics« genannt werden. In jeweils drei Stunden verrieten wir den Teilnehmern unsere Tips und Tricks und machten vor allem praktische Übungen, ließen sie also klettern und analysierten ihren Kletterstil. Für mich war es eine erstaunliche Erfahrung, so viele Leute so motiviert klettern zu sehen. Die Teilnehmer, ob Anfänger oder Fortgeschrittene, waren voller Elan und Ehrgeiz bei der Sache und wollten wirklich alles wissen, und jeder hatte seinen Spaß dabei. Ich hatte mir vorher noch Gedanken gemacht, ob ich mich wohl mit meinem Englisch lächerlich machen würde, aber falls ich wirklich einmal an die Grenzen meiner Sprachkenntnisse kam, trug das nur zur allgemeinen Erheiterung bei.

Simon allerdings konnte seine Workshops nicht durchführen, weil er schon auf der Hinreise furchtbar krank wurde. Er stieg aus dem Mietwagen, legte sich ins Bett, und dort blieb er dann. Ich beschaffte ihm Medikamente gegen sein hohes Fieber und versorgte ihn, so gut es ging. Ich traute meinen Augen nicht, als er am Wettkampftag aufstand und allen Ernstes verkündete, er werde mitklettern. Schwach und wacklig verschwand er unter der Dusche. Der abschließende Mixed-Wettkampf, an dem alle eingeladenen Kletterer teilnehmen durften, war der Höhepunkt des Festivals, aber irgendwie konnte ich mir doch nicht so recht vorstellen, wie Simon das schaffen wollte. Doch er schaffte es, und wie: Er kämpfte sich phänomenal bis zum Top durch und gewann verdient sowohl bei den Männern als auch in der Gesamtwertung von Männern und Frauen. Es war unglaublich, vor allem angesichts der Tatsache, daß die Amerikaner eine solche Angst hatten, auch krank zu werden, daß sie Simon auffällig auswichen, um sich nicht anzustecken.

Ich war außer Simon die einzige, die es bis zur Umlenkung schaffte, und konnte mich über den Sieg bei den Frauen und den zweiten Platz in der Gesamtwertung freuen. Ein solches Gesamtranking über Männer und Frauen hinweg gibt es meines Wissens nach nur in Ouray. Ich muß zugeben, daß es mir eine große Genugtuung war, auch bei den Männern ganz vorne mithalten zu können.

Dann stand die Weltmeisterschaft in Saas-Fee vor der Tür. Für eine Weltcup-Serie hatten sich in diesem Winter zu wenig Austragungsorte gefunden, es blieb bei einem Wettbewerb in der Schweiz. Ich war zuerst ein wenig enttäuscht – der ganze Trainingsaufwand, den ich betrieben hatte, für nur einen Wettkampf –, aber schlußendlich war ich froh, daß ich keine weiteren Termine wahrnehmen mußte und nicht noch mehr Streß hatte. Michi und ich wollten beide mitklettern, Emanuel blieb bei der Oma in Berchtesgaden.

Auf der Fahrt nach Saas-Fee gerieten Michi und ich über einen Filmtermin in Streit – und plötzlich wurde klar, daß unsere Konflikte mittlerweile unüberbrückbar geworden waren. Wenn auch die Filmaktion nur Anlaß für die Eskalation war, so war sie doch symptomatisch: Ich nahm meine beruflichen Pflichten und das Klettern so ernst, daß daneben wenig Zeit für mein Kind und meinen Partner blieb. Zu wenig, in Michis Augen. Es kristallisierte sich immer mehr heraus, daß wir zu unterschiedliche Vorstellungen von Familie und Partnerschaft hatten, als daß wir harmonisch hätten zusammenleben können.

Der Wettkampf war furchtbar. Das Bayerische Fernsehen war da, um mich zu filmen, und das setzte mich ziemlich unter Druck, gewinnen zu müssen. Und dann hatte ich natürlich ständig die Frage im Hinterkopf, wie es nun weitergehen würde. Irgendwie schaffte ich es dann aber doch, all die Gedanken zu verdrängen und mich aufs Klettern zu konzentrieren. Ich setzte zur Flucht nach oben an – und wurde Weltmeisterin. Vielleicht war das der Mut der Verzweiflung. Auf jeden Fall hatte ich mich schon mehr über Gewinne gefreut als in diesem Januar 2004, und als ich auf dem Siegerpodest stand, wirkte mein Lächeln wohl eher ein wenig gequält.

Mit dem Filmteam war vereinbart, nach dem Wettkampf noch Mixed-Aufnahmen im Berner Oberland zu machen. Während Michi nach Berchtesgaden zurückkehrte, fuhr ich mit dem Team nach Isenfluh, um mich in der »Tomahawk« filmen zu lassen. Als wir an die Wand kamen, merkte ich schon, daß es eigentlich zu warm war – zwischen Fels und Eis lief Wasser. Das gefiel mir nicht. Ich wollte aber auch das Fernsehteam nicht enttäuschen; wo sollten wir sonst auf die Schnelle Mixed-Aufnahmen machen? Also stieg ich ein. Möglichst behutsam bewegte ich mich über die Eispassagen, das ging auch alles gut. Ich ließ mich dazu überreden, auch den Ausstieg noch zu klettern, der über einen Eisvorhang führte – klar, das war das Spektakulärste an der Route und würde im Film sicher gut kommen. Spektakulär war es dann auch, aber anders als erwartet: Das Eis riß ab, ich stürzte kopfüber ins Seil und krachte mit dem ganzen Schwung, den ich hatte, an die Felswand. Eines meiner Steigeisen hatte sich mit den Zacken im Seil verfangen, deswegen hing ich mit dem Kopf nach unten. Zum Glück war überhaupt nichts passiert, außer daß ich einen ziemlichen Schreck hatte. Ins Eis brachte mich an diesem Tag allerdings niemand mehr, und es war mir gar nicht recht, daß ich dem Druck nachgegeben hatte und trotz des Risikos geklettert war. Der Kameramann war nicht unglücklich über diese abenteuerlichen Aufnahmen, so einen kapitalen Sturz bekam er nicht jeden Tag vor die Linse. Trotzdem waren alle froh, daß ich mich nicht verletzt hatte, als durch die Schläge mit den Eisgeräten das Eis abbrach. Mit den scharfen Hauen, die einem dann plötzlich entgegenkommen, hätte das böse Folgen haben können. Und abgesehen davon kam ich dem Boden schon recht nah.

Das Filmteam von »Bergauf – Bergab« begleitete mich noch nach Hause, denn der Beitrag sollte auch eine kurze Homestory beinhalten und zeigen, wie ich lebe und trainiere. Sozusagen das glückliche Familienleben der Ines Papert darstellen, wo dieses doch gerade in sich zusammenstürzte wie ein morsches Eisgebilde. Mir war hundeelend zumute. Michi war nicht daheim. Kirsten sprang als Trainingspartnerin ein, damit wir die geplanten Szenen fertigstellen konnten.

Die Diskussionen, die Michi und ich im Anschluß daran noch führten, konnten an der Tatsache nichts ändern, daß ich seine Erwartungen an eine Partnerin nicht erfüllte. Ich wollte auf meinen Beruf auch im Sinne einer persönlichen

Verwirklichung nicht verzichten. Vielleicht übernahm ich da ein Vorbild aus der DDR, wo sich die Mütter auch nicht rund um die Uhr um ihre Kinder kümmerten und Fremdbetreuung der Normalfall war. Ich fragte mich natürlich, ob meine Einstellung zu egoistisch war. Doch in jedem Fall hatten wir beide unseren Anteil am Scheitern der Beziehung.

Aber gaben wir nicht zu schnell auf? Immerhin würden wir Emanuel einiges zumuten. Ihm gegenüber hatte ich ein schlechtes Gewissen. Ich sah nur die zwei Möglichkeiten für ihn: ständig unsere Auseinandersetzungen zu erleben oder in Zukunft zwischen Vater und Mutter hin und her gerissen zu sein. Weiter sah ich noch gar nicht, erkannte nicht, daß das auch eine positive Entwicklung für alle Beteiligten sein könnte. Und ich: Würde ich allein überhaupt klarkommen? Aber es half alles nichts. Das Klettern war unsere große Gemeinsamkeit gewesen, unser Lebensinhalt. Darüber hatten wir vieles andere vernachlässigt, unsere Beziehung reichte nicht darüber hinaus. Als unsere unterschiedlichen Rollenvorstellungen schließlich zum Problem wurden, hatten wir nichts, was uns noch getragen hätte. Es gab keine andere Lösung als die Trennung.

Im März stand eine Reise nach Kanada an. Ich arbeitete mittlerweile mit einem weiteren Sponsor, dem kanadischen Bekleidungshersteller Arc'teryx, zusammen und war auf das Arc'teryx Ice Festival nach Canmore eingeladen worden. Das war eine günstige Gelegenheit, anschließend im kanadischen Eis klettern zu gehen, deswegen hatte ich mit Simon Anthamatten vereinbart, daß er ebenfalls länger bleiben würde. Meine Eltern hatten sich für diese zwei Wochen freigenommen, um Emanuel zu versorgen. Eigentlich war alles bestens eingefädelt.

Unter den neuen Umständen fragte ich mich, ob ich überhaupt nach Kanada reisen sollte. Es war klar, daß ich mit Emanuel aus unserem gemeinsamen Haus ausziehen würde. Ich mußte eine Wohnung finden, umziehen, tausend Dinge organisieren. Alles war im Umbruch. Letztendlich entschloß ich mich aber doch zu fahren, denn das ermöglichte mir auch, Abstand zu gewinnen und die Entwicklung mit etwas Distanz zu betrachten. Ein bißchen Ablenkung würde mir helfen, wieder einen klaren Kopf zu bekommen. Vielleicht war es auch ganz simpel eine Flucht. Erfahrungsgemäß war ich beim Klettern so intensiv bei der Sache, daß für andere Gedanken gar kein Platz wäre.

Zumindest das Wohnungsproblem ließ sich noch vor Kanada lösen. Meine Freundin Karin, die mit ihren beiden Kindern in Bayerisch Gmain wohnte, wußte gleich von drei freien Wohnungen in ihrer Nähe. Das klang verlockend. Ich hätte etwas Abstand von Berchtesgaden, wäre aber auch nicht allzuweit weg, so daß der Kontakt zwischen Emanuel und Michi gesichert wäre. Außerdem würde Karin nebenan wohnen, was erstens den Neuanfang erleichterte und zweitens gegenseitige Hilfe mit den Kindern ermöglichte. Ich entschied mich für eine der Wohnungen; nach meiner Rückkehr aus Kanada würde mir dann gleich der Umzug bevorstehen.

Mich beherrschte das Gefühl, daß ich gescheitert war, nicht im Sport, sondern in meiner Partnerschaft. Ich mußte lernen, meinen eigenen Weg zu gehen, auch wenn das am Anfang schmerzhaft war und Unsicherheit auslöste. Es war Zeit, mich ganz auf eigene Füße zu stellen.

Klettern war für mich immer eine gute Therapie, und Kanada half mir tatsächlich, auch wenn mir Emanuel in diesen beiden Wochen besonders fehlte. Auf dem Eisfestival in

Canmore teilte ich mir sowohl beim Indoor- als auch beim Outdoor-Wettbewerb den ersten Platz mit Männern. Allerdings galten hier etwas andere Regeln als im ernsthaften Europa: Showeinlagen und Kletterstil wurden mitbewertet, der Ausstieg erfolgte über ein pittoresk im Überhang befestigtes Kinderfahrrad, und beim Sprung vom Plateau des Eisturms gab es den einen oder anderen originellen Salto zu bewundern – ein vergnüglicher und unvergeßlicher Event. Der Mixed-Workshop, den ich diesmal nur für Frauen anbot, war sehr inspirierend für mich; die Freude und die Motivation der Teilnehmerinnen steckten richtig an.

Dann ging es weiter ins »richtige« Eis. Simon war von einem ähnlichen Tatendrang beseelt wie ich, wir verstanden uns prächtig. Die Wasserfälle in den kanadischen Rockys gehören zweifellos zum Besten, was sich in diesem Bereich finden läßt. Zunächst wendeten wir uns den Klassikern wie der »Weeping Wall« und »Polar Circus« zu, beides reine und relativ lange Eisrouten, die mit WI 5 bewertet sind. »Polar Circus« war ein spezielles Erlebnis. Der Wasserfall zieht in einem Felseinschnitt als langer Schlauch nach oben, wobei sich Stufen und flacheres Gelände abwechseln, bis nach 300 bis 400 Metern ein senkrechter Abschnitt folgt. Als Simon und ich einstiegen, banden wir uns jeder ein Halbseil auf den Rücken, denn am Anfang war das Gelände so leicht, daß wir nicht zu sichern brauchten. So kamen wir sehr schnell voran. Die erste Stufe war relativ flach und kurz, die zweite etwas länger, die dritte noch etwas länger, die vierte etwas steiler und länger, die nächste wieder; es wurde immer steiler und anspruchsvoller. Wir kletterten und kletterten und machten uns überhaupt nicht bewußt, wie weit oben wir schon waren. Da wir keine Eisschrauben setzen mußten, waren wir unvorhergesehen schnell. Vorher hatten wir vereinbart, daß wir mal schauen, wie weit es ohne Seil geht.

Schließlich standen wir in der abschließenden Steilstufe. Sie war etwa 120 Meter hoch und wurde nach oben hin nahezu senkrecht. Wir kletterten nebeneinander her. Plötzlich tauchte vor uns eine Eissanduhr auf. Wir schauten uns an, kletterten beide wortlos auf sie zu, fixierten uns an ihr und nahmen die Seile vom Rücken, um als Seilschaft weiterzuklettern. Uns war beiden genau im gleichen Moment einfach nicht mehr ganz wohl. Es waren nur noch fünfzig Meter bis zum Ausstieg, und natürlich wäre es toll gewesen, wenn wir »Polar Circus« komplett solo geklettert wären – aber es stimmte einfach nicht mehr für uns. Ich ertappte mich dabei, daß ich darüber nachdachte, was passieren würde, wenn ich jetzt fiel. Also war es höchste Zeit, das Seil anzulegen.

Das war mein bisher einziges und eigentlich ungeplantes Solo-Erlebnis. Auch wenn es mich im nachhinein ärgerte, daß ich mich dann doch noch fürchtete: Es war genug ausgereizt. Und es war schön, daß wir beide so gleich reagiert haben – das verstand ich als Bestätigung unserer Harmonie beim Klettern. Wenn ich ein ungutes Gefühl im Magen bekomme, zwischen den Beinen hindurch nach unten schaue, anfange, fünf- oder sechsmal zu schlagen, dadurch viel zuviel Kraft verbrauche, das Gerät schon beim Reinschlagen wackelt, dann habe ich ein Kopfproblem, dann muß das Seil hin, ganz einfach. Das Risiko ist zu groß. Es könnte gutgehen – aber »könnte« ist mir zuwenig.

Anschließend ging es an die schweren Mixed-Routen im Sektor Cineplex, wo ich mich an Will Gadds »Musashi« versuchen wollte. Ich war mir nicht so sicher, ob das M-12-Testpiece für mich kletterbar wäre. Tatsächlich gelang es mir noch am selben Tag, mit sehr müden Armen und unter intensivem Einsatz des Fersensporns. Das 25 Meter lange, waagerechte Dach war wirklich schwerer als alles, was ich bis dahin geklettert war. Nun fühlte ich mich auch in meiner Bewertung von »Vertical Limit« bestätigt, denn »Musashi« war wegen ihrer Steilheit noch einmal ein ganzes Stück schwieriger. Gegen Ende unseres Aufenthalts versuchte ich die Route nochmals, diesmal ohne Heelhooks, aber ich hatte nicht mehr genug Kraft, eine Begehung »in pure style« durchzuziehen. Sie blieb ein Ziel für die Zukunft. Auch mit Fersensporn freute ich mich sehr über meine erste wirkliche M 12.

Noch mehr als diese maximalen, aber mit Bohrhaken abgesicherten Mixed-Routen forderten uns die Mehrseillängenrouten an der Stanley Headwall ab. Die alpine Absicherung und die Länge machten aus »Suffer Machine« eine anspruchsvolle Unternehmung, obwohl sie »nur« mit M 7 bewertet war. Richtig ernst wurde es dann in »Mixed Monster« (M 8, WI 6). Diese Route hat zwar lediglich drei Seillängen, ist aber extrem ausgesetzt. Noch dazu war ein Teil des Zapfens abgebrochen – dort wo man vom Fels zum Zapfen ausspreizte, mußten wir zwei Meter über ein horizontales Eisdach hinwegklettern. Dächer aus Eis gibt es im Normalfall nicht, weil das Eis der Schwerkraft folgend nach unten wächst und Zapfen bildet, sobald der Untergrund überhängt. Wir bewegten uns nun über die waagerechte Abrißfläche des Zapfens wie an einer Zimmerdecke, was ich zu dieser Zeit ohne Fersensporn nie geschafft hätte. Dazu kam noch, daß das Seil unter dem Dach hängenblieb, als ich es, am Stand angekommen, einzog. Es waren noch etwa zwanzig Meter Seil übrig, die ich nicht einholen konnte, was für Simon im Nachstieg zu einer stressigen Situation führte. Er mußte sich jeweils selbst am Seil sichern, sonst hätte er einen riesigen Pendelsturz riskiert.

Körperlich und nervlich erschöpft, aber zufrieden mit unserer Begehung seilten wir uns ab. In der »Mixed Monster« hingen zwei Eiszapfen; über den linken, der abgebrochen war, führte die Route, den rechten, der noch massiv und zuverlässig aussah, hatten wir nicht berührt. Am Einstieg angekommen, packten wir unsere Sachen zusammen und liefen durch das Couloir hinunter zum Auto. Kaum waren wir dort angekommen, gab es einen Schlag wie bei einer Explosion, der uns zusammenzucken ließ. Erschrokken schauten wir nach oben. Der rechte Eiszapfen war abgebrochen, die tonnenschweren Eismassen donnerten mit einem lautem Einschlag ins Couloir hinunter. Eine halbe Stunde davor waren wir da noch gestanden! Richtig schokkiert starrten wir nach oben und wußten nicht recht, ob wir lachen oder weinen sollten. Wir hatten einfach nur Glück gehabt, daß es uns nicht erwischt hatte. Von den Bedingungen her war es eigentlich perfekt gewesen, wir hatten uns im Vorfeld noch bei Eiskletterern in Canmore kundig gemacht, und wir hätten nie damit gerechnet, daß der Zapfen abreißen könnte. Diese kritische Situation zeigte uns wieder einmal, daß man die Ratschläge anderer Leute, die uns damals sagten, es sei ungefährlich, solange man früh genug einsteige, stärker hinterfragen sollte. In erster Linie muß man doch der eigenen Einschätzung vertrauen. Und mit Unvorhersehbarem rechnen.

Trotzdem waren wir froh über all die Infos und Tips, die wir von den Locals bekamen. Die kanadische Eiskletterszene war uns gegenüber sehr offen und hilfsbereit, außerdem herrschte immer eine fröhliche Stimmung, die einfach ansteckend war. Als krönenden Abschluß kletterten wir den »Terminator« oberhalb von Canmore. Er ist eher selten kletterbar, weil sich das Eis nur bei speziellen Wetterbedingungen bildet. In diesem Jahr hatte der Zapfen gewaltige Ausmaße. Die erste Schlüsselstelle war schon der Zustieg. Als wir nach drei Stunden endlich am Einstieg angekommen waren, bewies Simon in der ersten Seillänge seine Nervenstärke. Behängt mit Friends und Keilen führte er die praktisch hakenlose M 8 souverän. Danach folgten drei Sechzig-Meter-Längen in senkrechtem Eis und ein abenteuerlicher Abstieg.

Ich freute mich wahnsinnig auf Emanuel. Aber das Heimkommen nach Kanada war alles andere als lustig. Mich erwartete vor allem eine große Ungewißheit. Zum Glück halfen mir meine Eltern beim Umzug, innerhalb von zwei Tagen war das mehr oder weniger erledigt. Für Emanuel, der damals dreieinhalb Jahre alt war, war die neue Situation schwierig zu verstehen. Er wollte wissen, warum wir uns getrennt hatten. Ich versuchte es ihm damit zu erklären, daß Michi und ich ein bißchen wie Hund und Katze wären: Wenn wir einen gewissen Abstand hatten, kamen wir gut miteinander klar, aber wenn wir uns zu nahe kamen, gab es Streit.

Wir mußten sowieso erst einmal eine neue Form finden, wie wir uns die Betreuung von Emanuel aufteilten und ihn betreffende Entscheidungen trafen. Nach Emanuels Geburt hatten wir das gemeinsame Sorgerecht für ihn beantragt, kooperative Lösungen zu finden war durchaus unser Ziel. In der akuten Trennungsphase war das allerdings nicht immer einfach, auf beiden Seiten gab es eine große Verletztheit. Ich war froh, daß wir uns ohne Anwalt einigen konnten. Bei den Betreuungszeiten von Emanuel dachten wir erst an eine flexible Regelung, mußten aber erkennen, daß das nicht funktionierte. Wir legten dann bestimmte Tage pro Woche fest, und seither klappt das sehr gut – und ist sicher auch für Emanuel die bessere Lösung, weil es verläßlich ist und er sich darauf einstellen kann.

Mein Familien- und Berufsleben zu organisieren wurde sehr stark dadurch erleichtert, daß Michi bereit war, seinen Anteil an der Erziehung zu übernehmen. Er entschloß sich, sein Arbeitspensum zu reduzieren, und hat durch die Teilzeitanstellung mehr Zeit für seinen Sohn. Natürlich war es für Emanuel eine große Umstellung, er muß nun zwischen mehreren Bezugspersonen mit unterschiedlichen Einstellungen wechseln, aber trotz all der Nachteile denke ich doch, daß es im nachhinein die beste Lösung für alle Beteiligten war. Emanuel lebte sich in der neuen Umgebung erstaunlich schnell ein, und kontaktfreudig, wie er ist, sprach er jeden an und kannte bald alle Kinder in der Straße.

Auch für mich war es eine Umstellung. Geholfen hat mir in dieser Umbruchsituation, daß ich starken Rückhalt und Unterstützung von meinen Eltern und vor allem von Karin bekam, die im Haus nebenan wohnte und dadurch fast immer erreichbar war. Es war eine sehr schöne Erfahrung, nicht allein dazustehen, sondern sich auf Freunde verlassen zu können. Karin hatte ich beim Bergsteigen kennengelernt, aber unser Verhältnis entwickelte sich eigentlich erst durch die Kinder. Als Emanuel geboren wurde, war ihr zweites Kind rund ein Jahr alt. Von Karin lernte ich viel, und wir waren auch oft zusammen unterwegs. Wir packten unsere Kinder in die Kraxen und zogen gemeinsam los, machten Wanderungen oder andere Unternehmungen. Im Frühjahr, wenn es warm genug war, gingen wir sogar ein paarmal kleinere Skitouren mit den Kindern, die in ihrer Kraxe mit Schaffellsäcken dick eingepackt waren.

Karin und die Kooperation mit ihr machten mir den Neuanfang in Bayerisch Gmain leichter. Mittlerweile haben sich neue Beziehungen ergeben, ein neuer Freundeskreis ist entstanden. Nicht mehr in einer Familie aufgehoben zu sein, wie das innerhalb Michis Familie der Fall war, war ein Verlust. Mit meinen Freunden habe ich sozusagen eine »Ersatzfamilie« gefunden. Ich kann mich auf mich und auf meine Ziele konzentrieren, ohne ständig in das Dilemma zwischen den Erwartungen der anderen und meinen eigenen Wünschen zu kommen. Die Trennung war nicht nur ein Scheitern, sondern auch ein Schritt in die Unabhängigkeit.

Beruf: Kletterin

Vom Bergsteigen leben – fürs Bergsteigen leben

Sich aus gewohnten Strukturen zu lösen und einen neuen Anfang zu wagen benötigt Mut, Entschlossenheit und vor allem Selbstvertrauen. Deswegen brauchte ich eine gewisse Zeit, bis ich reif für diesen Schritt war. Einfacher gemacht wurde es mir dadurch, daß ich mittlerweile durch meine Kontakte zur Bergsportindustrie eine finanzielle Unabhängigkeit erreicht hatte, die mich darin bestärkte, daß ich es auch allein schaffen würde. Die Unterhaltszahlungen, die ich von Michi für Emanuel erhielt, wendete ich zu einem Teil dafür auf, den Kindergarten zu bezahlen; der Rest kam auf Emanuels Konto. Ich wollte Michi auf keinen Fall das Gefühl geben, daß ich mir auf seine Kosten ein schönes Leben machte. Und ich wollte wirklich unabhängig sein.

Zu meinen bisherigen Sponsoren Arc'teryx, Black Diamond und Lowa waren noch Gore, Julbo, ein französischer Hersteller von Sportsonnenbrillen, und schließlich die amerikanische Kletterschuhfirma Five Ten gekommen. Umfaßten meine ersten Verträge zunächst nur die Deckung der Reisekosten und später zusätzlich eine Siegprämie, arbeitete ich nun das ganze Jahr über mit den Firmen zusammen. Die Verträge wurden langfristig meist auf drei Jahre abgeschlossen, was mir Sicherheit und Planbarkeit gewährleistete. Mit sechs Sponsoren zusammenzuarbeiten bringt eine Menge Verpflichtungen mit sich. Ich bemühe mich, auf ihre Anfragen so weit wie möglich einzugehen, denn dafür werde ich schließlich bezahlt.

Konkret sieht das so aus, daß ich den Firmen vor allem für Werbeveranstaltungen zur Verfügung stehe. Das kann ein Foto-Shooting oder das Drehen eines Werbefilms sein, in dem ich als Darstellerin auftrete, oder auch meine Präsenz auf Messen. Auf der ISPO in München oder auf der Outdoor in Friedrichshafen bin ich für mindestens eine meiner Firmen eigentlich immer vertreten, häufig auch, um neue Produkte zu präsentieren und ihren Einsatz an einer Kletterwand zu demonstrieren. Was als Marketingmaßnahme in Amerika schon sehr populär wurde, ist nun langsam auch in Europa im Kommen: Herstellerfirmen organisieren umfangreiche Events, die dem Endverbraucher ein Wochenende lang die Gelegenheit geben, die Ausrüstung zu testen, Workshops bei bekannten Athleten zu machen und sich bei Wettkämpfen, Vorträgen und Partys zu unterhalten. Das Ice Climbing Festival in Kandersteg war die erste Veranstaltung dieser Art in Europa. Um die eigenen Produkte bekannt zu machen, geht der Trend verstärkt in diese Richtung.

In Amerika dauern solche Festivals oft drei bis vier Tage, und dort ist der Kontakt mit prominenten Kletterern besonders gefragt – einmal der Weltmeisterin die Hand schütteln ... Arc'teryx, einer meiner Hauptsponsoren, der Kleidung und Rucksäcke herstellt, sitzt in Vancouver. Unser Kontakt beschränkt sich daher in der Hauptsache auf E-Mails, der Reiseaufwand nach Kanada ist zu groß. Mindestens einmal im Jahr mache ich mich allerdings auf den langen Weg nach Westen. Im Winter fliege ich zum Ice Festival nach Ouray in Colorado, zu dem Teilnehmer aus ganz

Amerika anreisen. Mir macht es Freude, meine Erfahrungen an jüngere Kletterer und vor allem Kletterinnen weiterzugeben und mitzuerleben, wie sie diese umsetzen. Clinics werden beispielsweise zu den Themen Modern Mixed, Traditional Mixed oder Vorstiegstraining angeboten. Je nachdem, wo es stattfindet, kommt im Sommer noch das Kletterfestival RocTrip dazu. Neben den Workshops und Wettkämpfen bleibt mir genug Zeit, um selbst zu klettern und die freundschaftliche Atmosphäre unter den Kletterern aus aller Welt zu genießen.

Zu meinem anderen Hauptsponsor Gore, der auf die Herstellung von Funktionstextilien spezialisiert ist, habe ich einen intensiven Kontakt. Da die Firma im Umland von München ihren Sitz hat, sind Besprechungstermine kein Problem. Veranstaltungen von Gore wenden sich weniger an den Endverbraucher, sondern an Journalisten, und auf solchen Pressereisen war ich schon mehrmals dabei, um die Teilnehmer ins Klettern einzuführen und sie die Bekleidung ausprobieren zu lassen.

Ein anderer wichtiger Punkt der Zusammenarbeit besteht in meiner Mitwirkung bei der Entwicklung von neuen Produkten. Bergsportausrüstung entwickelt sich ständig weiter, neue Materialien oder Prototypen müssen getestet werden. Bei Produktbesprechungen kann ich meine Ideen unterbreiten und Verbesserungsvorschläge machen. Vor der Wettkampfsaison hatte ich jeweils intensive Kontakte mit Lowa. Der Wettkampfschuh sollte weiter optimiert werden, durfte aber trotz der angestrebten Gewichtseinsparung seine Funktionalität nicht einbüßen. In dieser Phase gab es mehrere Besprechungstermine, immer wieder mußte ich den Schuh probieren, damit er noch besser angepaßt werden konnte. Auch bei Gore bin ich in diesen Prozeß integriert: Kann der Handschuh flexibler gestaltet werden? Wo muß die Jacke weiter sein, wo kann sie enger anliegen? Ist es praktischer, wenn die Reißverschlüsse von oben nach unten oder von unten nach oben zu öffnen sind? Das sind Fragen, die sich der Endverbraucher im Normalfall nicht stellt; ihm fällt erst im Gebrauch auf, wenn sich etwas als unpraktisch erweist.

Für Black Diamond als Hersteller von Bergsport-Hardware – Sicherungsgeräte, Klemmkeile, Camalots – sowie Steigeisen und Eisgeräten ist die Beratung durch aktive Spitzenkletterer entscheidend, wenn sich die Produkte in der Praxis bewähren sollen. Im Mixed-Gelände oder beim Drytoolen werden an die Hauen der Eisgeräte andere Anforderungen gestellt als im reinen Eis. An der Entwicklung des aktuellen Wettkampfmodells war das gesamte Black-Diamond-Eiskletterteam beteiligt, außer mir noch Simon und Samuel Anthamatten sowie Petra und Jack Müller. Uns war aufgefallen, daß die Gefahr des Aushebelns bestand, wenn die Haue auf einem Hook saß und ihre Oberseite im Eis anstieß. Um das zu verhindern, wurden auf der Oberseite der Haue ebenfalls Zähne angebracht, damit sich die Haue im Eis verbiß und man das Gerät auch nach außen belasten konnte, ohne daß es gleich vom Hook rutschte.

Wir machen Vorschläge, wie ein Gerät besser funktionieren könnte, beispielsweise indem man den Winkel zwischen Schaft und Haue verändert. Innerhalb des Teams sind wir uns da aber nicht immer einig. Da Männer mehr Maximalkraft und außerdem größere Hände haben, bevorzugen sie einen größeren, dickeren und steileren Griff, während Frauen für ihre zierlicheren Hände einen kleineren Griff brauchen. Die Stückzahlen dieser speziellen Eisgeräte sind viel zu klein, als daß man unterschiedliche Geräte für Frauen und Männer herstellen könnte, es muß also ein Kompromiß gefunden werden. Black Diamond hat das Problem mit Hilfe eines Ringes gelöst, den man in den Griff einsetzen kann, um ihn zu vergrößern. Wo es möglich ist, halte ich die Berücksichtigung weiblicher Bedürfnisse für ein wichtiges Verkaufsargument. Während es bei der Bekleidung und bei Schuhen schon seit längerem spezifische Frauenmodelle gibt, setzt sich dieser Trend beispielsweise bei Rucksäcken erst nach und nach durch.

Für die Sponsoren ist daneben entscheidend, daß ich möglichst oft in den Medien präsent bin und den Zuschauern oder Lesern suggeriere, mein Erfolg stehe im Zusammenhang mit den Produkten, die ich benutze. Die Zusammenarbeit mit Presse und Fernsehen ist daher ein umfangreicher Teil meiner Arbeit. Ich stelle mich für Interviews zur Verfügung, schreibe auch selbst Artikel und versorge die Medien mit Fotos, auf denen die Labels meiner Sponsoren zu sehen sind. Auch wenn der Werbewert schwierig zu quantifizieren ist: Eine Anzeigenseite kostet viel Geld. Ein vierseitiger Bericht über mich, der großzügig mit Bildern illustriert ist, auf denen die Ausrüstung zu sehen ist, bringt unter Umständen mehr. Innerhalb eines redaktionellen Beitrags nimmt der Leser ein Produkt anders wahr, als wenn er es auf einer Anzeige sieht.

Um für die Medien attraktiv zu sein, muß ich etwas bieten – ein schwieriges Projekt, eine besondere Leistung, eine spannende Geschichte, super Bilder. Meine Verpflichtung den Sponsoren gegenüber erzeugt einen gewissen Druck, mir immer wieder etwas einfallen zu lassen, was für die Öffentlichkeit von Interesse sein könnte. Hier kommt mir mein Frauenbonus zugute, denn als Eiskletterin bin ich sowieso schon eine Exotin, als Profi-Kletterin mit Kind erst recht. Ich bin manchmal selbst überrascht, wie oft Journalisten auf mich zukommen, wie viele Beiträge das Fernsehen mit mir machen will. Beim Felsklettern ist es vielleicht noch etwas anders, aber im Eis gibt es nicht nur im Wettkampf, sondern auch als Profis sehr wenige Frauen. Dadurch schaffte ich es über die Bergsportzeitschriften hinaus auch in Tageszeitungen und in die allgemeine Presse.

Daß diese Aufmerksamkeit in erster Linie auf meine Doppelrolle als professionelle Bergsteigerin und Mutter zurückzuführen ist, wissen natürlich auch meine Sponsoren. Deswegen kann ich umgekehrt mit Verständnis rechnen, wenn manches sich mit Kind einfach nicht realisieren läßt. Hari Berger beneidet mich manchmal regelrecht darum, eine Frau zu sein. Er macht mindestens genauso aufregende Projekte wie ich und fragt sich, wie es mir gelingt, so oft im Fernsehen präsent zu sein und auch noch Geld dafür zu bekommen, während er bei solchen Aktionen meistens draufzahlt.

Das Fernsehen plant grundsätzlich langfristiger, mit einer Vorlaufzeit von vier bis acht Wochen, damit alles organisiert werden kann. Das ist bei den Zeitschriftenredaktionen anders: Die haben es oft sehr eilig. Meldungen mit Nachrichtenwert müssen kurzfristig erstellt werden, bei Hintergrundberichten hat man manchmal mehr Zeit. Ich hatte aber auch schon Interviewanfragen, die drei Monate im voraus da waren; das erleichtert meine eigene Planung. Im Umgang mit den Journalisten mußte ich erst meine Erfahrungen machen. Ich habe gelernt, wie wichtig es ist, die Berichte vor Erscheinen gegenzulesen. Ehe man sich versieht, ist man zur Heldin hochdramatisiert worden, und ich möchte wirklich nicht die Darstellerin in einem sensationsgierigen Stück sein. Manchmal schätzt man die Leute einfach auch falsch ein. Als Extremsportlerin muß man darauf achten, was aus einem »gemacht« wird. Und dann muß ich natürlich oft die üblichen Mißverständnisse ausräumen, also erklären, daß Freiklettern nichts damit zu tun hat, ohne Seil zu klettern, sondern bedeutet, daß man sich nur mit Hilfe der natürlichen Felsoberfläche fortbewegt. Abgesehen von den alpinen Magazinen und den speziellen Bergsteigerredaktionen bei Hörfunk und Fernsehen kann ich nicht davon ausgehen, daß die Journalisten etwas vom Klettern verstehen. Aber meistens ergibt sich eine sehr kollegiale und angenehme Zusammenarbeit, die für beide Seiten von Nutzen ist.

Bei solchen Terminen fällt mir dann erst wieder auf, wie schwierig das, was ich tue, für einen Anfänger sein kann. Bei Dreharbeiten für den Mitteldeutschen Rundfunk ging ich mit dem Fernsehteam zum Eisklettern an die Grünseefälle. Von der Bergstation der Weißseebahn stapften wir erst einmal zwei Stunden durch tiefen Schnee zum Einstieg – mit Kamera und Filmausrüstung im Gepäck war das kein Spaß. Ich hatte eine WI 3+ ausgewählt, eine maximal siebzig bis 75 Grad geneigte Route, damit sie für den Moderator im Nachstieg gut zu schaffen war und auch die Aufnahmen problemlos gemacht werden konnten. Wenn man dann selbst leicht und spielerisch hinaufturnt, macht man sich gar nicht bewußt, welche Herausforderung so eine Seillänge für jemanden sein kann, der das nicht gewöhnt ist. Das Eis war damals ideal zum Klettern, und es war sicherlich ein großes Erlebnis für alle Beteiligten. Und ich hatte mal wieder etwas gelernt: mich noch mehr auf diejenigen einzustellen, mit denen ich ins Gelände gehe.

Aber dieses Entgegenkommen hat auch ganz klar seine Grenzen, wo es für mich oder auch andere gefährlich wird.

Der Sturz oberhalb von Isenfluh, als ich trotz der zu hohen Temperatur einstieg, war mir eine Lehre, mich nicht unter Druck setzen zu lassen, auch wenn das Fernsehteam extra aus München in die Schweiz angereist ist und dadurch Kosten entstanden sind. Geld rechtfertigt kein Risiko. Ich habe nicht mehr den Ehrgeiz, um jeden Preis alle zufriedenzustellen. Als ich mit Hari auf unserer zweiten Norwegenreise einen langen Wasserfall klettern wollte, hätte uns am Ausstieg das Fernsehteam von »Fit for Fun« erwarten sollen. Es herrschten eisige Kälte und starker Wind; deswegen beschloß das Team, nicht in die Route abzuseilen. Minus zwanzig Grad machten uns aber auch beim Klettern zu schaffen, und sie ließen das Eis spröde und brüchig werden. Als sich an einer Stelle mit einem lauten Knacken ein meterlanger Horizontalriß bildete, bekamen wir es mit der Angst zu tun. Das Eis hatte so viel Spannung, daß wir uns einig waren, die Tour aus Sicherheitsgründen abzubrechen. Wir waren beide froh, als wir heil wieder unten ankamen. Die Fernsehleute bekamen aus keiner der vorgesehenen Perspektiven Einstellungen und waren zu Recht enttäuscht, das Ganze war schon in der Vorbereitung ein riesiger Aufwand gewesen. Trotzdem riskiere ich nicht für einen fünfminütigen Beitrag mein Leben.

Die aufwendigsten Dreharbeiten, die ich erlebt habe, fanden am Watzmann statt. Die Überschreitung im Winter, in einer Frauenseilschaft. Alles bis ins Detail geplant und vorbereitet, sogar nach langwierigen Verhandlungen die Landeerlaubnis für den Helikopter erhalten. Zwei Filmteams, eines im Hubschrauber, eines am Grat, insgesamt elf Personen. Aber dann kam es eben doch anders als geplant: Sandra, die meine Seilpartnerin sein sollte, wurde krank; ich mußte kurzfristig eine Frau finden, die der Tour gewachsen war. Der Talnebel war zäher als erwartet, ließ dann aber doch den Flug zu. Am Hocheck konnte der Pilot allerdings nicht aufsetzen, also mußte das gesamte Filmmaterial vom Watzmannhaus nach oben getragen werden, was viel Zeit kostete. Der unerschöpflichen Energie des Kameramanns Jochen Schmoll hatten wir es zu verdanken, daß am Ende des Tages sowohl spannende Kletteraufnahmen als auch Bilder der Skiabfahrt im Kasten waren. Das war richtig harte Arbeit gewesen, aber wenn das Ergebnis entsprechend ausfällt, lohnt sich ein solcher Aufwand.

Der Zusammenarbeit mit Fotografen und Kameraleuten, die auf das Bergsteigen spezialisiert sind, kommt in meinem Tätigkeitsfeld eine große Bedeutung zu. Um in steilen Routen gute Bilder machen zu können, muß der Fotograf geländegängig sein, von oben in die Wand abseilen und sich zum Teil mit langen Stelzen vom Fels abdrükken, um den notwendigen Abstand zum Motiv einzunehmen. Wenn dabei gute Aufnahmen entstehen, profitieren beide Seiten davon. Habe ich bei einem Projekt einen Fotografen dabei, gehen wir beide in Vorleistung und bemühen uns anschließend, das entstandene Bildmaterial zu vermarkten. Die Rechte verbleiben beim Fotografen, ich kann die Bilder für meine persönlichen Zwecke nutzen. Mit Leuten wie Rainer Eder, Klaus Fengler oder Andi Hechenberger hat sich über die Jahre ein freundschaftliches Geben und Nehmen entwickelt.

Nachdem ich hauptberufliche Kletterin geworden war, entstand relativ bald die Notwendigkeit eines eigenen Internetauftritts. Für die Gestaltung meiner Website war es optimal, einen großen Fundus an erstklassigem Bildmaterial zu haben. Das galt erst recht für die Diavorträge und kürzere Präsentationen, die von Jahr zu Jahr häufiger angefragt wurden. Bei meinen ersten Vorträgen kämpfte ich noch mit meiner Nervosität, ich war das Sprechen vor großem Publikum nicht gewöhnt und hatte ständig den Horror, mit der Technik könnte irgend etwas schiefgehen und ich hilflos davorstehen. Wie überall, kam auch hier die Sicherheit mit der Übung. Ein bißchen aufgeregt bin ich in solchen Situationen zwar heute noch, aber diesen Zustand empfinde ich eher als eine Form von Energie, die mich pusht.

Das schönste an einem Vortrag ist, wenn ich spüre, wie die Zuschauer mitgehen – sich von den Bildern und der Musik einfangen lassen, meine Abenteuer miterleben, mitfiebern, lachen. Dann weiß ich, es stimmt. Am einfachsten sind für mich daher Gelegenheiten, bei denen die Kletterfreaks zusammenkommen, wie Bergfilmfestivals oder Eiskletter-Events. Einen der für mein Gefühl besten Vortragsabende hatte ich in Ouray, obwohl da die Herausforderung dazukam, daß ich ihn auf Englisch bestreiten mußte. Das Publikum kannte mich schon aus dem Vorjahr, in dem ich bereits am Wettkampf teilgenommen hatte. Der Saal war gesteckt voll mit jungen Leuten. Anschließend kamen viele von ihnen auf mich zu, vor allem Frauen, die sich darin bestärkt fühlten, auch mit Kind wieder aktiv zu werden. »You're inspiring me so much« – diesen Satz hörte ich natürlich gern. Es beeindruckte mich, daß ich so viele positive Rückmeldungen bekam.

Bei Vorträgen in größeren Firmen oder Banken handelt es sich um eine völlig andere Klientel. Der Zugang zum Thema Extremsport unterscheidet sich: Nicht das Erlebnis steht im Vordergrund, sondern das Erreichen eines Ziels und vor allem der Weg bis dorthin. Die Motivation, das Setzen eines erreichbaren Ziels, das Realisieren dieses Ziels, das Setzen eines höheren Ziels, das Treffen von Entscheidungen – das sind die zentralen Fragen, um die es geht, und die ich so vermitteln muß, daß sie im Berufsalltag des einzelnen umgesetzt werden können.

Mittlerweile habe ich unter dem Titel »Dance on Ice« einen zweiten Diavortrag zusammengestellt, mit der tatkräftigen Unterstützung von Holger Heuber, der mir vor allem bei den Übergängen und beim Einbau der Filmsequenzen half. Bei der Organisation meiner Vorträge arbeite ich mit der PR-Agentur von Sandra Nell in München zusammen, sie führt die Verhandlungen und kümmert sich um die Termine und die Verträge. Wenn das Honorar stimmt, nehme ich auch eine weite Anfahrt in Kauf. Manchmal geht es dann aber auch nicht mehr auf, weil Zeit- und Reiseaufwand unterm Strich zu groß sind. Da mußte ich auch lernen, nein zu sagen; ich muß nicht mehr auf Teufel komm raus bekannt werden. Ich bin ohnehin schon furchtbar viel unterwegs. Allein mit meinem eigenen Wagen komme ich locker auf 35 000 Kilometer im Jahr, die auf den Reisen in Mietautos zurückgelegten Strecken gar nicht gerechnet. Deswegen habe ich mich kürzlich auch entschlossen, in Zukunft umweltfreundlicher mit Autogas zu fahren.

Eine weitere Einkommensquelle für mich waren bisher die Preisgelder, die ich in den Wettkämpfen gewann. Ein erster Platz im Weltcup ist, sofern ein Preisgeld ausgerichtet wird, immerhin tausend Euro wert. Verglichen mit etablierten Sportarten mag das lächerlich wenig klingen, auch verglichen mit dem Aufwand, den man dafür treibt – aber ums Geld geht es ja letztendlich keinem der Teilnehmer. Trotzdem ist es eine schöne Anerkennung, wenn man nicht ganz leer ausgeht. Und wenn wir schon bei den etablierten Sportarten sind: Selbstverständlich gibt es auch im Eisklettern für die Gewinnerin und den Gewinner einen Pokal. Nur habe ich die jeweils ganz schnell in den Keller verräumt, sie entsprechen dann doch nicht ganz meinem Geschmack. Vielleicht kann ich sie irgendwann einmal für einen guten Zweck versteigern?

Wie jede berufstätige Mutter stehe ich tagtäglich vor der Herausforderung, meine beruflichen Pflichten, die Kinderbetreuung und meine eigenen Bedürfnisse zu vereinbaren. »Vergiß deine Träume nicht und opfere deine Wünsche nicht dem Alltag« – als ständige Mahnung hängt dieser Spruch auf einer Postkarte über meinem Spülbecken. Wenn das nur immer so einfach wäre! Allerdings habe ich es dadurch, daß Michi einen festen Anteil an den Betreuungszeiten übernimmt, leichter; ohne sein Engagement wären meine alpinistischen Aktivitäten in dem Umfang gar nicht möglich.

Von Samstagabend bis zum Donnerstag ist Emanuel bei mir. Ich bringe ihn am Donnerstag in den Kindergarten, Michi holt ihn mittags dort ab. Dann bleibt Emanuel bis zum Samstagabend, manchmal auch Sonntagmorgen bei ihm. Für Emanuel ist es schön und sehr wichtig, einen kontinuierlichen und liebevollen Kontakt zu seinem Vater zu haben. Am Anfang waren die Übergabesituationen schwierig und gingen selten ohne Tränen ab. Mittlerweile ist der regelmäßige Wechsel zwischen Vater und Mutter Normalität geworden, und Emanuel hat sich daran gewöhnt, daß in unterschiedlichen Haushalten auch mal unterschiedliche Regeln gelten.

Meine alpinen Aktivitäten konzentrieren sich auf die kinderfreien Tage Donnerstag, Freitag und Samstag. Zusätzlich habe ich die Vormittage, wenn Emanuel im Kindergarten ist. Diese klare Zeitstruktur, die der Kindergarten vorgibt, kommt mir entgegen, denn sie bringt mich dazu, die Stunden, die mir bleiben, wirklich zu nützen. Wenn ich den ganzen Tag Zeit habe, besteht viel eher die Gefahr, daß ich mich in Details verzettele. Bei der Büroarbeit am Computer muß mich dazu disziplinieren, die anstehenden Aufgaben nach ihrer Dringlichkeit zu erledigen – Lustprinzip hin oder her. Viele Leute nehmen in erster Linie wahr, daß ich ständig am Klettern bin, aber wenn man das professionell betreibt, gehört schon noch anderes dazu. Jeden Tag zu trainieren wäre sowieso kontraproduktiv, also verlege ich die Schreib- und Organisationsarbeiten auf die Ruhetage und die Abende, wenn Emanuel im Bett ist. Da gibt es einiges zu tun: Anfragen der Presse und des Fernsehens beantworten, den neuen Vortrag zusammenstellen, die Homepage aktualisieren, endlich die Steuererklärung machen, Reisen organisieren, Fotografen beauftragen – die Planung der Reisen ist immer unheimlich zeitaufwendig. Auch wenn es Arbeit bedeutet, freue ich mich immer noch über jede Anfrage von Redaktionen, und ich nehme gern die Gelegenheiten wahr, im Gespräch zu bleiben, schon allein wegen der Verpflichtung meinen Sponsoren gegenüber.

Emanuel muß um spätestens neun Uhr im Kindergarten sein. Vorher lassen wir es eher ruhig angehen und nehmen uns Zeit für ein gemütliches Frühstück. Momentan genießen wir das ganz bewußt, denn sobald Emanuel in die Schule kommt, ist es damit vorbei. Von neun bis halb zwei habe ich dann viereinhalb Stunden zum Trainieren, manchmal auch ein bißchen mehr, wenn Karin neben ihrer Tochter Antonia auch Emanuel vom Kindergarten abholt. Mittags wechseln Karin und ich uns beim Kochen ab, so daß nur eine von uns den Aufwand hat. Am Nachmittag tun wir uns meist mit anderen, oft auch alleinerziehenden Müttern zusammen, so daß jede mal ihren Freiraum hat. Mittwochs beispielsweise sind immer drei bis vier Kinder zum Musikunterricht bei mir. Spielt Emanuel nicht mit den Kindern in der Nachbarschaft, unternehmen wir etwas Sportliches, gehen im Winter auf die Skipiste, zum Schlittschuh- oder Schlittenfahren, im Sommer zum Baden, Radfahren oder Wandern. Emanuel kommt auch gern zum Klettern mit. Ich installiere ihm dann oft an den Bohrhaken eine Schaukel – je überhängender die Route, desto besser wird die Schaukel. Irgendwann ist seine Geduld zu Ende, und wir beenden den Kletternachmittag bei einem Kuchen oder einem Eis. Ich muß darauf achten, seine Bedürfnisse zu berücksichtigen, immer mal wieder gibt es Kollisionen zwischen seinen und meinen Vorstellungen. Aber Basteln ist schon nicht so mein Ding, und ich finde es schön, daß er sich für das Draußensein begeistern läßt.

Es liegt in der Natur der Sache, daß sich in meinem Fall Berufs- und Privatleben nur schwer trennen lassen, das geht alles ineinander über. Auf der einen Seite genieße ich die Momente im Rampenlicht, wenn ich einen Titel gewonnen habe und bejubelt werde, auf der anderen Seite merke ich, daß ich keine öffentliche Person werden will und mein Privatleben schützen, mich abgrenzen muß. Beim Training ist das ähnlich: Ich nehme es sehr ernst, vor allem in der Zeit der Wettkampfvorbereitung, aber trotzdem versuche ich, so viel Raum für Spontanität zu lassen, daß ich zwischendurch mit Freundinnen zum Vergnügen klettern kann. Dann brauche ich allerdings auch wieder Kletterpartner auf meinem Niveau, mit denen ich schwierige Stellen gemeinsam auschecken kann, so daß wir uns gegenseitig pushen.

Eigentlich trainiere ich sowieso nicht sehr strukturiert. Im Herbst, auf die Eissaison hin, habe ich schon ein einigermaßen festes Schema. Nachdem ich für den Winter sehr intensiv und zu einem großen Teil indoor trainiere, fehlt mir im Sommer die Motivation, das Felsklettern auch noch systematisch anzugehen. Da will ich einfach raus und klettern, meine Zeit für schöne Routen nützen. Mit einem spezifischen Aufbautraining könnte ich vermutlich schon noch etwas herausholen – aber im Moment ist mir der Spaß an der Sache wichtiger. Beim Routenklettern trainiere ich eher im Ausdauerbereich. Die Belastung ist vor allem statisch; je länger die Route ist, desto mehr Pump zieht es mir auf, und ich muß schauen, daß ich trotzdem durchkomme. Bouldern ist gut geeignet, um in den Maximalkraftbereich zu kommen. An den Felsblöcken in Absprunghöhe geht es um dynamische Einzelzüge, die explosiv, schnell und exakt funktionieren müssen.

Erfahrungsgemäß kann ich vier bis fünf Tage in der Woche trainieren. Nach höchstens zwei Tagen brauche ich einen bis zwei Pausentage. Mache ich mehr, riskiere ich Übertraining und baue kontinuierlich ab. Ich verlasse mich dabei sehr stark auf mein Körpergefühl. Ich mache, was sich gut anfühlt. Ich merke, wenn ich an einem Punkt bin, an dem ich aufhören sollte, weil es keinen Sinn mehr macht. Umgekehrt spüre ich auch, wenn ich noch weitermachen muß, damit es etwas bringt. Alles eine Frage der Erfahrung. Leider lautet einer der Erfahrungswerte, daß der Trainingseffekt erst einsetzt, wenn es weh tut, wenn man glaubt, man kann nicht mehr, wenn man aufhören will. Und ein zweiter: Am nächsten Tag unbedingt ganz etwas anderes machen, durch Konditions- oder Beweglichkeitstraining einen Ausgleich schaffen. Ich habe es zwar gern, wenn ich spüre, daß ich etwas getan habe, aber das Ziel sollte schon nicht sein, daß man sich vor Muskelkater nicht mehr rühren kann.

In einer typischen Trainingswoche in der Vorwettkampfphase im Dezember bin ich am Montagvormittag in Salzburg bei Kirsten und Hari im Boulderraum. Das Drytoolen an Klettergriffen sieht roh aus, und man braucht auch wirklich ein Gefühl für die Qualität der Hooks – bricht ein Gerät aus, würde man es sich mit großer Wahrscheinlichkeit ins Gesicht schlagen –, aber zusammen mit Freunden macht es Spaß. Wir trainieren schwere Züge, die wir zuerst einzeln probieren und dann zusammenhängen. Das können Dynamos, extrem weite Züge oder auch heikle Manöver an schwingenden Holzteilen sein; auf jeden Fall lassen sich so die eigenen Grenzen ausloten. Als Abschluß zeigt einer die zu benutzenden Griffe mit einem Stock an, der andere muß sie onsight klettern. Nach fünf Minuten wechseln wir und machen insgesamt drei bis vier Runden. Je näher die Wettkämpfe kommen, desto länger klettern wir am Stück, um letztendlich auf die im Wettkampf zu kletternde Zeit zu kommen. Nach zwei bis drei Stunden sind alle platt, wir ziehen vom Dachboden in die Küche um und trinken Kaffee.

Dienstags gehe ich in den Kraftraum des Fitneßstudios oder, vorausgesetzt die Bedingungen stimmen und ich habe einen Kletterpartner, in die nahe bei Berchtesgaden liegende Tristramschlucht. Dort gibt es einige überhängende Mixed-Routen mit schönen Eiszapfen. Durch ihre Steilheit sind sie richtig anstrengend und ein ideales Trainingsgebiet für die Wettkämpfe. Am Mittwoch ist dann ein Erholungstag angesagt, oder zumindest fast: Den vormittäglichen Bürostunden vor dem Computer entwische ich zwischendurch kurz für die Dehnungsgymnastik von Margot Zeitvogel, die mit Elementen aus Yoga und Tanz meiner Beweglichkeit auf die Sprünge hilft.

Donnerstag habe ich den ganzen Tag Zeit, die ich nützen kann, um in ein entfernteres Mixed-Gebiet, beispielsweise nach St. Johann, zu fahren. Draußen zu klettern klingt in erster Linie nach Vergnügen, kann aber ganz schön hart sein. Wegen der Kälte hält sich der Spaß beim Wintertraining manchmal in Grenzen, und ich muß mich immer wieder neu dazu motivieren. Ich bin zu einer begeisterten Saunabesucherin geworden, das härtet mich für den Winter ab. Am Freitag ist dann wieder Zeit für eine Pause beziehungsweise für einen Bürotag. Samstags, wenn mehr Freunde Zeit haben, gönne ich mir dann eine Skitour und freue mich darauf, am Abend Emanuel wiederzusehen. Und er freut sich umgekehrt darauf, mit mir am Sonntag auf die Piste zu gehen und mir sein Können auf den Skiern zu demonstrieren.

Auch im Sommer verbringe ich den Sonntag mit Emanuel nach Möglichkeit draußen. Am Beginn der Woche bin ich frisch, fahre also meist montags und dienstags eine Viertelstunde mit dem Bike (oder etwas kürzer mit dem Auto) in den Klettergarten Karlstein. Ihn entdeckte ich nach meinem Umzug nach Bayerisch Gmain für mich. Er wird vor allem von Reichenhaller und Traunsteiner Kletterern frequentiert, unter denen zahlreiche Frauen sind. Viele der schweren Routen wurden von Thomas und Alexander Huber erstbegangen. Die Szene und die Stimmung dort sind mir sehr angenehm, und ich kann gut auch ohne Kletterpartner kommen, denn meistens ist irgend jemand da, mit dem ich klettern kann, zum Beispiel Hellei, der »Hausmeister« von Karlstein. Nach vollbrachtem Werk ist es ein Muß, bei der Heidi vom Kugelbachbauern einzukehren. Bei ihr gibt es den besten Kuchen und die coolsten Kletterfeste.

Wir lieben unseren Fels in Karlstein, auch wenn er an ein

paar Stellen schon etwas abgeklettert ist. Vom Frühling bis zum Spätherbst gibt es immer eine Wand, an der etwas geht, selbst bei Regen kann man in den Überhängen klettern. An der Drug Wall verbirgt sich hinter Routennamen wie »Cannabis«, »Magic Mushroom« oder »Mescalito« ein ganzes Spektrum an Routen zwischen 8– und 10+, eine große Spielwiese, auf der ich mich austoben kann, und noch haufenweise Projekte für die Zukunft. Wenn ich mich nach drei oder vier Stunden wieder auf mein Bike setze, reicht das vollauf – schließlich sollte ich noch einen Kochlöffel halten können, wenn Emanuel mittags mit einem riesigen Hunger heimkommt.

Am Mittwoch ist dringend eine Pause erforderlich. Am Donnerstagmorgen bringe ich Emanuel in den Kindergarten und habe dann drei freie Tage vor mir, an denen ich an alpinen Projekten arbeiten kann. Aber auch an den Tagen, an denen Emanuel da ist, kann ich zwischendurch schnell eine Trainingseinheit einlegen, die Strickleiter hinauf- und hinunterhangeln oder mich auf die Slackline stellen, die ich seit drei Sommern im Garten gespannt habe. Auf dem Seil zu balancieren ist nicht nur in, sondern es hat mir für das Klettern viel gebracht. Ich stehe einfach sicherer. Außerdem ist das ein sehr sozialer Sport: Man trifft sich mit ein paar Leuten, wechselt sich auf der Slackline ab, jeder probiert seine Sprünge und Tricks, die anderen versuchen sie nachzumachen – wir haben es da einfach gut miteinander.

Sofern ich meinen Alltag gut organisiere, lassen sich meine sportlichen Ambitionen, die beruflichen Pflichten und die Versorgung von Emanuel gut vereinbaren. Aber der organisatorische Aufwand ist hoch, und wenn ich daneben auch noch persönliche Wünsche verwirklichen will, muß ich mir die Putzfrau oder den Babysitter zugestehen. Die

Zeit, die ich mit Emanuel habe, nutze ich intensiv. Emanuel bereichert mein Dasein, mit ihm erlebe ich so viel Schönes, und es fasziniert mich immer wieder aufs neue, ihn heranwachsen zu sehen. Das Glück, das mir durch ihn zuteil wird, wiegt die Einschränkungen, die er manchmal mit sich bringt, auf. Ein Kind zu haben bedeutet, eine neue, tiefe Beziehung einzugehen. Dafür lohnt es sich, ein Stück Freiheit aufzugeben.

Ein Kind bedeutet aber auch Verantwortung. In diesem Zusammenhang höre ich in meinem Umfeld öfter mal den Vorwurf heraus, es sei doch zu gefährlich, so einen Beruf auszuüben und gleichzeitig Mutter zu sein. Ich stelle dann gern die Gegenfrage, ob denn Autofahren nicht genauso gefährlich sei wie Klettern. Durch das über die Jahre gewachsene Gefahrenbewußtsein und eine hohe Aufmerksamkeit versuche ich, das Risiko so gering wie möglich zu halten. Ich möchte mich auf keinen Fall in unnötige Gefahren bringen, nicht nur meinem Kind, sondern auch mir zuliebe. Meine Verantwortung gegenüber Emanuel habe ich bei der Routenauswahl im Hinterkopf, vor allem bei der Frage nach den Absicherungsmöglichkeiten und den objektiven Gefahren. Ich will das Risiko unter Kontrolle haben; ich brauche das Gefühl, daß ich mich auch im Falle eines Sturzes nicht umbringe. Bewußt steige ich nicht mehr in Routen ein, in denen ich mit unkalkulierbaren Risiken konfrontiert bin. Das wäre ohne Kind vielleicht anders. Bin ich dann erst mal am Klettern, denke ich nicht mehr an Emanuel. Meine Gedanken müssen zu hundert Prozent bei dem sein, was ich tue. Es würde mich verunsichern, wenn ich mir ständig bewußt machen würde, daß daheim mein Kind auf mich wartet. Ich bin völlig in der Situation präsent, alles andere ist unwichtig.

Von objektiv gefährlichen Routen lasse ich aus Vernunftgründen die Finger. Das gilt auch für Free Solo, wenn es nicht gerade »aus Versehen« passiert wie mit Simon in »Polar Circus«. Ich bewundere Ueli Steck, der Routen wie »Excalibur« an den Wendenstöcken und »The Young Spider« in der Eiger-Nordwand solo kletterte, aber für mich wäre das nicht vorstellbar. Als ich von Uelis Solobegehung der »Crack Baby« an der Breitwangfluh bei Kandersteg hörte, fand ich das sehr mutig. Eis ist nicht hundertprozentig berechenbar, das Feeling für das Eis spielt da eine ganz große Rolle, dafür fühlte ich mich nicht erfahren genug. Ueli und ich waren die Tour zuvor gemeinsam gegangen. Es gab eine Stelle, an der ich lieber zwei Schrauben im Abstand von drei Metern setzte als nur eine. Bei schlecht abgesicherten oder abzusichernden Routen liegt der Fall anders, da kann es durchaus sein, daß man sie besser solo geht, bevor man sich etwas vormacht und sich in einer falschen Sicherheit wiegt. Dann weiß man wenigstens genau, daß man keinen Fehler machen darf.

Alleingänger wie Ueli oder auch Alexander Huber beschreiben eine Art von meditativem Zustand, in den sie bei einer Solobegehung geraten. Ich hatte in »Polar Circus« ein sehr intensives Gefühl der Wachheit. Was mir allerdings beim Klettern in Seilschaft zum Ende des Winters hin regelmäßig passiert: Mit zunehmender Routine lege ich immer weniger Sicherungen. Weil ich mich sicher fühle und schneller klettere, bin ich in einem solchen Bewegungsfluß, daß ich in leichteren Wasserfällen gar nicht merke, wie weit ich schon über der letzten Sicherung stehe. Manchmal muß ich mich regelrecht dazu zwingen, mir zu überlegen, wo ich die letzte Schraube gesetzt habe und was passieren würde, wenn ich ausrutschen würde. Eine Eisschraube zu setzen kostet nicht viel Zeit, vielleicht eine Minute, schon bin ich wieder weiter. In anspruchsvollem Gelände werde ich um so langsamer, je weiter ich von der letzten Schraube entfernt bin. Wenn ich dann unter Streß stehe und mit jedem Gerät mehrmals schlage, damit es auch sicher hält, kostet das im Endeffekt mehr Zeit, als wenn ich noch eine Schraube setzen und zügig weiterklettern würde.

Ich möchte noch sehr, sehr lange für Emanuel da sein. Ich stelle mir das eigentlich auch nie vor, wie es für ihn wäre, keine Mutter mehr zu haben. Ich ziehe nicht in Betracht, daß ich bei meinem Sport sterben könnte. Aber so gut kann man das Thema Tod gar nicht verdrängen, daß man durch Unfälle im Bekanntenkreis oder in der Umgebung nicht doch wieder damit in Berührung käme. Im letzten Winter gab es allein im Berchtesgadener Land drei Lawinentote. Als das Dach der Eislaufhalle in Bad Reichenhall einstürzte, kamen zwölf Kinder und Jugendliche und drei Erwachsene ums Leben. Als größte Gefahr beim Klettern schätze ich die Routine ein – tödliche Fehler wie ein nicht zu Ende gebundener Anseilknoten oder beim Abseilen ein zu kurzes Seil. Vielleicht noch schlimmer als der Tod: die Vorstellung, ich könnte nach einem Unfall querschnittsgelähmt sein. Mich nicht mehr bewegen zu können, das wäre unerträglich für mich.

Stärker als die Gefahren meines Berufs beschäftigt mich der damit verbundene Zeitaufwand. Wie wahrscheinlich jede berufstätige Mutter habe ich oft ein schlechtes Gewissen gegenüber Emanuel, weil er zu kurz kommt und ich so viel unterwegs bin. Er hat sich schon daran gewöhnt, daß ich ihm von jeder Reise etwas mitbringe, eine kleine »Wiedergutmachungsmaßnahme« meinerseits. Verbringen wir längere Zeiträume miteinander, spüre ich deutlich, daß unser Verhältnis harmonischer, normaler wird. Emanuel möchte seinen Platz in meinem Leben haben, und da komme ich manchmal mit meinen anderen Verpflichtungen in Konflikt. Auch wenn sich alle Beteiligten um Emanuel sehr bemühen, ist es schwierig für ihn, Wurzeln zu schlagen, so viel, wie er schon selbst unterwegs ist. Ich habe ihn gern auf meinen Reisen dabei, gerade weil ich selbst so viel Freude an fernen Ländern habe und ihn daran teilhaben lassen will. Beim Felsklettern läßt sich das relativ problemlos organisieren und mit Camping, Lagerfeuer und ähnlich Kinderfreundlichem kombinieren. Dabei übersehe ich manchmal, daß Emanuel am liebsten daheim bei seinen Freunden ist, mit seinem Bulldog spielt und davon träumt, wie sein Onkel eine Ducati zu fahren, wenn er mal groß ist. Momentan scheinen wir doch noch nicht ganz die gleiche Interessenlage zu haben.

Auch wenn in den Medien immer dargestellt wird, wie toll es sei, daß ich Extremsport und Kind unter einen Hut kriege – ich bin mir nicht so sicher, ob ich als Vorzeigebeispiel für die erfolgreiche Bewältigung moderner weiblicher Doppelbelastung tauge. Wenn ich eine Vorbildfunktion übernehmen könnte, dann sehe mich eher als Botschafterin eines selbstbewußten Frauenalpinismus. Ich finde es erstrebenswert, daß noch mehr Frauen nicht nur »mitgehen«, sondern ihre Touren selbständig planen und durchführen.

Für mein Umfeld ist es manchmal gewöhnungsbedürftig, daß meine Arbeit so sehr nach Freizeitvergnügen aussieht. Andere Frauen ziehen morgens ein Kostüm an und fahren ins Büro, ich ziehe eben meine Kletterklamotten an und gehe trainieren. Und das muß ich sehr konsequent tun, sonst erreiche ich nichts. Ich habe klare Ziele vor Augen, auf die ich hinarbeite, und dafür brauche ich Zeit. Ohne einen gewissen Egoismus sind extreme Leistungen nicht zu erreichen, auch wenn ich damit Gefahr laufe, als »Rabenmutter« angesehen zu werden, die sich zuwenig Zeit für ihr Kind nimmt und ihren beruflichen Erfolg über das Kindswohl stellt. In einem eher ländlichen Umfeld wie im Berchtesgadener Land passiert das schneller als in der Stadt. Den Vorwurf, ich würde mein Kind im Stich lassen, wenn es anderweitig versorgt ist, finde ich nicht gerechtfertigt. Andere Länder sind da sehr viel weiter und stellen die nötigen Einrichtungen zur Verfügung, um Müttern eine berufliche Karriere zu ermöglichen. Die Killerphrase von der Rabenmutter sollte Frauen nicht davon abhalten, ihren eigenen Weg zu gehen und sich diesen zu organisieren. Ohne das unterstützende Netz aus Freundinnen, Vater, Omas und Babysitter wäre für mich die Wettkampfphase im Winter niemals zu schaffen.

Neue Projekte wähle ich auch danach aus, wie vertretbar sie für Emanuel sind. Das betrifft zum einen die Sicherheit, zum anderen die Zeit; in meinen drei freien Tagen sollten sie machbar sein. Deswegen suche ich sie eher vor meiner Haustür als in weit entfernten Gebieten. Auch wenn ich ab und zu von einer Kletterexpedition an hohe Wände in Patagonien oder im Himalaja träume, werde ich auf absehbare Zeit sicherlich nicht an einer Expedition teilnehmen können. Damit ich für meine Sponsoren und für die Medien interessant bleibe, muß ich etwas Besonderes machen. Da trifft es sich gut, daß es mich im Sommer sowieso in hohe alpine Wände wie an die Drei Zinnen oder am Eiger zieht, denn da bin ich als Frau eine Ausnahmeerscheinung.

Die Ideen gehen mir sicherlich nicht aus, ich habe genug Sachen im Kopf, die spannend wären, eher besteht da schon die Gefahr, daß ich mir zuviel vornehme – diese Gefahr besteht bei mir eigentlich immer, auch im Alltag. Ein Alpinprojekt im Sommer ist realistisch, wenn noch ein zweites geht, ist das wunderbar, aber mehr läßt sich mit Kind einfach nicht machen. Die Sponsoren kennen meine Situation und erwarten auch nicht mehr, vielmehr bin ich diejenige, die ehrgeizig ist und lieber mehr zusagen würde. Wichtig ist mir, daß das Projekt in erster Linie mich selbst interessiert und ich es nicht mache, um die Sponsoren zufriedenzustellen. Ihnen käme wahrscheinlich entgegen, wenn ich als erste Frau eine M 13 klettern würde, doch bisher hat mich noch keine der wenigen Routen gereizt, außerdem ist im Winter das Zeitfenster kleiner als im Sommer, die Organisation also noch komplizierter. Hier möchte ich mir meine Unabhängigkeit bewahren. In jedem Fall muß ich mich vorher mit den Sponsoren absprechen, vor allem wenn höhere Kosten etwa durch Flugaufnahmen oder ein umfangreiches Filmteam entstehen. Da gilt es dann, sich eine gute Strategie zu überlegen und Überzeugungsarbeit zu leisten, aber auch gut zu planen und PR-mäßig das Maximale herauszuholen.

Manchmal kann das auch sehr kreativ sein. Auf meinen Vater ging die Idee zurück, in Sachsen im ehemaligen Braunkohleabbaugebiet an den Tagebaugroßgeräten zu klettern. Das Gebiet um Bitterfeld und Gräfenhainichen wandelte sich in den letzten Jahren unter anderem durch die Flutung der ehemaligen Tagebaustätten zu einer Erholungs- und Erlebnislandschaft. Es war ein witziges Gefühl, in »Ferropolis« an den langen Auslegern der Braunkohlebagger hinaus in die Luft zu klettern – wie ein Kind, das etwas Verbotenes tut.

Meine Arbeit ist vielseitig und interessant. Ich genieße es sehr, eigenständig planen zu können, mir Projekte auszudenken, spontan sein zu können. Im Grunde könnte ich mir ein besseres Leben nicht vorstellen: Ich kann meinen Träumen und Wünschen nachgehen. Klettern ist meine Leidenschaft. Nicht mehr die kopflose, schwärmerische Leidenschaft wie am Anfang – sie ist überlegter, verhaltener geworden, dafür etwas perfektionistischer. Ich habe das große Glück, daß ich meine Leidenschaft zum Beruf machen konnte. Ich will nicht »normal« leben, das wäre mir zu langweilig.

Unter mir nichts als Luft

Alpine Herausforderungen

Im Frühjahr 2004, mit dem Beginn der Klettersaison, wurde mir verstärkt bewußt, daß es nun immer schwieriger werden würde, mich beim Klettern noch weiter zu steigern. Vorher hatte ich fast jedes Jahr einen Grad zulegen können, erreichte 8–, 9–, unterbrach wegen der Schwangerschaft einen Sommer, konnte schließlich 10– klettern. Aber irgendwann stagnierte diese Entwicklung. Noch besser zu werden erforderte einen enormen Trainingsaufwand. Trotzdem trug ich das Ziel mit mir herum, mit 8b den glatten zehnten Grad klettern zu können.

Vor allem aber faszinierte mich die Idee, diese hohen Schwierigkeitsgrade nicht nur beim Sportklettern, sondern im richtigen Gebirge umzusetzen, in hohen Wänden mit alpinem Ambiente, über viele Seillängen hinweg, dem Wind und dem Wetter ausgesetzt. Mit Michi zusammen in der Eiger-Nordwand, dieses Erlebnis hatte sich tief in meine Erinnerung eingegraben. In dieser Richtung wollte ich weitermachen. Mir war klar geworden, daß es die alpinen Routen waren, die mich interessierten. Auf sie wollte ich hinarbeiten. Ich begann, nach entsprechenden Linien Ausschau zu halten. Denn so gern ich auch klettere, ob ich eine Tour versuchen möchte oder nicht, hängt weniger vom Schwierigkeitsgrad ab als von der Linie, die sich durch den

Fels oder das Eis zieht, so wie sie von der Natur vorgegeben ist. Spricht mich die Route optisch an, stimmt die Linie, dann kann und will ich alles geben. Natürlich ist der Grad nicht nebensächlich – meine körperlichen und mentalen Grenzen zu erreichen beziehungsweise sie zu überschreiten gehört dazu. Ich möchte vorwärtskommen. Wenn sich dann ein Projekt realisieren läßt, in das ich viel Zeit und Energie investiert habe, ist das eine wunderbare Bestätigung.

Für den Anfang nahm ich mir eine nicht nur räumlich naheliegende Route in den Berchtesgadener Alpen vor. Die Direkte Pfeilersüdwand im zentralen, höchsten Wandteil der Untersberg-Südwand – geläufiger ist sie unter dem Namen Schertlepfeiler – steht zum einen praktisch vor meiner Haustür, zum anderen war sie mir schon von früheren Begehungen her bekannt. Es war mir allerdings noch nie gelungen, sie frei zu begehen. Der Schertlepfeiler wurde 1962 von Werner Schertle und Heinz Steinkötter erstbegangen, im Stil von damals, also überwiegend hakentechnisch, was bei dem abweisenden Charakter der Wand ein sehr anspruchsvolles Unternehmen war. Die klassische Bewertung lautete daher A 3 und A 2 mit Stellen 5+ und 5.

Durch aufwendige Sanierungsarbeiten entstanden im Lauf der letzten zehn Jahre am Untersberg mehrere moderne Sportkletterrouten. 1999 rüstete Richard Koller den Schertlepfeiler mit Bohrhaken aus und ließ dadurch eine der schönsten und längsten Freiklettereien im Berchtesgadener Land entstehen. Die Route bewegt sich vorwiegend im achten und neunten Grad, die Schlüsselseillänge ist mit 7c bewertet. Das war zwar noch weit von 8b entfernt, aber für den Anfang der Saison gerade richtig. Immerhin weist sie sehr anhaltende Schwierigkeiten auf, und das bei einer Wandhöhe von 270 Metern. Vierzehn teils kurze

Seillängen führen über ein markantes Dach und durch ein Rißsystem.

Das erste Mal war ich den Schertlepfeiler mit Michi geklettert, später mit Steini und anderen Seilpartnern. Ich versuchte zwar jedesmal, die Route frei zu gehen, aber weil ich stürzte und nicht die Kraft hatte, eine schwierige Länge nochmals komplett zu wiederholen, hatte es nie für eine Rotpunktbegehung gereicht. Ich war zuvor sicherlich schon fünfmal in der Route gewesen, das letzte Mal mit meiner Freundin Renate. Sie ist die Tochter des Erstbegehers und hatte sich von mir gewünscht, einmal die Route zu klettern, die den Namen ihres Vaters trägt. Es war ein sehr bewegendes Erlebnis, als wir uns ins Wandbuch eintrugen und Renate die Eintragungen ihres Vaters las. Sie verlor ihn sehr früh durch einen Absturz am Hohenstaufen.

Nachdem ich mit Renate in der Wand gewesen war, dachte ich mir, ich sollte die Rotpunktbegehung ernsthaft angehen, und zwar umgehend, weil ich die schwierigen Stellen noch im Kopf hatte und wußte, wie sie zu lösen waren. Trotzdem waren noch einige Tage Training nötig. Beim ersten Durchstiegsversuch schaffte ich zwar die Schlüsselstelle in der achten Seillänge auf Anhieb, aber in der zwölften Länge, die mit 7b+ bewertet ist, mußte ich nach dem vierten Versuch endgültig aufgeben, weil ich keine Kraft mehr hatte. Drei Tage später gelang mir dann die freie Begehung in rund sechs Stunden. Ich stieg alles vor, während Florian mich sicherte. Es war nicht nur die bisher dritte Rotpunktbegehung des Schertlepfeilers, sondern auch die erste durch eine Frau. Ein weiteres und letztes Mal ging ich ihn mit Sandra und dem Fotografen Andi Hechenberger, für die Aufnahmen aus der Route. Beim Fototermin ist es üblich, interessante Stellen mehrmals zu klettern, damit der

Fotograf die wirklich guten Situationen vor die Linse bekommt. Für die scheute Andi keine Widrigkeiten und stieg am Statikseil auf, obwohl ihm die Ausgesetztheit sichtlich schlecht bekam. Er stoppte mich immer wieder, ließ mich pausieren, forderte eine Wiederholung. Aber das Ziel war hier ja keine Rotpunktbegehung, sondern gute Bilder.

Nach diesem alpinen Erfolgserlebnis stach mir bald ein weiteres Projekt ins Auge. Stefan Glowacz hatte im Juli 2004 seine Erstbegehung »Letzte Ausfahrt Titlis« mit der ersten freien Durchsteigung abgeschlossen. In einer Kletterzeitschrift sah ich ein Bild des Titlis-Ostpfeilers mit seiner Route, und sie begeisterte mich auf Anhieb. Der Titlis gehört zu den Westalpen, liegt zwischen der Zentralschweiz und dem Berner Oberland und ist aufgrund seiner Höhe von 3238 Metern vergletschert. Auf seiner Nordwestseite befindet sich ein Sommerskigebiet, die Seilbahn sorgt für großen Touristenrummel. Im Gegensatz dazu ist die Ostseite einsam und abgelegen. Steil und abweisend zieht sich der Ostpfeiler vom Wandfuß auf 2700 Metern mehr als 500 Höhenmeter nach oben. Gerade im unteren Teil ist der Fels nicht ganz zuverlässig, und das hat zusammen mit den zu erwartenden Schwierigkeiten dazu geführt, daß die Ostwand in einen jahrzehntelangen Dornröschenschlaf verfiel. Lediglich einige verwitterte Holzkeile zeugen davon, daß es in früheren Zeiten schon Versuche gegeben haben muß, diese imposante Wand zu durchsteigen.

Ich konnte ganz gut einschätzen, auf welch hohem Niveau Stefan kletterte, und hatte großen Respekt vor seiner Leistung. Er hatte bis zum Pfeilergipfel dreizehn Seillängen eingerichtet, die er mit nicht allzu üppig gesetzten Bohrhaken absicherte. Die schwierigste Länge bewertete er mit 8b.

Ich war also keineswegs sicher, ob ich eine Chance auf eine freie Begehung hatte. Aber probieren wollte ich es auf jeden Fall. Die Wand, die außer der 8b-Stelle noch zwei 7b- und vier 7a-Seillängen aufwies, zog mich magisch an. Zugegebenermaßen war das etwas vermessen, war ich doch noch nie eine 8b geklettert – aber wenn ich etwas nicht weiß, dann muß ich mir eben Klarheit verschaffen.

Um meine Idee in die Tat umzusetzen, brauchte ich noch einen Partner. Für ein anspruchsvolles Projekt den richtigen Kletterpartner zu finden ist nicht immer einfach. In meinem Fall kam zu den klettertechnischen Anforderungen noch das Bedürfnis nach zeitlicher Flexibilität hinzu, denn ich mußte mich nach Emanuels Betreuungszeiten richten. Grundvoraussetzungen waren außerdem absolutes Vertrauen und ein freundschaftliches Verhältnis, erst recht bei einer langen alpinen Unternehmung. So extrem an meine Grenzen gehen kann ich nur, wenn ich mich auf den Seilzweiten uneingeschränkt verlassen und auch davon ausgehen kann, daß er mit meinen Schwächen umzugehen weiß. Eine reine Zweckgemeinschaft mit jemandem, den ich nur flüchtig kenne, kommt für mich nicht in Frage. Gern wäre ich den Titlis mit Stephan Siegrist angegangen, den ich in Ouray kennengelernt hatte und mit dem ich mich sehr gut verstand. Er bereitete sich allerdings in dieser Zeit auf eine Expedition vor und konnte nicht mitkommen. Aber Ueli Steck, mit dem ich vor allem im Eis schon gemeinsam unterwegs gewesen war, hatte in den zwei Wochen, in denen Emanuel mit seinem Vater in den Ferien war, Zeit und ließ sich von meiner Begeisterung anstecken. Ich schätzte seine Ruhe und Ausgeglichenheit, während wir uns in unserer Zielstrebigkeit sehr gut ergänzten.

Daß der Titlis kein Sportkletterziel war, bewies schon

der fast fünfstündige Aufstieg von Engelberg zum Grassenbiwak, das in einer Höhe von rund 2650 Metern auf dem Tierberg liegt. Für eine unbewirtschaftete Biwakschachtel war die Unterkunft erstaunlich komfortabel, und wir machten uns einen gemütlichen Spaghetti-Abend am Herdfeuer. Am nächsten Tag ließ die Morgensonne den Ostpfeiler in Rosa- und Rottönen erstrahlen, die fast schon kitschig wirkten. Der Weg zur Wand war nicht weit. Wie immer, wenn ich das erste Mal in eine unbekannte Route einsteige, war ich ein wenig nervös. Was würde uns in den nächsten Stunden erwarten?

Wir hatten besprochen, die Tour in Wechselführung zu gehen und sie zuerst einmal durchzusteigen, ohne groß Rücksicht auf den Stil zu nehmen. Die ersten Seillängen stellten sich tatsächlich als so brüchig heraus, daß wir schon überlegten, ob wir wirklich weitermachen sollten. Der Gipfelklotz des Titlis besteht aus Kalk, enthält aber auch Schiefer und Sandstein, und je nach Schichtung hat das Gestein unterschiedliche Qualität. Dazu kam noch, daß wir nicht wußten, wann die erste schwere Länge zu erwarten war. Stefan hatte die Route erst im Frühsommer abgeschlossen, es gab noch kein Topo. Weil so wenige Bohrhaken steckten, war die Orientierung nicht immer einfach. An den schwierigen Stellen mußten wir etwas arbeiten und erreichten den Ausstieg am Nachmittag. Das war zwar noch kein freier Durchstieg, aber immerhin die zweite Begehung der »Letzten Ausfahrt«.

Bei dieser ersten Erkundungstour wurde deutlich, daß ich in der 500 Meter hohen Wand, die fast kontinuierlich überhängt, äußerst sparsam mit meiner Kraft umgehen mußte. Mehrere Versuche an einem Tag waren nicht drin. Nach der 8b-Stelle in der vierten Seillänge wurde die Route zwar wesentlich leichter, blieb aber wegen der großen Hakenabstände sehr anspruchsvoll. In der fünften Seillänge beispielsweise wurde ich in meiner Euphorie schnell eines Besseren belehrt. Ich kletterte im Vorstieg vom Stand weg und hängte nach einigen Metern den ersten Bohrhaken ein. Der nächste Haken war nicht zu sehen. Ich atmete tief durch, um meine Anspannung unter Kontrolle zu bringen. Ich versuchte, die logische Linie zu erkennen, und kletterte weiter. Nach etwa fünf Metern konnte ich ein zweites Mal einhängen. Das Gelände wurde unübersichtlich, bewegte sich nun im oberen achten Grad. Wieder konnte ich über mir keinen Bohrhaken erkennen, auch keine Kletterspuren und keine Linie, die sich angeboten hätte. Ich wurde zunehmend ratlos. Ging es linksherum, rechtsherum oder geradeaus? Ich wußte nicht, wohin. Die Felsstruktur war geschlossen, es bestand keine Möglichkeit, einen Klemmkeil oder Friend zu legen.

Ich kletterte los, um zu schauen, wie es hinter dem nächsten Vorsprung aussah. Mit jedem Schritt, den ich nach oben machte, wurde der potentielle Sturz höher. Ein kritischer Blick zurück zur letzten Sicherung – ich durfte einfach keinen Sturz bauen, um nicht Gefahr zu laufen, mir größere Verletzungen zuzuziehen. Diese Erkenntnis förderte nicht gerade mein Sicherheitsgefühl, und ich krallte mich völlig verkrampft an einer Leiste fest. Immer noch kein Haken zu sehen. Ich hatte Angst, konnte keinen Meter mehr weiterklettern. Die einzige Lösung war, vorsichtig wieder zur letzten Sicherung abzuklettern, aber selbst dafür mußte ich alle meine Kräfte mobilisieren.

Erleichtert, heil aus dieser Situation herausgekommen zu sein, pausierte ich am Haken. Wir konnten beide den Weiterweg nicht erkennen. Aber so schnell wollte ich nicht aufgeben und kletterte ein zweites Mal nach oben – mit demselben Ergebnis. Wieder scheiterte ich, wieder kletterte ich zurück. Mir blieb nichts anderes übrig, als Ueli zu bitten, seinerseits vorzusteigen. Ein wenig frustriert schaute ich ihm zu, wie er sehr viel lockerer als ich bis zu der Stelle kletterte, an der ich jedesmal hängengeblieben war. Mit war klar, daß Ueli in diesem Gelände mehr Übung hat als ich und durch seine Erfahrung mit Erstbegehungen besser einschätzen kann, wo er den nächsten Bohrhaken gesetzt hätte. Er machte einen Zug weiter und konnte dann über den Vorsprung hinaussehen. Über ihn hinwegsteigend, erreichte er den nächsten Haken, und ich war erleichtert, als er ihn endlich einhängte. Ein Sturz so weit über dem Haken hätte fatale Folgen gehabt. Sooft ich diese Stelle ging und auch nachdem ich sie schon kannte, flößte sie mir jedesmal wieder Respekt ein, der Abstand zwischen den beiden Sicherungspunkten war wirklich weit.

Ueli war deutlich stärker als ich, es war zu erwarten, daß ihm die Rotpunktbegehung schneller gelingen würde als mir. Es lief bei ihm in diesem Sommer extrem gut, und er war vorher schon bis 8a+ onsight geklettert. Trotzdem war ich überrascht, als er bereits an unserem zweiten Klettertag erfolgreich war und die zweite Rotpunktbegehung für sich verbuchen konnte. Da mußte ich schon mal kurz schlucken – ich spürte, daß ich noch einen deutlich längeren Weg vor mir hatte. Allerdings fand Ueli die Tour erheblich leichter als 8b, wollte ihr zuerst sogar nur 7c+ zugestehen. Das wiederum erschien mir als typisch schweizerische Untertreibung; ich finde eine zu harte Bewertung Wiederholern gegenüber nicht fair. Wir einigten uns schließlich auf 8a+.

Das änderte nichts daran, daß ich an meinem Durchstieg noch hart arbeiten mußte. Ueli leistete mir einen großen

Freundschaftsdienst und kam noch ein zweites Mal mit. Aber auch da war ich noch weit weg von der freien Begehung. Für die weiteren Versuche mußte ich mir andere Partner suchen, was nicht ganz unproblematisch war – ich hatte die schwierigen Stellen ausgecheckt und wußte, wie es zu machen war, die Seile waren oben, also eine willkommene Gelegenheit für jemanden, der sich die dritte Rotpunktbegehung holen wollte. Leider habe ich solch eine schlechte Erfahrung auch schon gemacht. Die Ausflüge zur »Letzten Ausfahrt Titlis« waren aufwendige Aktionen, die Anfahrt, der Aufstieg ins Biwak, das bedeutete schon mal zwei Tage für einen Kletterversuch. Ich sammelte einen Strafzettel nach dem anderen, weil ich immer zu schnell fuhr; ich war mit dem Kopf schon in der Wand, die Route wurde zu einer fixen Idee. Wenn ich von Engelberg her kam und nach oben schaute, bewunderte ich sehnsüchtig den markanten Pfeiler. Aber in der Schlüsselstelle wurde ich jedesmal so nervös, daß mir der Fuß wegrutschte und ich ein weiteres Mal stürzte. Es war ernüchternd und frustrierend. Die Schlüsselstelle befindet sich weit oben in der Seillänge, und weil ich nach den Rotpunktregeln das Seil abziehen und vom Stand weg neu beginnen mußte, war ich bereits ziemlich erschöpft, wenn ich zum zweiten Mal unter der Schlüsselstelle ankam. Ich hätte eine längere Pause gebraucht, und selbst wenn ich noch einen zweiten Tag oben blieb, hatte ich da schon deutlich weniger Kraft.

Ich wußte einfach nicht, wie ich den Sturz vermeiden sollte. Ich war bereits so oft an dieser Stelle gescheitert, daß mir, sobald ich mich ihr näherte, schon die Angst im Nakken saß, ich würde wieder versagen. Wenn der Kopf entschieden hatte zu stürzen, dann stürzte ich natürlich auch. Ich hatte mittlerweile richtiggehend ein Kopfproblem. Es ging nicht mehr darum, die Stelle zu bezwingen, sondern mich selbst. Mit Zweifeln im Kopf konnte das nicht funktionieren. Ich mußte mir bewußt sagen, daß die Route von meinen Fähigkeiten her für mich möglich war. Immer wieder spielte ich die Bewegungssequenz durch, änderte ein Detail, um auszuprobieren, ob es vielleicht dann ging. Ich erinnerte mich an mein Training auf der Slackline. Auch beim Balancieren auf dem gespannten Band entschied es sich im Kopf, ob ich mich auf der wackligen schmalen Fläche halten konnte oder nicht. Ich mußte mich völlig auf die Situation einlassen und davon überzeugt sein, daß ich es schaffe, dann wurde aus der Gleichgewichtsübung ein Spaziergang. Ich mußte es wollen.

Dazu kam noch, daß ich vor lauter Nervosität vor den Versuchen schlecht schlief – auch nicht gerade eine günstige Voraussetzung. Am schlimmsten war die Nacht, als ich mir am Abend aus dem Regal im Biwak einen alten Klassiker aus dem Bücherregal genommen und darin gelesen hatte. »Der weiße Tod. Roman aus der Gletscherwelt«, von Rudolph Stratz. Die Geschichte spielte am Eiger und war ziemlich spannend. Ich sagte mir zwar, daß ich besser aufhören sollte, und legte es wieder weg, aber dann packte das Buch mich doch wieder, und ich las weiter. Am Morgen hatte ich das Gefühl, kein Auge zugetan zu haben.

Irgendwann im September holte ich die Expreßschlingen aus der Tour, weil die Wettervorhersage schlecht und ein erster Wintereinbruch wahrscheinlich war. Ich nahm die Seile mit ins Tal. Es stimmte mich traurig, daß ich unverrichteter Dinge heimfahren und das Projekt mit in den nächsten Sommer nehmen mußte. Doch dann gab es ein stabiles herbstliches Hoch, und die Verlockung, es noch einmal zu versuchen, war groß. Ich hatte einen Kletterpartner, ich hatte einen Babysitter – nichts wie los. Nachdem alle diese drei Faktoren zusammenstimmten, mußte ich die Chance nützen. Steini hatte allerdings von Anfang an klargestellt, er käme zwar mit, würde aber nicht vorsteigen. Dadurch wurde die Sache für mich noch anspruchsvoller, denn ich würde die gesamte Route im Vorstieg klettern müssen. Ich konnte Steini gut verstehen: Als Bergführer war er den ganzen Sommer über beschäftigt gewesen und konnte sich nicht so aufs Klettern konzentrieren, da hatte er keine Lust, mit mir mithalten zu müssen. Wir trugen also am 17. September das Material wieder die 1500 Höhenmeter zum Grassenbiwak hinauf. Es würde die definitiv letzte Gelegenheit des Jahres sein. Vielleicht tat mir der zeitliche Druck als Motivation gut – ich hatte das Gefühl, diesmal würde es gehen. Und ich schlief richtig gut.

Erste Seillänge. 6c. Noch ein wenig steif von der morgendlichen Kälte. Die Bewegung tut den steifen Gliedern gut.

Zweite Seillänge. 5. Das geht easy und flott. Jetzt läuft es wieder rund.

Dritte Seillänge. 6c. Die Schlüsselseillänge rückt näher. Nicht nervös werden. Einfach machen.

Vierte Seillänge. 8b. Jetzt kommt es darauf an. Der erste Teil geht wunderbar. Eigentlich sah meine Planung vor, in diese Seillänge zuerst die Expreßschlingen einzuhängen und erst dann einen freien Versuch zu starten. Aber wenn das so problemlos läuft – soll ich nicht gleich direkt den Durchstieg versuchen? Gedacht, getan. Ich nütze jede Schüttelstelle, um die Arme zu entspannen. Der Haken an der Schlüsselstelle ist schwierig einzuhängen. Am besten klettere ich vorbei und sichere mich erst danach. Ich halte mich an kleinsten Leisten, es muß schnell gehen. Es reicht für die Expreßschlinge, aber ich habe nicht mehr genug Zeit, das Seil einzuhängen. Wenn ich jetzt das Seil anhebe, rutscht mir sicher der linke Fuß ab. Ich presse mit der rechten Hand die winzige Leiste zu und habe das Gefühl, daß sich gleich die Finger öffnen. Geh weiter, einfach weiter. Ich schaue kurz zur letzten Sicherung zurück und ziehe durch, ohne einzuhängen. Ich stürze nicht, ich will nicht stürzen. Und plötzlich bin ich am Stand. Ein Schrei der Erleichterung und Freude.

Fünfte Seillänge. 7b. Wieder die Stelle mit dem großen Hakenabstand. Gut, daß ich jetzt weiß, wo der nächste Haken kommt.

Sechste Seillänge. 7a. Es bleibt anspruchsvoll. Ich darf in meiner Aufmerksamkeit nicht nachlassen.

Siebte Seillänge. »Nur« 6c. Ich gehe sie locker an, vielleicht ein wenig zu locker. An einem Aufleger bricht mir die ganze Leiste aus – hoch über dem letzten Haken. Es geht weit nach unten, einige Meter, bis ich etwa auf der Höhe von Steini hängenbleibe. Ich blute ziemlich stark und brauche einen Moment, bis ich realisiere, daß ich mir an einem Fuß die Haut über der Achillessehne am Fels aufgerissen habe. Halb so schlimm. Tief durchatmen. Ich versuche, meine Nerven zu beruhigen. Doch als ich die Seillänge zum zweiten Mal angehe, habe ich schon noch ziemlich wacklige Beine und bin um einiges kleinlauter.

Achte Seillänge. 7a, wie auch die neunte und die zehnte. Langsam habe ich mich wieder im Griff, aber es bleibt spannend. Weite Abstände, plattige Stellen, in denen man nichts legen kann. Ich stehe drei, vier, fünf Meter über dem Bohrhaken und muß nach oben auf eine Leiste schnappen.

Elfte Seillänge. 7b. Technisch anspruchsvoll, aber wenn ich die geschafft habe, bin ich durch das Gröbste durch. Ich bin erstaunt, wieviel Energie ich immer noch habe.

Zwölfte Seillänge. 6c. Jetzt bin ich bald acht Stunden unterwegs. Acht Stunden totale Konzentration und Anspannung. Gleich ist es vorbei.

Dreizehnte Seillänge. 6c. Am Ausstieg. Mein schwerstes Alpinprojekt geschafft. Das war ein harter Brocken. Und eine Bestätigung, daß sich Klettern mehr im Kopf abspielt als in den Armen.

Tiefe Zufriedenheit machte sich in mir breit, als ich auf der Spitze des Ostpfeilers stand und in die Runde schaute. Mit jedem Meter, den ich geklettert war, hatte sich der Blick erweitert, waren noch mehr Gipfel sichtbar geworden. Die Bergkulisse, die Gletscher ringsum, und mittendrin zwei Menschen, die sich über ihren Erfolg freuten. Es war ein besonderer Ort für mich, so einsam und abgelegen, weit weg von der Zivilisation. An den Tagen, die ich hier verbrachte, konzentrierte sich mein Leben auf essen, schlafen, klettern. Ich konnte mich ganz diesem einen Ziel hingeben, dieser Wand, die eine große Anziehung auf mich ausübte. Sie wirkt nicht so abschreckend wie die Eiger-Nordwand oder die Nordwand der Großen Zinne, die dadurch, daß sie im Schatten liegen, etwas Bedrohliches, Unheimliches haben. An der Ostwand des Titlis hatte ich einfach Freude. An der Anerkennung, die ich danach erhielt, ebenfalls. Denn in meiner Rolle als Mutter wird mir eine gesellschaftliche Anerkennung eher selten zuteil.

Nach dem Titlis hatte ich schließlich genug Selbstbewußtsein, um mich nun wirklich an meinen ersten glatten Zehner zu wagen. Im Hinterkopf hatte ich die 8b, die es sein sollte, schon länger: den »Schattenkönig« an der Schattenwand im Endstal, in einem der schönsten Sportklettergebiete Berchtesgadens am Hohen Göll, das ich von vielen

Besuchen wie meine Westentasche kannte. Wegen der regelmäßig aufkommenden Bewertungsdiskussionen hatte ich mir absichtlich eine schwere 8b ausgesucht, die nicht Gefahr lief, im nachhinein abgewertet zu werden. Wenn es klappen würde, wäre das wiederum die erste Frauenbegehung. Wenn – mittlerweile war es schon Oktober, es wurde kälter, und viel Zeit hatte ich nicht mehr, bis die Witterung meinen Ambitionen für dieses Jahr ein Ende machen würde. Die Schattenwand liegt auf 1200 Meter Höhe und ist nordseitig exponiert, und Kälte hat einen nicht zu vernachlässigenden Einfluß auf die Kletterleistung. Der ganze Körper ist steifer, die Beweglichkeit leidet. Die Kälte schmerzt in den Fingern, das Gefühl für kleinste Griffmöglichkeiten fehlt, und man kann sich schlechter festhalten.

Trotzdem wollte ich es vor dem Winter noch versuchen. Ich hatte sowieso keine Lust, aus der Schattenwand einen Pilgerort zu machen, dazu bin ich viel zu ungeduldig. Ich will meine Projekte möglichst schnell realisieren. Mein Partner in der 25 Meter hohen, durch kleine Leisten und definierte Fingerlöcher charakterisierten Route war der starke Traunsteiner Kletterer Gerd Dönhuber. Er schüttelte des öfteren den Kopf über mich, wenn ich trotz Wind und Regen der Überzeugung war, es könnte ein super Klettertag werden, weil die Route überhängt. Das Unangenehmere bei schlechtem Wetter war eigentlich auch der einstündige Zustieg durch das Endstal. Ich war froh, daß Gerd meinem Drängen so oft nachgab, noch dazu am frühen Morgen, in dem Zeitfenster, das mir blieb. Wir unterbrachen unsere Versuche, weil ich zwischendurch in die Gorges du Tarn fuhr, deren Lochklettereien eine gute Übung waren, und machten Ende Oktober weiter.

Die Schwierigkeiten konzentrierten sich auf etwa sieben

Meter mit weiten Zügen an Leisten und Löchern – nicht gerade maßgeschneidert für meine Körpergröße von 1,68 Meter. Die Schlüsselstelle entpuppte sich als äußerst kleingriffig, eine echte Boulderstelle, die mir überhaupt nicht entgegenkam. Immer wieder stürzte ich dort. Der Rest kam mir kletterbar vor, aber ich fand einfach keine Lösung, um über die Krux hinwegzukommen. Nach zahlreichen Versuchen entdeckte ich eine komplizierte Bewegungsabfolge, die mir vielversprechend erschien, allerdings war sie so schmerzhaft, daß bereits nach zwei Versuchen meine eigentlich dicke Haut an den Fingern durch war. Über insgesamt zehn Klettertage hinweg tastete ich mich immer näher an den Durchstieg heran. Gemeinsam mit Gerd an der Route zu arbeiten machte erstens Spaß und war außerdem sehr produktiv: Wir konnten voneinander abschauen, Tips und Tricks austauschen und unsere individuellen Varianten finden.

Anfang November schneite es bis ins Endstal hinunter. Also stapften wir in knietiefem Neuschnee zum Einstieg hinauf. Gerd schüttelte mal wieder den Kopf über mich, aber sein Hund »Socke« war vom Schnee begeistert. In der Schattenwand hatten sich Eiszapfen gebildet, sie erinnerte mehr an ein Mixed-Gebiet als an einen Klettergarten. Weil es so kalt war, brauchte ich lange, um meine Finger warm zu bekommen. Ich ließ die Arme kreisen, um das Blut in die Hände zu treiben. Damit die Sohlen der Kletterschuhe nicht naß und rutschig wurden, stand ich auf dem Seilsack, um sie anzuziehen. Daß ich vorher in sie hineinhauchte, um sie aufzuwärmen, war mehr ein Ritual, als daß es wirklich etwas nützte. So eng, wie die Schuhe saßen, würde ich in den Zehen bald genausowenig Gefühl haben wir in den Fingern, mit denen ich kaum den Fels spürte. Trotzdem war ich an diesem Tag fest entschlossen, die Kälte zu ignorieren und den »Schattenkönig« sturzfrei zu schaffen.

Ich band mich ein, zog den Achterknoten fest. Dann stieg ich ein. Nach den vielen Versuchen kannte ich jeden Griff und jeden Tritt auswendig. Auf den ersten fünfzehn Metern waren die Löcher groß genug, daß die ganze Hand oder zumindest alle Finger Halt fanden. Den unteren Teil, der über den achten Grad nicht hinausgeht, brachte ich mit einer fast schon automatisierten Bewegungsabfolge schnell und dynamisch hinter mich. Vor der Schlüsselstelle hatte ich eine Rastposition gefunden, bei der ich mein Knie unter einer Felsschuppe verklemmte. Das tat zwar weh, aber ich konnte kurz die Hände entlasten und bequem das Seil einhängen. Ein kurzer Blick nach oben, um mir die Kletterzüge noch einmal zu vergegenwärtigen. Ein letzter Griff in den Magnesiabeutel. Das gab mir ein sicheres Gefühl, auch wenn die Finger alles andere taten, nur nicht schwitzten.

Entschlossen nahm ich mit der linken Hand den Untergriff, mit der rechten suchte ich die winzige Rauhigkeit, die nur hielt, wenn ich den Daumen in der richtigen Position hatte. Dann wechselte ich links zu einem Schultergriff, eine senkrechte Leiste auf Schulterhöhe, die ich nach links außen belasten mußte. Sie war allerdings so klein, daß ich sie erst an meinem dritten Klettertag in der Route entdeckt hatte. Jetzt mußte ich den Körperschwerpunkt so nahe wie möglich an den Fels bringen. Ein wackliger Trittwechsel – während sich der linke Fuß löste, mußte der rechte den Tritt finden, und zwar ohne daß ich nach unten schaute, sonst hätte sich der Körper von der Wand wegbewegt. Nun ging es darum, den Schultergriff zu lösen und trotz des nach hinten drängenden Körpers schnell mit der rechten Hand nach oben zu schnappen, in ein schmerzhaftes Fingerloch. Damit war die schwerste Bewegungssequenz geschafft.

Ich sortierte den Zeige- und den Mittelfinger in dem Loch übereinander. Links nahm ich einen Zwischengriff, um mit den Füßen auf Reibung höhersteigen zu können. Dann drehte ich die rechte Hand, so daß ich das Fingerloch als Untergriff hielt, und schnappte mit der Linken weiter auf eine abschüssige Unter-/Seitgriffschuppe. Jetzt bloß nicht loslassen. Der Rest war nur noch Kopfsache. Normalerweise gelang mir der Ausstieg gut, aber die Anstrengung war so groß, daß eine Nähmaschine, das unkontrollierte Zittern in den Beinen, nicht zu vermeiden war. Ich ließ meine Fersen etwas nach unten sinken, um die Beine zu beruhigen. Ganz zum Schluß folgte noch ein Schnapper nach einem Griff, der mich jedesmal große Überwindung kostete, doch so kurz vor dem Ziel gab ich nicht mehr auf. Mit letzter Kraft hängte ich das Seil in die oberste Sicherung – und ließ einen Schrei ins Endstal hinaus, einen Schrei der Erleichterung und der Befreiung.

Dieser Novembertag war zum Tag der Freude geworden, nicht nur für mich, sondern auch für Gerd, dem ebenfalls der freie Durchstieg gelang. Ich hatte meinen ersten glatten Zehner geschafft, hatte mich also nochmals steigern können. Eigentlich war es auch kein Wunder, daß der »Schattenkönig« erst so spät im Jahr ging, am Anfang der Saison wäre eine solche Aktion gar nicht denkbar. Nach dem Winter brauche ich oft den ganzen Frühling, um wieder fit zu werden, da fange ich mit 7c+, 8a, wenn es hochkommt mit 8a+ an. Im Sommer, wenn ich mich dann leistungsfähig fühle, muß ich meine Pläne auf den Punkt bringen, oder spätestens im Herbst, bevor es zu kalt wird. Beim »Schattenkönig« war das schon ganz schön knapp gewesen, und es war auch nur gegangen, weil ich das ganze Jahr über sehr viel in Karlstein trainiert hatte und zahlreiche 8a-Routen geklettert war, nicht nur in Karlstein, sondern auch in der Tarnschlucht und in El Chorro in Spanien. Sicherlich wäre es bei der Kälte eine Alternative gewesen, daheim den Ofen einzuheizen und gemütlich Kaffee zu trinken – aber da steht mir mein Ehrgeiz im Weg, das wäre nicht ich.

Gehen, wo noch niemand ging

Erstbegehungen in Norwegen

Nach der langen Sommerpause freute ich mich darauf, endlich wieder die Eisgeräte in die Hand zu nehmen. Der Winter ließ nicht lange auf sich warten. Noch im November wurde es richtig kalt, und im Dezember herrschten ideale Eisverhältnisse. Ein guter Grund, schon vor dem Eiskletterfestival in Kandersteg die Mixed-Gebiete in der Nähe zu besuchen. Vor allem die Breitwangflue interessierte mich. Die bis zu 300 Meter hohe, steile Wand ist vom Tal aus zu sehen; bevor man von Norden kommend die Lötschberg-Bahnverladung erreicht, liegt sie auf der linken Seite. Über den Fels ziehen dünne Eisspuren, zum Teil durch Dächer unterbrochen. Säulen, Glasuren, massive Vorhänge – alles, was des Eiskletterers Herz begehrt. Seit mehr als zehn Jahren werden hier Mehrseillängenrouten geklettert, in einem alpinen, psychisch anspruchsvollen Stil. Eisschrauben, Klemmkeile und Friends dürfen zur Absicherung nicht fehlen. Daß immer noch Erschließungspotential besteht, bewiesen unter anderem Simon und Samuel Anthamatten mit ihrer Erstbegehung von »Metro«. Sie hatten einen Schacht entdeckt, aus dem Eis herauswuchs, und schlossen daraus, es müsse oben eine Öffnung geben. Beim Auschecken stellte sich tatsächlich heraus, daß eine Verbindung bestand, die in sieben Seillängen wieder ans Tageslicht führte.

Nachdem ich mit Ueli Steck »Crack Baby« geklettert war, mit WI 5+ die leichteste Route dort und ein absoluter Klassiker, stach mir eine wunderschöne Tour ins Auge, die Robert Jasper im Jahr zuvor erstbegangen hatte und die noch nicht wiederholt war: »Mach 3«, M 9+, zuerst Mixed, dann Eis, und 150 Meter über dem Boden ein breit ausladendes Dach, das zu riesigen Eiszapfen führte. Mit einer Gesamtlänge von 250 Metern und dieser Luftigkeit eine einzigartige Sache. Eine Traumlinie, aber wahnsinnig ausgesetzt! Hieß sie deswegen »Mach 3«, weil man mit dreifacher Schallgeschwindigkeit abstürzen würde, wenn man im Eis den Halt verlor? Ich war beeindruckt und wollte so schnell wie möglich wiederkommen, um mich an ihr zu versuchen. Sie liegt neben »Flying Circus«, meiner langjährigen Wunschroute im zehnten Mixed-Grad, in der sich schon lange nicht mehr das nötige Eis gebildet hatte, um eine Begehung zu ermöglichen. Auch in jenem Jahr wurde ich am Einstieg der »Flying Circus« enttäuscht; die Verhältnisse waren ansonsten zwar perfekt, aber das Eis reichte nicht aus. (Eine Saison später erfreute sie sich bester Bedingungen und erhielt einige Wiederholungen, nur ich konnte nicht kommen, weil ich an die Weltcup-Termine gebunden war …)

Kurz nach der Begehung von »Crack Baby« saß ich also wieder im »Seilbähnli«, das uns von Mitholz zur Alp hinauffuhr und den Zustieg zur Breitwangflue mit den Tourenski auf zwanzig Minuten verkürzte. Eigentlich ist die Bahn nur für den Transport von Vieh und Käse eingerichtet, während der Alpzeit im Sommer, aber auf Anruf wird sie für gehfaule Alpinisten in Betrieb gesetzt. Die vereinbarte Zeit für die abendliche Talfahrt sollte man allerdings unbedingt einhalten, sonst fährt die nicht sehr vertrauenserweckend aussehende kleine Gondel leer hinunter, und der Eiskletterer kann sich auf eine wilde Abfahrt durch den Wald gefaßt machen.

Bei meinem ersten Versuch mit Ralph Weber konnte ich zwar die Route klettern, aber im Übergang zu den Eiszapfen verpaßte ich einen Hook und stürzte ins Seil. Das war insofern gut, als ich merkte, daß mir dabei nichts passierte und ich nicht so viel Angst vor einem Sturz haben mußte – denn die 150 Meter Abgrund unter mir machten sich ganz schön bemerkbar. Hängt man im Dach, hat man bis zum Einstieg hinunter unvorstellbar viel Luft unter dem Hintern. Die solide Absicherung mit Bohrhaken beruhigte mich schon ein Stück weit, aber der Fels war nicht überall ganz zuverlässig, und außerdem machte ich mir ständig Gedanken darüber, was wäre, wenn ich ein Eisgerät fallen lassen würde. Ich mußte mich zur Vernunft rufen, schließlich war mir noch nie ein Gerät ausgekommen, warum sollte das also jetzt passieren. Nach dem Sturz war ich allerdings so erschöpft – vermutlich mehr von der psychischen als von der körperlichen Anspannung –, daß ich den Rotpunktversuch für dieses Mal aufgab. Immerhin erwartete uns am Ausstieg noch eine besonders spannende Abseilfahrt, frei hängend über die Dachkante hinaus in die Leere. Ich seilte als erste ab und hängte dabei einige Zwischensicherungen wieder ein, um sicher den Standplatz unter dem Überhang wieder zu erreichen. Das stellte sich dann als unnötig heraus, denn die beiden Seile hätten in geradem Verlauf bis ins Eis hinunter gereicht, und mit entsprechendem Pendeln wären wir auch wieder an die Wand gekommen. Für Ralph bedeutete das, daß er bei seiner Abseilfahrt die Sicherungen mühsam wieder aushängen mußte.

Wenige Tage später, Will Gadd war inzwischen für das

Festival in Kandersteg aus Kanada angereist, ging ich die »Mach 3« mit ihm ein zweites Mal an. Es hatte nicht viel Überredungskunst gebraucht, um ihn von dieser genialen Linie zu überzeugen. Die ersten beiden Mixed-Seillängen waren zum Teil selbst abzusichern und durchaus anspruchsvoll. Diesmal konnten wir die direkte Route nehmen; dafür hatten uns beim ersten Mal die passenden Sicherungsmittel gefehlt. Danach folgten sechzig Meter bestes Eis bis unter das phänomenale Dach: ebenjene Schlüsselseillänge. Auf dreißig Meter Länge hängt das Dach etwa fünfzehn Meter über. Will wollte vorsteigen, um es nach Möglichkeit onsight zu machen. Daß er am gleichen Hook stürzte wie zuvor ich, tröstete mich ein wenig. Obwohl ich die Route bereits kannte und wußte, was auf mich zukam – der Moment, in dem ich mich aus der Vertikalen heraus in die Horizontale ließ, ging mir durch und durch. Ich hatte immer noch sehr großen Respekt vor der Tiefe, war aber weniger verkrampft als beim ersten Mal.

Ich zwang mich, nicht hinunterzuschauen, konzentrierte mich voll und ganz auf meine Bewegungen und hielt, teilweise kopfüber, auf die Eiszapfen zu. Im zweiten Versuch konnten wir es beide rotpunkt klettern. An das Dach schloß sich noch eine Seillänge in perfektem Eis an, ein richtiger Genuß. Ohne Zweifel ist »Mach 3« eine der besten und schwierigsten alpinen Mixed-Routen weltweit, und vor Roberts Leistung als Erstbegeher kann ich nur Respekt haben. Die Aufnahmen von Klaus Fengler, der uns zum Fotografieren begleitete, geben einen Eindruck von der Ausgesetztheit, in die man sich dort oben begibt. Er selbst war am von uns fixierten Seil aufgestiegen und hing ebenfalls in einer reichlich luftigen Position, um die Bilder so hautnah einzufangen.

Dann steckte ich auch schon wieder mitten drin in der Wettkampfsaison. Kurz nach dem Festival in Kandersteg brach ich nach Colorado auf, um in Ouray einen Workshop zu halten und am wichtigsten amerikanischen Eiskletterwettbewerb teilzunehmen. Nach Diavorträgen, Filmvorführungen und diversen Klettermetern in der künstlich vereisten Schlucht stand zum Schluß der internationale Mixed-Wettkampf an. Die rund 35 Meter lange Route, die sich im Bereich M 9 bewegte, mußte onsight bewältigt werden und wurde auf Zeit gewertet. Ich startete als letzte. Der Fels in Ouray ist sehr fein strukturiert, so daß man ihn genau lesen muß. Grundsätzlich kam mir das entgegen, da ich im Mixed-Gelände mittlerweile ein geschultes Auge habe.

Ich kletterte los, für die Wettkampfsituation erstaunlich streßfrei. Dem Jubel der Zuschauer konnte ich entnehmen, daß ich ziemlich gut unterwegs sein mußte. Nachdem ich das Top erreicht hatte, stellte sich heraus, daß außer mir nur Will Gadd und der Vorjahres-Weltmeister Hari Berger so weit gekommen waren – und beide waren langsamer gewesen als ich! Das hieß, ich hatte die Gesamtwertung über Männer und Frauen gewonnen – ich konnte es kaum glauben. Das hatte in Ouray vor mir noch nie eine Teilnehmerin geschafft. Und überhaupt: In welcher anderen Sportart gelingt es einer Frau, besser als die besten Männer zu sein? Der Sieg machte mich glücklicher als jeder meiner Weltmeisterinnentitel, und das hatte irgendwo schon auch damit zu tun, daß es mir gelungen war, es den Männern wirklich einmal zu zeigen. Zum Glück nahmen sie es mit Humor. Als ich bei der Preisverleihung nach dem Geheimnis meines Erfolgs gefragt wurde und ein wenig unbeholfen von »Glück gehabt« und »gut gelaufen« stotterte, nahm Will mir das

Mikrofon aus der Hand und rief hinein: »Ines, shut up. You kicked our butts!«

Ich glaube nicht, daß Frauen grundsätzlich anders klettern als Männer. Sie haben meistens weniger Kraft als Männer und müssen deswegen andere Strategien einsetzen. Meine Maximalkraft liegt unter der von Will oder Hari, aber bei der Kraftausdauer kann ich ihnen fast das Wasser reichen. Ich versuche, taktisch vorzugehen und meine Fähigkeit zum schnellen Erkennen der besten Lösung optimal einzusetzen. Ich denke schon, daß ich da neben viel Routine eine gewisse praktische Intelligenz habe. Entscheidend scheint mir aber das Feingefühl für die Hooks zu sein, die man über die Hauen der Eisgeräte erspüren und effektiv nützen muß. Bei Wettkämpfen gehört außerdem viel Glück dazu, oft entscheiden Kleinigkeiten über Erfolg oder Mißerfolg. In Ouray hatte ich einen guten Tag erwischt, und daß ich mit Wettkampfstreß umgehen kann, ist sicherlich eine meiner Stärken. Diese mentale Stabilität nützt mir ganz allgemein in Streßsituationen beim Klettern, wenn eine starke Psyche gefragt ist. Ich hatte die Route schnell erfaßt, die Möglichkeiten, die sie bot, bestmöglich gelesen und war zügig durchgeklettert. Tempo zu machen ist sicherlich eine weitere Qualität, die ich mir im Lauf der Jahre angeeignet habe. Ich hatte das Top nach neunzehn Minuten erreicht, zwei Minuten schneller als Will und drei Minuten schneller als Hari. Dieser Sieg über die Männer erregte in Amerika so viel öffentliche Aufmerksamkeit, daß nicht nur im »Outside Magazine«, sondern sogar in der »New York Times« über mich berichtet wurde.

Viele Erfolge in Serie bergen immer die Gefahr, daß man irgendwann unsanft vom Podest geholt wird. Vielleicht war ich mir bei der anschließenden Weltmeisterschaft meiner

Sache einfach zu sicher. In der Saison 2005 gab es wieder keinen Weltcup, sondern nur zwei Weltmeisterschaften, im Schwierigkeitsklettern und im Bouldern. Obwohl das Eisklettern immer populärer wurde – Anfang Januar waren in Kandersteg vierhundert Teilnehmer beim Festival dabeigewesen –, waren die Akzeptanz außerhalb der Szene und die Medienwirksamkeit noch zu schwach. Dabei ist Eisklettern in meinen Augen ein sehr publikumswirksamer Sport. Die Wettkämpfe sind immer auch eine gute Show bei toller Stimmung, und wenn ich beim Finale der Männer zuschaue, schwitze ich Blut und Wasser, so spannend ist das. Vor allem wenn ich die Startenden kenne und mit ihnen trainiere, fiebere ich mit, das ist total ansteckend, es nimmt mich richtig mit.

Beim Difficulty-Wettbewerb in Saas-Fee kam mein Vater mit, um Emanuel zu übernehmen, während ich kletterte. Emanuel war inzwischen vier und gehörte zu meinen treuesten Fans; er war überzeugt, daß ich gewinnen würde. Ich führte auch bis ins Finale. In der Finalroute war ein Dach zu klettern, indem man sich von einem hängenden Zapfen über einen Kunstgriff im Dach zum nächsten Zapfen bewegte. Vom ersten Zapfen aus nahm ich den Griff mit dem rechten Eisgerät. Ich konnte im Griff keine Vertiefung erkennen, da ich nicht auf die hintere Seite sehen konnte, aber ich hatte spürbar einen Hook und belastete den rechten Arm. Dann hängte ich mir das linke Gerät über die Schulter, um einen Griffwechsel zu machen: Ich wollte das rechte Gerät weiter oben am Griff mit der linken Hand nehmen, damit die rechte Hand frei wurde und ich das andere Gerät von der Schulter nehmen und nach rechts in den nächsten Zapfen schlagen konnte. Im Moment des Umgreifens wackelte das Gerät im Kunstgriff ein klein wenig, dadurch rutschte die Haue vom Hook, und ich hing ein paar Meter tiefer.

Ich war wütend auf mich, regte mich richtig auf. An dieser Stelle waren bereits zwei andere Teilnehmerinnen gescheitert, und die Zuschauer konnten vom Rondell der Tiefgarage aus hautnah beobachten, warum: Der Kunstgriff hatte zwei Löcher, beide auf der hinteren Seite. Das eine war gut, das andere schlecht, und ich erwischte das schlechte – ich wußte ja nicht, daß es zwei waren. Diejenigen, die durchkamen, waren zufällig im besseren Loch gelandet. Ich war wütend, weil ich so naiv war, dem Loch zu vertrauen, eigentlich hätte ich über das Gerät spüren müssen, wie schlecht der Hook war. Es war auch Pech, und das ärgerte mich mehr als ein konkreter Fehler. Und am meisten ärgerte ich mich über mich selbst, weil ich mich so ärgerte – ich konnte mit dem Verlieren überhaupt nicht umgehen. Der Sturz ließ mich auf den zweiten Platz zurückfallen, Erste wurde Petra Müller aus der Schweiz. Wenn ich den Sieg irgend jemandem gönnte, dann meiner Freundin Petra, die ebenfalls Mutter ist, das jüngere ihrer beiden Kinder war gerade ein Jahr alt geworden. Auf der anschließenden Party feierten wir fröhlich zusammen, doch trotzdem ließ mir die Enttäuschung lange keine Ruhe.

Ich mußte nicht nur mich selbst, sondern auch Emanuel trösten, der zum ersten Mal die Erfahrung machte, daß seine Mutter auch scheitern konnte. Genau wie er war auch ich mir sicher gewesen, daß ich siegen würde. Jetzt erlebte ich, wie sich die anderen fühlten, wenn sonst immer ich gewann und für sie nur die Plätze 2 bis 5 blieben. Kirsten, Petra und Anna kletterten alle auf gutem Niveau und wechselten sich meistens in den Plazierungen ab. Trotzdem freundschaftlich miteinander umzugehen ist ein Kunststück. Ich mußte ganz schön schlucken und war schon etwas frustriert. Vor allem verfolgte mich das Geschehen im Wettkampf bis in den Schlaf, ich erlebte danach wochenlang den Moment des Sturzes im Traum.

Eine Woche später gewann ich dann aber doch noch einen Titel und wurde im Valle di Daone Weltmeisterin im Bouldern. Das Bouldern im Eis ist eine relativ junge Disziplin mit kürzeren, steileren Routen, vielen dynamischen Zügen und hohen Anforderungen an die Maximalkraft. Während Wettbewerbe im Bouldern früher mit Seilsicherung von oben durchgeführt wurden, ist man aus ethischen Gründen dazu übergegangen, auch vorzusteigen. Insgesamt wird mehr geklettert als bei einem Routenwettbewerb: Alle Teilnehmer klettern im Open drei Routen, die achtzehn Besten im Halbfinale zwei Routen, davon die acht Besten im Finale wieder zwei Routen. Sie werden jeweils zusammengerechnet, man ist also nicht gleich ausgeschieden, sobald man aus einer Tour herausfällt. Insofern ist das Reglement gutmütiger. Die Finalroute war ein fünf Meter ausladendes Dach, in dem ich mir mit der Russin Natalia Koulikova einen spannenden Zweikampf lieferte, den ich für mich entscheiden konnte.

Nach diesem Sieg war meine Welt wieder ein Stück weit in Ordnung. Die Wettkämpfe waren vorbei, ich konnte zum Vergnügen übergehen. Vergnügen, das hieß Routenklettern. Und beim Routenklettern gab es eine neue Herausforderung: ohne Fersensporn zu klettern. Solange das Wettkampfreglement den Heel Spur erlaubte, war klar, daß ich in den Wettbewerben mit Sporn kletterte, um nicht benachteiligt zu sein. Die Wettkampfrouten sind absichtlich so gesetzt, daß man ihn einsetzen muß, an den pendelnden Eiszapfen käme man keine fünf Meter weit, wenn man ständig an den Armen hängen würde. Für die Zuschauer ist es sensationeller, wenn alles pendelt und wir kopfüber im Eis baumeln. Aber draußen setzte sich mehr und mehr die Einstellung durch, das Klettern mit Fersensporn sei unsportlich, weil er eine Art technische Hilfe sei, mit der man an jedem kleinen Felsvorsprung die Ferse aufhängen und durch diesen No-hand-rest die Arme entlasten könne. Wer sich stark genug fühlte, kletterte »spurless«.

Ich finde es allerdings schwierig, beim Eisklettern eine Grenze zwischen freiem und technischem Klettern zu ziehen, denn mit den Steigeisen und Eisgeräten handelt es sich allein bei der Ausrüstung schon um ziemlich viel »Technik«. Grundsätzlich bleibt es beim Routenklettern in der Natur jedem freigestellt, in welchem Stil er unterwegs ist, ob er sich mit dem Bein im Gerät einhängt, sich darauf setzt oder am zweiten Gerät hookt – das alles ist im Wettkampf verboten. Draußen muß jeder für sich entscheiden, ob er sich an selbstauferlegte ethische Regeln hält. Das ist im Eis nicht anders als im Fels, wo die Frage lautet, ob man in die Schlinge greift oder nicht. Wer möglichst ehrlich eisklettern will, ist ohne Handschlaufen und ohne Fersensporn – »reloaded« – unterwegs.

In alpinen Routen ist es sowieso sinnvoller, ohne Spur zu klettern. Die Routen sind weniger akrobatisch, man geht mehr auf Sicherheit und möglichst zügig, im schlimmsten Fall wäre der Sporn sogar hinderlich. Ich werde nach Möglichkeit versuchen, die schweren Routen, die ich bisher mit Spur gemacht habe, ohne zu schaffen – das ist die logische Steigerungsform. Seit ich »ohne« trainiere, habe ich deutlich mehr Körperspannung. Der Schwierigkeitsgrad läßt sich ansonsten nur noch über die Steilheit, die Länge der

Route und über die Entfernung der Hooks steigern, denn der Griff am Gerät ist immer der gleiche. (Anders im Fels: Da gibt es mal einen guten Griff, mal einen schlechten, mal einen größeren, mal einen kleinen, mal einen Aufleger, mal einen Untergriff.) Ich bin nun aber nur 1,68 Meter groß, meine Reichweite ist irgendwann am Limit, meine Maximalkraft ebenfalls, ich sehe da keine Zukunft für mich. Natürlich würde ich gern mal eine M 13 ausprobieren, aber bei den bisher bestehenden – Will Gadds »Game« in Kanada, Albert Leichtfrieds »Game over« bei Innsbruck – hat sich das noch nie ergeben.

In den letzten fünf Jahren ist das Leistungsniveau förmlich explodiert. Die Entwicklung weg vom klassischen Eisklettern und hin zum Mixed-Klettern, ins immer Steilere, immer stärker Überhängende, immer Schwierigere, wurde stark vom Weltcup beeinflußt. Die Wettkämpfe waren der Anstoß dazu, neue Bewegungsformen zu kreieren, die Ausrüstung weiterzuentwickeln und an Trainingsmethoden zu arbeiten. Wahrscheinlich wird es nicht mehr lange dauern, bis es Linien gibt, die mit M 14 bewertet sind. Aber mir sind alpine Routen wichtiger. Ich möchte den Schwierigkeitsgrad, den ich unten in einer kurzen Tour beherrsche, auch in der Höhe und in einer langen Route schaffen. Ich möchte den ganzen Tag unterwegs sein, mich um den Zustieg und die Ausrüstung kümmern, ein paar hundert Meter Luft unter mir spüren und die enge Verbindung zu meinem Kletterpartner. Die Zahl der wirklichen Könner im Eis ist begrenzt, absolutes Vertrauen ist Voraussetzung. Die Szene ist so klein, daß wir uns alle kennen, denn in den relativ wenigen Mixed-Gebieten läuft man sich zwangsläufig über den Weg. Doch sie wächst, in leichteren Touren trifft man immer häufiger Eiskletterer, und für einen Führer wie den von

Urs Odermatt, der ein breites Spektrum an Eisfällen und Mixed-Gebieten abdeckt, gibt es mittlerweile eine Zielgruppe.

Ich hatte bald Gelegenheit, meinen alpinen Ambitionen nachzugehen. Für Ende Februar, Anfang März 2005 hatten Hari und ich vereinbart, zwei Wochen in Norwegen zu klettern. Hari war zwei Jahre zuvor schon einmal in Hemsedal gewesen und schwärmte mir von den faszinierenden Eisstrukturen vor. Er sollte recht behalten – seit unserer Rückkehr hängt über meinem Schreibtisch in Bayerisch Gmain eine Aufnahme des »Haugsfossen«. Darauf klettere ich an der in Hunderte von Eiszapfen und -zäpfchen ziselierten Eissäule, während Hari mich sichert. Das Bild ruft mir aufregende Tage in wunderbarem Eis ins Gedächtnis, und wird mir die Arbeit am Computer zuviel, erinnert es mich daran, daß mein Beruf auch noch andere, spannendere Seiten hat.

Wenn ich an Norwegen denke, denke ich vor allem an den Kontrast zwischen der schneidenden Kälte draußen und der gemütlichen Stimmung im Haus, der kuscheligen Wärme am Ofen. Tagsüber beim Klettern in den Routen eisige Kälte, Gefahr, im Vorstieg auch Einsamkeit, abends dann Wärme, Sicherheit, die Gesellschaft von Freunden und Haris geniale Kochkünste. Der Gegensatz machte das Ganze so reizvoll. Ich sehe ein weites, wildes Land vor mir, menschenleer, still. Fjorde, in denen sich die Berge spiegeln. Grandiose Morgenstimmungen, wenn das Licht des Vollmonds in den Sonnenaufgang übergeht, wenn überwältigende Farbenspiele über den Himmel zaubern. Die in rote und violette Farbtöne getauchten verschneiten Berge kitschig schön. Ich denke an die gespannte Stimmung, wenn wir bei Erstbegehungen nicht wußten, was auf uns zukam –

wir hatten vorher noch nie eine neue Route eingebohrt. In Norwegen gibt es wenig Kletterer, dafür um so mehr Neuland und Möglichkeiten für Erstbegehungen. Erst seit 2006 gibt es einen Eiskletterführer, über die Gebiete von Rjukan. Die Berge sind bei weitem nicht so erschlossen wie die Alpen, und die Vorstellung, Entdeckungen machen zu können, begeisterte mich.

Schon die Zustiege auf Schneeschuhen abseits gebahnter Wege waren ein Abenteuer für sich. Bei unserer Ankunft in Hemsedal, rund 200 Kilometer nordwestlich von Oslo, war es allerdings noch etwas zu warm für die langen Wasserfälle in Laerdal. Deswegen konzentrierten wir uns am Anfang darauf, an der überhängenden und mit Eiszapfen geschmückten Felswand über Hemsedal Mixed-Routen einzurichten. Eine mit M 9 bewertete und technisch recht anspruchsvolle Tour taufte ich »Goodbye Lenin« – daß ich nach Herzenslust reisen konnte und Freunde in aller Welt hatte, war für mich nach wie vor der Inbegriff der Freiheit, die ich in meiner Jugend in der DDR nicht hatte. Mit den drei Seillängen von »Good push, bad Bush« (M 10) – auch ihr Name eine Anspielung auf die aktuelle politische Lage – gelang uns die bisher schwerste Mixed-Route Norwegens.

Nachdem es abgekühlt hatte, machten wir uns auf die Fahrt nach Laerdal. In einem Seitental hatten wir eine offensichtliche und vielversprechende Linie entdeckt. Leider zu offensichtlich: Als wir am Parkplatz ankamen, stand da bereits ein Auto, und Will Gadd brach zusammen mit seinem norwegischen Freund Andi Spak gerade auf, um die Route, die sie am Tag zuvor eingebohrt hatten, frei zu begehen. Wer zu spät kommt, den bestraft das Leben … Wir wünschten den beiden viel Erfolg und suchten uns ein anderes Ziel. Es war ein nicht ganz so spektakulärer, aber trotzdem sehr schöner und 600 Meter hoher Wasserfall. Wir konnten den oberen Abschnitt von unten nicht einsehen und waren daher sehr gespannt, was uns nach der ersten 200 Meter hohen Stufe erwarten würde. Die Fortsetzung war ein Eisschlauch, türkisblaues Eis in einer schattigen Rinne, erstklassiges Klettervergnügen. Nach der traurigen Begegnung mit einem verletzten Schaf, das Hari von seinen Qualen erlöste, nannte wir die Route »Sheep's Heaven« und stuften sie mit WI 5 ein.

Auf der Heimfahrt sahen wir die Stirnlampen von Will und Andi in der Nähe des Ausstiegs funkeln. Es mußte also ein härterer Brocken gewesen sein, M 8+/WI 6 nach ihrer Einschätzung. Unser Ziel für den folgenden Tag war klar. Es wurde eine der schönsten Begehungen, an die wir uns erinnern können, hauptsächlich wegen der in der Sonne funkelnden bizarren Eisstrukturen in den letzten Seillängen. Die Erstbegeher hatten diese bei Nacht erlebt und als unheimlich und bedrohlich empfunden, wohl deshalb nannten sie die Route »Moerkemannen«, was so viel wie »Geistermänner« heißt.

In Laerdal kletterten wir noch »Focus«, einen ebenfalls 600 Meter langen Eisfall, außerdem in Hemsedal den »Hydnefossen« und in Rjukan den »Haugsfossen«. Beide sind kürzere, klassische Routen; Rjukan eignet sich für Einsteiger und beherbergt alljährlich Anfang März das norwegische Eiskletterfestival. Es war ein perfekter Trip durch den eisigen Norden gewesen, und wir waren uns einig, daß wir unbedingt wiederkommen mußten, nicht zuletzt wegen der tausend Meter hohen Eisfälle. Die sahen wir uns in Gedanken schon erstbegehen, aber dafür war es bei unserem Besuch einfach zu warm. Wegen des Golfstroms ist das Gebiet vom Meer her starken warmen Winden ausgesetzt, so daß die Wasserfälle zum Teil nicht ausreichend gefrieren. Wir hatten einen guten Grund zurückzukehren.

Faszinierend waren in Norwegen für mich zum einen die Ruhe und die Abgeschiedenheit, ich konnte die Natur intensiv genießen. Zum anderen war es eine große Herausforderung für mich, mich mit der Struktur von Fels und Eis auseinanderzusetzen, um einen Weg nach oben zu finden. Der Weg nach oben, das ist ein ganz wichtiger Punkt für mich – ich schaue eigentlich nicht zurück. Ich stelle mir beim Klettern immer vor: Da oben ist das Ziel, da oben willst du hin. Unsere drei Erstbegehungen hatten mir gezeigt, daß die Erschließung von Neuland ein spannendes Abenteuer ist, das mich reizt und an dem ich weiterarbeiten möchte. Ins Unbekannte vordringen, neues Terrain erschließen, indem ich die extremen Züge aus der Wettkampfkletterei auf natürliche Fels- und Eiswände übertrage, das war zu einem neuen Thema für mich geworden – eigene Spuren ziehen, mich in absoluter Freiheit bewegen.

Kein Weg durch den Fisch

»Mama, fahr nicht in die Doloiten!«

So hoch die Wellen der Begeisterung schlugen, als ich von Norwegen zurückkehrte, so tief war das Loch, in das ich anschließend fiel. Der Winter hatte mich mehr Energie gekostet, als ich mir eingestehen wollte, und wie immer machte mir die Umstellung auf den Sommer zu schaffen. Ich war furchtbar müde, hartnäckig erkältet, schlief schlecht, weil ich starke Rückenschmerzen hatte. Zum Glück war es kein Bandscheibenvorfall, sondern eine muskuläre Verspannung, die ich mit Akupunkturanwendungen einigermaßen in den Griff bekam. Ich war einfach erschöpft, sowohl körperlich als auch geistig. Anscheinend hing mir immer noch der zweite Platz in der Weltmeisterschaft nach. Ich kam mit mir selbst nicht recht klar, war innerlich aufgewühlt und ruhelos. Irgendwie war ich überhaupt nicht richtig bei mir.

Aber ich gönnte mir keine Pause, stürzte mich eher in noch mehr Aktivitäten, um den Kopf frei zu kriegen. Bald war ich mit meinem Kletterniveau wieder bei 8a angelangt. Als meine Eltern im Frühsommer nach Kroatien in Urlaub fuhren und Emanuel einluden mitzukommen, hatte ich plötzlich eine ganze Woche zur freien Verfügung. Eine willkommene Gelegenheit, eine langjährige Wunschtour in die Tat umzusetzen: die klassische Heckmair-Führe durch die Eiger-Nordwand. Eigentlich hatte ich mir vorgenommen, sie im Winter zu begehen, weil dann durch die kalten Temperaturen die Steinschlaggefahr geringer ist, aber nachdem ich nun schon mal Zeit und in Hans Hocke einen erfahrenen Bergsteiger als Seilpartner hatte, wollte ich diese Chance nützen.

Im Schein unserer Stirnlampen stapften wir um drei Uhr morgens zum Wandfuß, um vier Uhr stiegen wir ein. Die Bedingungen waren alles andere als optimal, es war zu warm, es lag zu viel Schnee, der nicht durchgefroren war, und durch die anstrengende Stapferei – wir brachen bis zu den Knien ein – waren wir viel zu langsam. Auch bei der Wegsuche verloren wir Zeit, und so war es schon fast zehn Uhr, als wir an der Roten Fluh ankamen. Wir konnten uns ausrechnen, daß wir ohne Biwak nicht durchkommen würden, hatten aber aus Gewichtsgründen auf die Biwakausrüstung verzichtet, weil wir leicht und schnell unterwegs sein wollten. Außerdem war die Lawinengefahr durch die Erwärmung nicht zu vernachlässigen. Schweren Herzens entschlossen wir uns also zur Umkehr, stiegen zum Stollenloch ab und verließen durch diesen Notausgang die Wand. Noch vor Mittag saßen wir in der Jungfraujochbahn und fuhren Richtung Tal, während ich mir vorstellte, wo in der Wand wir jetzt schon wären. Ich hätte heulen können vor Enttäuschung. Das Ziel so dicht vor Augen, und nun war all der Aufwand umsonst gewesen. Ich empfand den Abbruch der Tour genauso als Niederlage wie meine Niederlage im Wettkampf, konnte ebensowenig damit umgehen. Natürlich war mir klar, daß man mit einer Umkehr aus Vernunftgründen nicht scheitert, sondern Stärke beweist, aber das war nur ein theoretisches Wissen in meinem Kopf; in mir drin fühlte es sich ganz anders an.

Ich hatte keine andere Strategie, mit dieser Enttäuschung

umzugehen, als erneut in die Aktion zu gehen. Ohne mir eine Pause zu gönnen, fuhr ich sofort am nächsten Morgen zu meinem Projekt an der Großen Zinne. Da es inzwischen mit einem Fixseil ausgerüstet war, konnte ich dort unabhängig von einem Sicherungspartner trainieren – bis zum Umfallen. So mußte ich wenigstens nicht länger über die verpaßte Chance nachdenken.

Ich hatte im Frühjahr begonnen, wieder auf einen alpinen Zehner hinzuarbeiten. Kurt Astner, ein Südtiroler Kletterer, den ich vom Weltcup her kannte, hatte mich gefragt, ob ich mit ihm zusammen ein Projekt an der Großen Zinne realisieren wolle. Natürlich wollte ich. Von den steilen Wänden an den Drei Zinnen war ich begeistert, seitdem ich sie das erste Mal live erlebt hatte, als ich mit dem Mountainbike und dem einjährigen Emanuel in der Rückentrage unterwegs war, während Michi mit Freunden eine Route kletterte. Später war ich dort selbst zwei Routen gegangen. Die Nordwände strahlen eine respektgebietende Ernsthaftigkeit aus, die Gipfel ragen in einem Guß senkrecht bis überhängend in den Himmel. In diesen Wänden zu klettern bedeutete, sich in eine atemberaubende Ausgesetztheit zu begeben.

Kurts Idee war, die Linke Nordwand der Großen Zinne auf der Route »Camillotto Pellesier« frei zu begehen. Der ehemalige Techno-Klassiker, 1967 von den Italienern E. Mauro und M. Minuzzo in neun Tagen fast rein hakentechnisch erschlossen, wurde im Jahr 2003 von Bubu erstmals rotpunkt durchstiegen. Kurt, der die Drei Zinnen wie seine Westentasche kennt und 1995 mit Christoph Hainz in der Nordwand der Großen Zinne das »Phantom der Zinne« im oberen neunten Grad erstbeging, hatte ihn dabei gesichert. Bubu versah die Standplätze mit Bohrhaken und beließ die mehr als 300 Stiftbohrhaken, welche die Erstbegeher als Zwischensicherungen und zur Fortbewegung gesetzt hatten. Die Tour verläuft links neben der »Hasse/Brandler«, die 2002 durch Alexander Hubers aufsehenerregende Free-Solo-Begehung in die Schlagzeilen kam, und mündet in Dreiviertel der Wandhöhe auf die Dibonakante, eine häufig begangene Grattour im vierten Schwierigkeitsgrad.

Kurt und ich kletterten die »Camillotto Pellesier« zuerst vorwiegend technisch und fixierten 250 Meter Statikseil bis über die sechste Seillänge, nach der sich die Wand etwas zurücklegt und leichter wird. Die unteren sechs Seillängen sind anhaltend schwierig und so überhängend, daß man auch im Regen und im Schneesturm klettern kann – wir hatten Gelegenheit, das zu testen, die Wand blieb tatsächlich trocken. Der Kletterführer nennt das »weitgehend wetterunabhängige, luftige Wandkletterei«. Nur um einen kleinen Eindruck der Steilheit zu geben: An unserem ersten Tag in der Wand war es so kalt und feucht, daß mir an einem Stand der Kletterschuh beim Anziehen aus den klammen Fingern glitt und die Wand hinunterfiel. Wir fanden ihn am Abend etwa fünfzig Meter vom Wandfuß entfernt wieder.

Wir fixierten das Seil nicht nur an den Standplätzen, sondern hängten auch Zwischensicherungen ein, sonst wären wir bei Stürzen gar nicht mehr an die abdrängende Wand zurückgekommen. Unsere Taktik sah vor, daß durch das Fixseil jeder unabhängig vom anderen allein in der Route trainieren konnte, indem wir uns durch Steigklemmen sicherten. Beim Aufstieg läuft die Steigklemme von selbst mit und blockiert, sobald sie nach unten belastet wird. Wir mußten lediglich die Zwischensicherungen aushängen und beim Abseilen anschließend wieder einhängen. Das hört sich wunderbar einfach und praktisch an; als ich dann aber das erste Mal allein unter der Wand stand, war mir doch ziemlich mulmig, und es kostete mich Überwindung, mich in das Fixseil zu hängen. Es war kalt, es war einsam, irgendwie war es gruselig, und ich wünschte mir die Gesellschaft eines Begleiters. Was tat ich da eigentlich so allein? Wenn irgendein Problem auftauchte? Ich hatte großen Respekt. Die Steigklemme konnte noch so sicher sein, sicherer fühlte ich mich mit einem Sicherungspartner. Ich hatte noch keine Erfahrung damit, allein an einem Fixseil zu klettern, und ich hatte zu dem Sicherungsgerät noch nicht genug Vertrauen. Vor dem ersten Sturz ins Seil hatte ich totalen Horror. Ich wollte nicht fallen, war völlig verkrampft. Das Gefühl war ganz anders, als wenn man im Vorstieg oder im Nachstieg fällt. Ich pendelte weg von der Wand, dann wieder zurück, aber je öfter das passierte, desto normaler wurde es. Irgendwann war das Stürzen nicht mehr schlimm. Letztendlich klappte das Sicherungssystem super, ich würde das sofort wieder so machen.

Insgesamt habe ich etwa sechs Tage allein trainiert, wobei ich jeweils für zwei Tage an die Zinnen fuhr, dann war ich mit meinen Kräften sowieso am Ende. Meistens war ich mittags schon platt, denn dadurch, daß ich allein war und kaum Pausen machte, hatte ich viel mehr Zeit als Kraft zur Verfügung. Aus den schweren Stellen fiel ich immer wieder heraus und mußte versuchen, andere Lösungen zu finden. Die Route ist deshalb so anspruchsvoll, weil sich eine überhängende Seillänge an die andere reiht und es kaum eine Möglichkeit zum Ausruhen gibt. Sie beginnt mit einer 7b+, darauf folgt 7c+, dann kommt mit 8b die Schlüsselseillänge. Danach geht es mit 8a und 7a weiter. Die sechste Seillänge wartet mit dem abschließenden Dach noch mit einer 8a+-Stelle auf, dann wird die Wand flacher und bis zum Grat mit drei Seillängen 7a, 6b und 6a leichter. Besonders kämpfte ich mit dem Dach in der sechsten Seillänge, mehr als mit der eigentlichen Schlüsselstelle: Ich mußte mich mit der rechten Ferse über die Dachkante hängen, einen Fersenhook machen, diesen auflösen, den Fuß normal belasten und mich mit ihm abdrücken, um einen Untergriff zu nehmen. In diesem Moment hatte ich aber für den linken Fuß immer noch keinen Tritt, und der Untergriff wurde erst gut, wenn ich mich höher schob. Eine unheimlich ausgesetzte Stelle, und außerdem war ich jeweils schon ziemlich erledigt, wenn ich an der Dachkante ankam.

Zwischen meinen Versuchen an der Zinne flog ich Ende Juni auf Einladung von Arc'teryx nach Kanada, um am RocTrip teilzunehmen, dem jährlichen Fels-Event, der diesmal in Squamish, nicht weit von Vancouver, stattfand. Nachdem auch Hari dabei war, reisten wir drei Tage früher an und nutzten die Gelegenheit, um die Kletter- und Bouldergebiete rund um Squamish kennenzulernen. Ich kam mehr oder weniger direkt von der Großen Zinne schon ziemlich erschöpft an, den Ruhetag verlegte ich auf den Flug. Im Grunde genommen war es mir zuviel, aber ich hatte das Gefühl, ich dürfe meinen Sponsor nicht enttäuschen. Der abschließende Kletterwettkampf war mein erster Wettbewerb im Fels; angesichts der stark vertretenen internationalen Kletterprominenz hatten wir Eisspezialisten allerdings keine allzugroßen Chancen. Spaß machte es trotzdem, vor allem die abschließende Party mit mehr als 500 Kletterfreaks und Locals.

Danach war wieder die Große Zinne angesagt. Details ausarbeiten, Bewegungsabläufe einstudieren, schwierige Stellen ökonomisieren. Ich legte mir eine Taktik zurecht, wie ein Rotpunktversuch für mich am vielversprechendsten wäre, welche Schlingen ich verlängern könnte, welche Haken ich besser auslassen sollte, um Kraft zu sparen, welche Rastpositionen ich nützen müßte. Mir gefiel die Route wirklich gut, die positiven Leisten in allen Größen, auch wenn der Fels nicht immer ganz zuverlässig war. Nur das Dach sträubte sich weiterhin hartnäckig, ich konnte den Übergang einfach nicht entschlüsseln. Ich hatte mich an die Einsamkeit in der Nordwand gewöhnt und an die verwunderten Fragen anderer Kletterer, was ich denn vorhätte so allein. Und sobald man an den Drei Zinnen die senkrechten Wände verläßt, kann man sich über mangelnde Gesellschaft sowieso nicht mehr beklagen. Wahre Touristenströme pilgern um das Gebirgsmassiv, ich war froh, sehr früh zum Einstieg unterwegs zu sein, um den Massen aus dem Weg gehen zu können und die aufgehende Sonne zu genießen. Es ist kein Wunder, daß die wilde Bergkulisse so viele Menschen fasziniert. Die Dolomiten sind eine herrliche Laune der Natur, und die Drei Zinnen, diese riesigen Monumente aus Stein, sind ihre auffälligsten Gipfel.

Langsam hatte ich das Gefühl, daß ich dem Durchstieg näherkam. Es war an der Zeit, die Route im Vorstieg zu probieren. Ich markierte mir wichtige Griffe mit Magnesia, denn ich konnte mir unmöglich sechs Seillängen anhaltend schwerer Kletterei merken. Mein Wunschpartner für den ersten Vorstiegsversuch war Stephan Siegrist. Wir hatten uns im Lauf des letzten Jahres immer häufiger gesehen, und daraus war eine wenn auch relativ unverbindliche Beziehung entstanden. Schon die räumliche Entfernung zwischen Interlaken und Bayerisch Gmain sorgte dafür, daß wir uns immer wieder längere Zeit nicht sahen, seine Expeditionen taten ein übriges dazu. Aber wir schmiedeten ständig gemeinsame Tourenpläne und hofften, sie irgendwann auch einmal umsetzen zu können. Stephan war ohnehin an der Tour interessiert und kam gern mit. Ich führte die ersten Längen, dann stiegen wir abwechselnd weiter. Es lief nicht schlecht, zumindest bis zur sechsten Seillänge. Ich spürte die 200 Meter Luft unter mir. Unter dem zwei Meter horizontal ausladenden Dach hängend, schnappte ich an die feine und meist feuchte Leiste oberhalb der Dachkante und ließ die Füße kontrolliert kommen, bevor ich zum Fersenhook an der Kante ansetzte. Ich packte den Untergriff – und stürzte. Zum ich-weiß-nicht-wievielten Mal. Meine Euphorie war ziemlich gedämpft, noch dazu weil das Wetter sich verschlechtert hatte und klar war, daß wir keine Zeit mehr für weitere Versuche hatten.

Wir kletterten also weiter bis zur Nordostkante. Als Stephan klarmachte, daß wir auf keinen Fall mehr über die Dibonakante zum Gipfel gehen konnten, weil es dafür zu spät war und die einfallenden Wolken nichts Gutes verhießen, war ich enttäuscht. Ich wäre gern noch zum Gipfel gestiegen, anstatt über die Route abzuseilen. Natürlich hatte er recht, ich hatte auch keine Lust, in die Dunkelheit und in einen Schneesturm zu kommen, aber im ersten Moment fiel es mir schwer, die Tatsachen zu akzeptieren und nein zu sagen. Stephan und ich sind ähnlich ehrgeizig, aber als Bergführer hat er mir sehr viel alpine Erfahrung voraus, er hat das richtige Fingerspitzengefühl, um Risiken im voraus zu erkennen, und handelt vollkommen überlegt. Ich sehe den Gipfel – er sieht den Nebel und die Wolken und die Uhr.

Daheim war ich froh, wieder mal ein paar Tage mit Emanuel zu verbringen. Er wurde bald fünf und hatte gerade großen sportlichen Ehrgeiz, er lernte radfahren, schwimmen und natürlich auch klettern. Es wurde einfacher für mich, ihn in meine Welt zu integrieren, und ich förderte gern seine Fähigkeiten. Beim Biken kämpfte er ähnlich verbissen wie ich, um nur nicht absteigen zu müssen. Und beim Klettern wollte er partout nicht wahrhaben, daß es Stellen gab, die für ihn aufgrund seiner geringen Körpergröße nicht machbar waren. Es freute mich, seine Entwicklung zu erleben. Daheim waren andere Themen wichtig: Was koche ich heute, wieso ist die Wäsche noch in der Maschine, wann schläft Emanuel endlich, ich muß doch noch den Bericht fertigschreiben ... Die Nordwand der Großen Zinne geriet ein wenig in den Hintergrund.

Stephan war mit nach Bayerisch Gmain gekommen. Wir beschlossen, zur Abwechslung an die Marmolada zu fahren, um den »Weg durch den Fisch« zu machen. Der stand schon lange auf meiner Wunschliste und war ein verlockendes Ziel. Das Problem war nur das Wetter: Für das Ende der Woche waren gewittrige Störungen angesagt, wir sollten also besser schon am Mittwoch aufbrechen. Das bedeutete, ich mußte jemanden finden, der Emanuel einen Tag versorgen würde, bevor Michi ihn übernahm.

Es bedeutete aber noch viel mehr. Rainer Eder war aus Zürich gekommen, um in Karlstein Aufnahmen von mir zu machen. Wir mußten die geplanten zwei Tage auf einen kürzen, was besonders stressig wurde, weil Emanuel die ganze Zeit dabei war und selbstverständlich auch seine Bedürfnisse hatte. Ich mußte einen Zahnarzttermin absagen, und keiner im Freundeskreis hatte zum Kinderhüten Zeit. Rückenschmerzen hatte ich auch wieder. Ich wußte gar nicht mehr, wo mir der Kopf stand. Dann konnte ich aber doch noch eine Freundin organisieren, die sich um Emanuel kümmerte. Weil alles so schnell gehen mußte, hatten wir nicht die optimale Ausrüstung dabei, wir hätten noch Fiffis gebraucht. Schlechte Vorbereitung ist immer ungünstig – eigentlich mußte das schiefgehen. Als ich wegfuhr, fing Emanuel an zu weinen und sagte: »Mama, fahr nicht in die Doloiten!« Damals konnte er »Dolomiten« noch nicht richtig aussprechen. Hätte ich bloß auf ihn gehört.

Weil wir vor dem Felbertauerntunnel in einen Stau kamen, dauerte die Fahrt Richtung Canazei auch noch sechs statt drei Stunden. Ich versuchte, mich nicht noch mehr aufzuregen, tief durchzuatmen und mich auf das, was auf mich zukam, einzustellen. Schließlich tat ich mir den ganzen Streß nur deshalb an, damit wir die wenige gemeinsame Zeit, die uns blieb, effektiv nützen konnten. Wir waren beide noch nie an der Marmolada geklettert, und ich freute mich darauf, endlich mit Stef eine schwierige Begehung zu realisieren. Der Ruf, der dem »Weg durch den Fisch« vorauseilt, kommt nicht von ungefähr, die Tour gilt als eine der schönsten und schwierigsten in den Dolomiten. 1981 von den Tschechoslowaken Igor Koller und I. Šustr erstbegangen, damals als Siebener mit Stellen A 0 und A 1, wird sie heute frei als 9– eingestuft. Die Marmolada ist im Vergleich zu den restlichen Dolomiten für vergleichsweise guten Fels bekannt, wegen der Gesteinsqualität machte ich mir überhaupt keine Gedanken. Die Südwand ist eine ziemlich glatte Wand aus grauem Kalk, die sich nach oben aufsteilt, und durch zahlreiche Verschneidungen gegliedert. Der »Weg durch den Fisch« – nach einer Felsformation unterhalb der Wandmitte benannt – führt durch einen imposanten Plattenschuß. Es handelt sich um eine anspruchsvolle Sache, der Gipfel der Marmolada liegt immerhin auf rund 3250 Metern, und es sind 850 Höhenmeter zu klettern. Entscheidend ist jedoch die äußerst alpine Absicherung. Der Südtiroler Kletterethik folgend, stecken keine Bohrhaken, lediglich die Stände sind mit zwei oder drei geschlagenen Haken ausgerüstet, die nach Möglichkeit mit Keilen verstärkt werden sollten. Unter diesen Umständen kann eine 9– sehr schwer werden.

Um so beruhigender war es für mich, mit Stef unterwegs zu sein, der in genau diesem Gelände sehr viel Erfahrung hat. In selbst abzusichernden Touren ist die Routenführung weniger offensichtlich, auf der anderen Seite wollten wir aber schnell sein und möglichst wenig Zeit durch die Wegsuche verlieren. Unsere Strategie sah vor, mit leichtem Gepäck in einem Tag durchzusteigen, da der Wetterbericht für den folgenden Tag schlecht war. Die Südwand der Marmolada heizt sich stark auf, und durch aufsteigende feuchte Luftmassen bilden sich gern Quellwolken und Gewitter. Hätten wir die Biwakausrüstung mitgenommen, wären wir schon wegen des zusätzlichen Gewichts langsamer gewesen. Auf der anderen Seite setzten wir uns mit dieser Entscheidung einem großen Zeitdruck aus, denn 37 Seillängen mußten erst mal geklettert werden, auch wenn die Schwierigkeiten im oberen Drittel moderat wurden. Abseilen war ab einer gewissen Höhe wegen der Routenführung auch nicht mehr empfehlenswert. Eigentlich war es schade, eine Biwaknacht mit Stef unter dem Sternenhimmel hätte auch etwas für sich gehabt …

Noch am Abend stiegen wir von der Hütte bis zum Einstieg und fixierten die ersten vier Seillängen mit unseren zwei Seilen, damit wir am Morgen schnell an ihnen aufsteigen und dann im Vorstieg weitermachen konnten. Um fünf Uhr morgens waren wir an den Fixseilen. Am Beginn der fünften Seillänge machte ich mich für den Vorstieg fertig, während Stef die Seile aufnahm. Zeitlich waren wir gut dran. Trotzdem machten wir uns Druck, vielleicht war ich deshalb weniger aufmerksam. Das Gelände bewegte sich im fünften Grad; Stef stieg die sechste Seillänge vor, dann war ich wieder an der Reihe.

Es war etwa halb sieben Uhr morgens, als ich vom Standplatz nach links wegkletterte. Die zwei geschlagenen Normalhaken am Stand, die noch von den Erstbegehern stammten, sahen vom Alter her nicht schlecht aus, aber der Fels, in dem sie steckten, war nicht der stabilste. Während ich über leicht geneigtes, strukturiertes Gelände nach oben stieg, stand Stef auf dem Band und sicherte mich. Um den Stand zu schützen, legte ich bald einen Einser-Friend in einen flachen Riß. Im Kalk sind die Klemmgeräte weniger gut zu legen als im Granit, in Wasserrillen geben sie nur halbherzige Sicherungen ab. Einen zweiten Friend legte ich etwas links über dem Stand. Auch er saß nicht bombig, denn die Strukturen waren alle eher offen.

Dann wurde es plattig. Rechts sah ich eine große Felsschuppe, vielleicht drei mal drei Meter groß. Sie versprach Griffe und Sicherungsmöglichkeiten, es erschien mir logisch, sie anzuklettern. Ich querte leicht nach rechts zurück und befand mich wieder ziemlich genau über dem Stand. An der Schuppe angekommen, packte ich sie mit beiden Händen. An ihrer linken Seite war der Fels geschlossen, aber unten öffnete er sich, und ich konnte den Dreier-Friend im Spalt verklemmen. Nachdem ich mich an ihm gesichert hatte, bewegte ich mich noch etwas weiter nach rechts, wo sich die Schuppe weiter öffnete und gute Griffe bot.

In diesem Moment merkte ich, daß sich die ganze Felsschuppe nach außen bewegte und ich nach hinten fiel. Es ging alles blitzschnell. Ich fiel und fiel, der Sturz hörte einfach nicht auf. Verschwommen nahm ich wahr, daß ich an

Stef und am Stand vorbeistürzte. Ich kann mich nur an einen Gedanken erinnern, den ich im Kopf hatte: Ich durfte nicht kopfüber kippen, mußte auf jeden Fall Kopf und Arme oben behalten. Wenn ich beim Sportklettern fliege, schreie ich eigentlich immer. Stef erzählte mir danach, daß ich auch diesmal geschrien hätte, aber viel lauter und gellender, richtig panisch. Ich kann mich daran nicht erinnern. Auch an den Aufprall meines rechten Fußes auf dem Band habe ich keine Erinnerung, aber es kann nur so passiert sein.

Was ich mehr oder weniger im Unterbewußtsein noch mitbekam, war, daß die Schuppe durch die relativ geringe Neigung des Geländes noch über dem Stand an die Wand prallte und in viele Stücke zerschellte. Dann, endlich, der ersehnte Ruck am Seil. Ich hing vielleicht zehn Meter unter dem Stand, war also runde zwanzig Meter geflogen. Die Friends waren alle herausgerissen worden und hingen über mir in einer Seilschlaufe. Wir kletterten mit einem Einfachseil, weil das in schwierigen Routen leichter einzuhängen ist. Mit dem zweiten Seil zogen wir die Rucksäcke nach, so hatten wir für eventuelle Rückzugsmanöver zwei Seile, und beim Klettern mußte keiner einen Rucksack tragen.

In meinem Schockzustand hatte ich zunächst den Eindruck, es sei alles in Ordnung und wir würden selbstverständlich die Tour fortsetzen. Ich wollte zu Stef nach oben klettern. Dann nahm ich wahr, daß mein rechtes Bein sich in dem Seilchaos über mir verfangen hatte. Als ich es herauszog, spürte ich einen stechenden Schmerz kurz über dem Knöchel. Es war seltsam weich, und als ich den Fuß nach unten nahm und belasten wollte, durchzuckte mich ein schneidender Schmerz. Das Bein war gebrochen. Mir wurde schwarz vor den Augen, aber das war zum Glück schnell vorüber. Es half nichts, ich mußte irgendwie zum Stand hinauf. Bloß wie, mit nur einem Fuß?

Ich schaffte es tatsächlich, mich zwei Meter nach oben zu bewegen. Plötzlich gab das Seil nach, ich fiel wieder nach unten. Mir war aufgefallen, daß es einige schadhafte Stellen hatte, die vom Steinschlag herrühren mußten. Das konnte nur bedeuten, daß dieser Sturz nie mehr aufhören würde. Zu meiner großen Erleichterung stoppte mich das Seil aber nach kurzer Zeit. Die Seilschlaufe, die sich über mir gebildet hatte, hatte sich durch das Einziehen des Seiles gelöst, deswegen hing ich wieder ein paar Meter tiefer. Erneut war ich mit dem verletzten Bein aufgekommen, erneut wurde mir vor Schmerzen fast schlecht. Ich versuchte, tief und gleichmäßig zu atmen. Mir fiel Catherine Destivelles Unfall in der Antarktis ein, von dem ich in ihrem Buch gelesen hatte, und wieviel schwieriger ihre Rettung war, wieviel mehr sie aushalten mußte. Ich durfte auf keinen Fall bewußtlos werden.

Stef baute mit dem wenigen Material, das er am Stand zur Verfügung hatte, einen Flaschenzug, um mich nach oben zu ziehen. Auf dem Band angekommen, wurde mir erst klar, wieviel Glück wir gehabt hatten. Das zweite Seil, das am Stand lag, war durch die fallenden Felsbrocken an einigen Stellen vollständig durchtrennt worden. Das Seil, an dem ich hing, hatte einen Cut, war jedoch nicht ganz durchgeschnitten. Der Teil meines Seiles wiederum, der noch am Stand lag, weil ich ihn noch nicht ausgegangen war, war ebenfalls an einigen Stellen zerstört. Wie leicht hätte auch das Seil, das zu mir führte, durchtrennt sein können!

Rechts und links von Stef mußte es Steine gehagelt haben. Ihn schmerzte ein Fuß, auf dem er nicht auftreten konnte, sicherlich die Folge eines Steinschlags. Unser Rucksack mit dem Handy und der Ersten Hilfe war die Wand hinuntergerissen worden. So, wie die Seilreste aussahen, konnten wir unmöglich abseilen. Uns blieb nur die Möglichkeit, um Hilfe zu rufen, so unangenehm uns das war. Weil es noch früh am Morgen war, hörte uns zuerst niemand, es war noch schattig, keiner ging vor die Tür. Als um 8 Uhr eine Person aus der Hütte trat, riefen wir noch einmal laut »Aiuto«, diesmal erfolgreich. Eine Stunde später hörten wir den Hubschrauber kommen. Doch er drehte wieder ab, und weil sich inzwischen erste Kondenswolken gebildet hatten, machten wir uns Sorgen, daß das Wetter zu schlecht zum Fliegen werden könnte. Als er zurückkam, steckten wir schon in einer Wolke. Zu meinem Entsetzen drehte er erneut ab. Mittlerweile hatte ich große Schmerzen und schlotterte am ganzen Körper, so kalt war mir. Ich war sehr erleichtert, als der Hubschrauber schließlich endgültig mit einem Retter am Seil heranflog, dieser meinen Klettergurt an seinem eigenen fixierte und wir auf die Wiese am Wandfuß geflogen wurden.

Die Erstversorgung fand dort statt, und ich war äußerst dankbar für die Schmerzspritze, die ich bekam. Stef und ich wurden ins Krankenhaus von Agordo geflogen. Weil wir beide nicht Italienisch sprechen, gestaltete sich die Kommunikation schwierig. Ich hatte eine komplizierte Unterschenkelfraktur, die möglichst schnell operiert werden sollte. Stef hatte so starke Schmerzen im Fuß, daß er ohne Krücken gar nicht gehen konnte, doch auf dem Röntgenbild war nichts zu erkennen. Unser Geld war immer noch im Rucksack am Wandfuß, wir konnten nicht einmal nach Hause telefonieren oder den Rücktransport klären. Ich ließ mich schließlich am selben Abend noch operieren, während

Stef nicht behandelt wurde. Als ich aus der Vollnarkose erwachte, schmückte mein Bein ein kiloschweres Metallgestänge, das die Knochentrümmer fixieren sollte. Der Unterschenkel wurde trotzdem immer dicker und dicker, war bald so dick wie der Oberschenkel.

Ich hätte am nächsten Tag am Abend Emanuel übernehmen sollen und mußte dringend eine Betreuung für ihn organisieren. Nachdem Stef unseren Rucksack im Tal abgeholt und mir einen Rock gekauft hatte, damit ich überhaupt etwas anziehen konnte, rief ich bei meiner Mutter in Sachsen an, um ihr möglichst schonend die Neuigkeiten beizubringen. Sie sagte sofort allen ihren Patienten ab und fuhr nach Bayerisch Gmain, um sich um Emanuel zu kümmern. Für diese bereitwillige Unterstützung war ich ihr sehr dankbar. Ich telefonierte auch mit Michi und mit Emanuel.

Irgendwie wurde ich das Gefühl nicht los, daß mein Bein immer schlimmer statt besser wurde. Weil ich mich mit den Ärzten nicht verständigen konnte, wollte ich so schnell wie möglich heim. Stef fuhr mich – mit einem Bein – nach Innsbruck, wo wir Alexander Huber und Wasti trafen, die auf dem Rückweg von Chamonix waren. Wasti brachte mich in meinem Auto nach Hause. Die ausführliche Diagnostik im Krankenhaus von Berchtesgaden ergab, daß ein weiterer Bruch übersehen worden war. Ich wurde nochmals operiert, bekam viel Metall ins Bein, dafür wurde ich die externe Fixierung los. In den zwei Wochen, die ich im Krankenhaus bleiben mußte, kümmerte sich meine Mutter um alles, kam jeden Tag mit Emanuel zu Besuch, massierte stundenlang mein Bein, um durch Lymphdrainage die massive Schwellung abzubauen. Ich war sehr froh über ihre Hilfe, denn auf einem Bein werden die einfachsten Alltagserledigungen plötzlich umständlich.

Für Emanuel war mein Zustand schwer zu akzeptieren. Ich nehme an, sein Vertrauen, das ihn davon ausgehen ließ, daß ich nach jeder Tour zuverlässig nach Hause kam und mir nichts passieren würde, war erschüttert. Mir gegenüber baute er zunächst eine eigenartige Mauer auf. Er kam zwar mit ins Krankenhaus, unterhielt sich auch mit mir, aber er kam nicht zu mir, wollte nicht von mir berührt oder liebkost werden, das wehrte er alles ab. Auch den Anblick meines Beines konnte er nicht ertragen. Er wollte die Narben nicht sehen, verlangte, daß ich das Bein mit einem Tuch zudeckte oder Socken anzog. Als ich dann entlassen wurde, war er mir, wie auch meine Freundinnen in der Nachbarschaft, eine große Unterstützung. An den Krücken gehend oder auch auf einem Bein durch die Wohnung hüpfend, fiel es mir beispielsweise schwer, den Tisch zu decken oder Getränke und Lebensmittel zu tragen. Emanuel war sehr hilfsbereit und verhielt sich erstaunlich vernünftig. Durch die mir auferlegte Zwangspause verbrachten wir viel mehr Zeit miteinander, und der enge Kontakt tat uns beiden gut. Als ich wieder etwas beweglicher war, machten wir gemeinsame Wanderungen: er voraus, ich auf Krücken hinterher. Er genoß es, endlich mal schneller zu sein als ich. Ich mußte ihm allerdings versprechen, nicht mehr in die »Doloiten« zu fahren, weil es dort so gefährlich sei.

Meine Mutter erzählte mir, daß sie nach ihrer Rückkehr nach Bad Düben als erstes alle Poster von mir von der Wand riß. Sie hielt es nicht aus, mich in einer steilen Wand zu sehen. Mittlerweile hängen zwar wieder ein paar, aber dennoch war diese Geschichte ein einschneidendes Erlebnis auch für sie. Mein gern wiederholter Satz »Nein, nein, Mutti, mir passiert schon nichts« hatte für sie jede Glaubwürdigkeit verloren.

Am schwersten fiel es wohl mir selbst, zu akzeptieren, daß ich eine Zeitlang zu Inaktivität gezwungen wurde. Nachdem meine Lebenszufriedenheit viel mit körperlicher Bewegung zu tun hat, waren das keine einfachen Wochen. Die Fortschritte in der Heilung waren zögerlich, auch wenn ich von einer Therapie zur nächsten ging. Ich zermarterte mir den Kopf darüber, wie ich den Unfall hätte verhindern können, machte mir Vorwürfe, weil ich nicht erkannt hatte, wie instabil die Schuppe war. Gleichzeitig war mir aber auch klar, daß beim Klettern ein Restrisiko bleibt; durch Feuchtigkeit und Kälte verwittert der Fels, verliert an Stabilität, und das ist von außen nicht immer zu ahnen. Mein Schuldgefühl wuchs noch, als sich nach zwei Monaten herausstellte, daß die Ärzte bei Stef eine Fraktur des unteren Sprunggelenks übersehen hatten. Sie wurde nachträglich operiert, wegen des späten Zeitpunkts des Eingriffs mit schlechten Prognosen.

Stef und ich diskutierten lange über die Ursachen des Unfalls. Und wir dachten immer wieder darüber nach, daß wir beide genausogut tot sein könnten. Wenn die beiden Standhaken nicht gehalten hätten. Wenn uns die Trümmer der Schuppe erschlagen hätten. Wenn die Seile an anderen Stellen zerrissen wären. Das gemeinsam Durchgestandene schweißte uns ein Stück weit zusammen, auf der anderen Seite wurde uns aber auch die Problematik unserer Fernbeziehung bewußt – mit 600 Kilometern dazwischen ist es schwierig, sich gegenseitig beizustehen. Wir waren beide aus unterschiedlichen Gründen an unsere Orte gebunden, Stef vor allem beruflich, ich in erster Linie privat. Es gab Zeiten, in denen sich durch Expeditionen und Reisen unser Kontakt wochenlang auf Handy und E-Mail beschränkte. Die Entfernung und der sporadische Kontakt machten es

Stef und Emanuel nicht gerade leichter, eine Beziehung zueinander aufzubauen.

Auf der anderen Seite war uns aber klar, daß uns die Distanz auch entgegenkam, daß sie ihre Vorteile hatte. Wir waren beide gewohnt, ein sehr selbständiges Leben zu führen, unsere Pläne durchzuziehen, alleine zu entscheiden. Dazu brauchten wir Freiheit und Unabhängigkeit. Wir wußten beide, was es heißt, vom Bergsteigen zu leben, hatten in dieser Hinsicht viel Verständnis füreinander. Ohne eine Portion Egoismus geht es nicht, wenn man hochgesteckte Ziele erreichen und in der Branche ernst genommen werden will. Professioneller Alpinismus ist zeitintensiv, da bleibt manchmal wenig Raum für den Partner oder die Familie. In vielen Beziehungen, in denen nur einer intensiv klettert (meistens dürfte das der Mann sein), wird es zum Problem, wenn derjenige zu oft weg ist. Wir kletterten beide auf ähnlichem Niveau. Wir konnten uns gegenseitig die Freiheit lassen, die eigenen Wünsche zu realisieren. In dieser Hinsicht paßten wir ideal zusammen, auch wenn das auf Kosten von Nähe und Geborgenheit ging.

Ich lernte aus dem Unfall eine Menge. Nicht mehr mit Gewalt etwas durchziehen zu wollen, wenn es zeitlich gar nicht gehen kann. Besser auf meine eigenen Bedürfnisse zu hören. Und vor allem: den Mut zu haben, den Erwartungen der anderen nicht zu genügen, einfach nein zu sagen. Um mich herum gibt es immer Erwartungen: die von Emanuel, von Stef, von Michi, von Kletter- und Trainingspartnern. So weit wie möglich will ich ihnen selbstverständlich gerecht werden, aber dann gibt es eben noch mich selbst und meine Wünsche. In diesem Fall gehörte natürlich die Route zu meinen Wünschen, aber ich spürte gleichzeitig, daß ich mir zuviel zumutete. Es paßte einfach nichts an diesem Tag, und ich hätte die Signale besser deuten müssen. Wie außerhalb des Kletterns auch liegt die Verantwortung für mein Leben in meiner eigenen Hand. Es gibt ja da noch den alten Spruch von den Bergen, die einem nicht davonlaufen …

Was meine Sicherheit anbetrifft, werde ich ganz klar nicht mehr in gefährlich abgesicherte Alpinrouten einsteigen, bei denen das Risiko nicht berechenbar ist. Die Sicherungsmöglichkeiten müssen stimmen, sonst gehe ich die Tour eben nicht, und sei sie noch so berühmt. Ich möchte gesund zurückkommen. Ich habe erkannt, daß ich früher dem in einer Wand vorgefundenen Material gegenüber viel zu vertrauensselig war. Mittlerweile hänge ich an einer Abseilstelle lieber noch einen Klemmkeil dazu, als mein Leben zu riskieren – auch wenn dann ein paar Euro in der Wand bleiben. In den »Fisch« an der Marmolada zieht es mich nicht mehr. Hätte ich damals schon gewußt, was ich im nachhinein erfahren habe, nämlich daß es bereits viele schwere Stürze in der Route gab, wäre ich vielleicht gar nicht erst eingestiegen. Insofern wird es mir nicht schwerfallen, mein Versprechen gegenüber Emanuel einzuhalten, nicht mehr in die »Doloiten« zu fahren. Wir haben uns zum Glück darauf geeinigt, daß es nur für gefährliche Routen gilt. Denn mein Projekt an der Großen Zinne möchte ich auf jeden Fall abschließen. Dort besteht zumindest nicht die Problematik schlechter Absicherung. Als ich nach meinem Unfall mit Kurt Astner sprach, bestärkte ich ihn darin, ohne mich weiter auf den Durchstieg hinzuarbeiten, und ich freute mich sehr für ihn, als seine Erfolgsmeldung kam.

Im Zusammenhang mit meinem Sturz machte ich auch ein paar sehr positive Erfahrungen. Ich erlebte wieder einmal, wie schön es ist, gute Freunde zu haben, auf die ich zählen kann, wenn ich sie brauche. Und die intensiv mit mir verbunden sind: Sandra, die von meinem Unfall noch nichts wußte, träumte in der Nacht danach, ich sei gestorben. Während ich im Krankenhaus lag, besuchten mich so viele Leute, und auch die Reaktion meiner Sponsoren stärkte mir den Rücken, wenn ich über meine Situation am Verzweifeln war. Sie waren besorgt um mich, übten keinerlei Druck aus und bestärkten mich darin, mir Zeit zu lassen und in Ruhe gesund zu werden.

Da hatten sie allerdings wesentlich mehr Geduld als ich selbst. Sieben Wochen nach dem Unfall hielt ich es nicht mehr aus und begann wieder mit dem Klettern. Ich mußte allerdings das Gebiet sehr sorgfältig aussuchen: Der Weg zum Einstieg mußte krückentauglich sein, denn ich durfte das Bein immer noch nicht voll belasten. Ich konnte nur Überhänge klettern, damit ich auf keinen Fall mit dem Fuß aufkam, und das nur toprope. Ich entwickelte meine persönliche Spezialtechnik, indem ich das rechte Knie aufstützte oder die Beine ganz gehen ließ, wenn ich an den Armen hing. Auf diese Weise konnte ich immerhin wieder 6c klettern.

Im Herbst flogen Stef und ich eine Woche nach Spanien, zu einer etwas originellen Kletterreise. Er trug nach seiner Operation einen Gips am Bein, ich brauchte die Schiene nicht mehr, war aber noch immer auf Krücken unterwegs. Unsere Kletteranfänge in Siurana waren erst einmal ein ziemlicher Kampf. Weil Stef mit seinem Gips nicht vorsteigen konnte, war das meine Aufgabe. Obwohl die Routen gut abgesichert waren, hatte ich Streß – ich wollte auf keinen Fall wieder auf den Fuß stürzen. So war das also, wenn man Sturzangst hat. Ich hatte vollkommen das Gespür dafür verloren, wann ich am Limit war, und fühlte mich immer am Limit. Jeder Griff kam mir locker vor, ich krallte mich mit viel zu großem Krafteinsatz am Fels fest. Wir kamen nicht weit über einen Siebener hinaus, setzten in diesem Urlaub mehr kulinarische als sportliche Höhepunkte. Trotzdem war ich froh, wieder einen Anfang gemacht zu haben.

Zum Ende der Woche fuhren wir weiter nach Riglos, zu den 200 Meter hohen Türmen. Sie kamen mir plötzlich riesig vor, und bei der Vorstellung, mit so viel Luft unter mir vorzusteigen, schnürte es mir zunächst die Kehle zu. In den ersten Seillängen war die Angst noch da, doch mit jedem Meter Höhe verlor ich meine Unsicherheit, spürte, daß ich hier in meinem Element war. Den ganzen Tag in einer Mehrseillängenroute unterwegs, auf einem richtigen Gipfel herauskommen, in die Ferne schauen können – das war es doch, was immer so schön gewesen war.

Allerdings standen wir dann oben am Gipfel und merkten, daß der Abstieg ohne unsere Krücken etwas mühsam werden würde. Wir waren eigentlich davon ausgegangen, wir könnten abseilen, doch das stellte sich als sehr aufwendig heraus. So humpelten wir also den Normalweg hinunter, Stef im Gips, ich auf allen dreien, denn ich sollte das rechte Bein jetzt zwar belasten, aber noch nicht voll. Wir gaben sicher ein wunderbares Bild ab. Leider hatten wir keinen Fotografen dabei!

Nach den Erfahrungen von Spanien entschloß ich mich endgültig, zur Eisklettersaison tatsächlich anzutreten und entsprechend zu trainieren. Die Ärzte hatten mir diesbezüglich keinerlei Hoffnungen gemacht. Ich hatte mich jedoch drei Monate lang an diesen Gedanken geklammert, um die Durststrecke irgendwie zu überstehen. Für 2006 war eine vollständige Weltcup-Serie angekündigt, eine bessere

Motivation, wieder fit zu werden, gab es nicht. Ich freute mich richtig auf das Training, so lange hatte ich nichts oder wenig getan. Und natürlich wollte ich mir auch beweisen, daß ich es noch konnte. Die Hoffnung, daß mein Fuß jemals wieder vollständig gesund und beweglich wird, hatte ich inzwischen wohl oder übel aufgegeben.

Der Eiskletter-Weltcup 2006

Abschied von Freunden

Nach der langen Verletzungspause war der Start in das Training für den Winter zunächst ein hartes Stück Arbeit. Aber ich war so motiviert, daß mir das überhaupt nichts ausmachte. Im Gegenteil: Ich genoß es, endlich wieder etwas tun zu können, und freute mich über jeden kleinen Fortschritt. Es gab einiges aufzuholen. Ich hatte relativ spät mit dem Training begonnen und merkte, daß Kirsten, mit der ich oft gemeinsam trainierte, schon weiter war.

Daß ich im Vorfeld der Wettkämpfe nicht zu selbstbewußt wurde, dafür sorgte schon mein Bein. Die Bruchstellen wurden nach wie vor von Platten und Schrauben zusammengehalten. Die Knochenbildung war bescheiden. Meiner Idee, am Weltcup teilzunehmen, standen die Ärzte eher skeptisch gegenüber. Ich konnte im Stehen immer noch nicht die Ferse nach oben abheben, mich also auch nicht mit dem Fuß abdrücken, wenn ich auf dem Fußballen stand – eine Bewegung, die man beim Klettern praktisch ständig braucht. Im Vorstieg mußte ich den Gedanken, ich könnte stürzen, verdrängen; zu groß war meine Angst, die Brüche könnten durch die Belastung eines Aufpralls wieder aufgehen und alles würde von vorn anfangen.

Die Aussicht, in den Wettkämpfen wieder an meine Grenzen gehen zu können, beflügelte mich jedoch richtig.

Je näher sie rückten, desto öfter dachte ich allerdings darüber nach, ob das eigentlich noch meine Welt war. Vor sechs Jahren war ich das erste Mal dabeigewesen. Durch die Siege in den Weltcups wurde ich bekannt, sie ermöglichten mir die Zusammenarbeit mit meinen Sponsoren. Ich erlebte schöne und schwierige Zeiten, kam in der ganzen Welt herum, lernte interessante Leute und neue Freunde kennen. Hinter dem Weltcup stehen viele Stunden freiwilliger Arbeit der Organisatoren, viel Begeisterung und Einsatz hinter den Kulissen. Das alles wußte ich zu schätzen. Ich hatte dem Weltcup viel zu verdanken, aber das änderte nichts daran, daß mein persönlicher Enthusiasmus langsam nachließ.

Es dauerte eine Weile, bis ich mir das eingestand, aber zum Jahresende 2005 stand für mich fest, daß 2006 meine letzte Weltcup-Saison sein würde. Ich hatte genug. Von den anstrengenden Reisen zu den Austragungsorten, von der langen Warterei in der Isolationszone, von dem Organisationsparcours, den ich jedesmal hinter mich bringen mußte, bis alle Termine abgestimmt waren und Emanuel versorgt war. Was mir sonst immer so viel Spaß gemacht hatte, zu reisen, andere Länder zu sehen, die internationale Klettergilde zu treffen, war mir mit der Zeit zur Last geworden.

Das lag zum einen an der kurzen Wettkampfperiode. In europäischen Breitengraden ist es nur im Januar und Februar kalt genug, um unseren Sport auszuüben – ohne Minusgrade kein Eis. In diesen wenigen Wochen drängen sich alle Wettkampftermine, so daß ich teilweise wochenlang hintereinander von Donnerstag bis Sonntag auf Achse war. Auch wenn ich es immer sehr genoß, ein Teil der Szene zu sein, war ich manchmal froh, endlich mal wieder in meinem eigenen Bett zu schlafen und vor allem mit Emanuel zusammenzusein, den ich zwischen den Austragungen kaum sah.

Mit der Zeit stellte sich eine gewisse Ernüchterung ein: Ich kannte die Abläufe, hatte mehr Routine, konnte die Konkurrentinnen und mich selbst besser einschätzen. Auf der anderen Seite wurde aber auch die Herausforderung geringer, die Spannung war nicht mehr so groß, und ein bißchen ließ auch die Freude über die Plazierung nach, wenn diese berechenbar wurde.

Zum anderen kosteten die Wettkämpfe eine Menge Zeit. Dafür, daß ich im Schwierigkeitsklettern in den drei Durchgängen Qualifikation, Halbfinale und Finale insgesamt rund eine halbe Stunde kletterte, war ich jedesmal drei bis vier Tage unterwegs, je nachdem, wo die Austragung stattfand. Dazwischen wartete ich: bis ich zum Klettern an der Reihe war, bis die Ergebnisse feststanden, bis die Route umgeschraubt war, bis ich endlich aus der Isolation nach draußen konnte. Mit diesen Wartezeiten konnte ich wenig anfangen. Noch viel zeitaufwendiger war die Vorbereitung auf die Wettkampfsaison. Monatelang trainierte ich auf diese wenigen Wochen von Januar bis März hin, um im entscheidenden Moment die maximale Leistung bringen zu können.

Der entscheidende Punkt jedoch war, daß mich die Wettkämpfe davon abhielten, draußen zu klettern. Bei schönstem Wetter, bei strahlend blauem Himmel und eiskalter Luft, wenn an den Eisfällen die besten Bedingungen herrschten, mußte ich meine Routine im Trainingskeller durchziehen oder die Strickleiter hinauf und hinunter hangeln, um an meiner Kraftausdauer und an der Technik zu arbeiten. Dabei wäre ich viel lieber irgendwo draußen unterwegs gewesen, im echten Eis, und hätte dort neue Projekte realisiert – gute Eisverhältnisse herrschen sowieso viel zu selten.

Und noch etwas hatte mir den Spaß am Wettkampf ein

wenig genommen. In den ersten Jahren waren die Veranstaltungen von großem Pioniergeist getragen, alle Beteiligten waren mit Begeisterung dabei. Jeder, der es sich zutraute, konnte mitmachen; es gab keinen Vereinszwang, keine Dopingkontrollen. Diese Freiheit büßte der Eiskletterzirkus inzwischen weitgehend ein. Eine Vielzahl von Vorschriften hielt Einzug. So muß jeder Teilnehmer Mitglied eines alpinen Verbandes sein und für diesen starten. Ich startete also für den Deutschen Alpenverein – ohne jedoch von ihm in irgendeiner Weise unterstützt oder begleitet zu werden. Das ließ bei mir den Eindruck entstehen, daß das Eisklettern im DAV nicht recht wahrgenommen wird, während er sich bei der Förderung des Spitzensports durchaus engagiert, wenn es sich um Skialpinismus-Wettkämpfe oder um den Expeditionskader handelt. Für den Nachwuchs wäre es hilfreich, wenn es hier in Zukunft mehr Förderung gäbe.

In der Saison 2006 fanden die Weltcup-Austragungen nach einer zweijährigen Unterbrechung erstmals unter der Aufsicht der UIAA statt, der Vereinigung der internationalen Alpinismusverbände. Sie hatte sich zum Ziel gesetzt, das Eisklettern als internationalen Wettkampfsport weiterzuentwickeln und populärer zu machen. Die Weltcup-Serie sollte mindestens vier Wettbewerbe umfassen, diesmal waren es sogar fünf. Wir Sportler erwarteten uns faire und attraktive Austragungen, also Regelkonformität, eine gewisse Infrastruktur und qualitativ anspruchsvolle Routen, wofür der Erfahrungsaustausch zwischen den einzelnen Veranstaltern mit Sicherheit förderlich war. Als offensichtliche Neuerungen gab es genauere Vorschriften für die Abmessungen der Steigeisen und Eisgeräte sowie Dopingtests, wohl um die Seriosität der Wettkämpfe zu unterstreichen.

Anfang Januar flog ich mit Hari nach Colorado, um vor dem Ice Climbing Festival in Ouray noch einige schwierige Routen zu klettern. Luke Laeser, der Art Director des amerikanischen »Climbing Magazine«, hatte uns eingeladen, nach Carbondale in der Nähe von Aspen zu ihm und seiner Frau Melissa zu kommen, um die Mixed-Routen in Vail und in der Umgebung zu begehen – eine optimale Vorbereitung auf die Wettkampfsaison. Die gesamten Mitarbeiter der Redaktion hießen uns willkommen und versorgten uns mit den nötigen Informationen, sie organisierten sogar die eine oder andere Party, um uns mit der amerikanischen Szene bekannt zu machen.

»The Fang Area« in Vail gefiel uns am besten. Bei den herrschenden frostigen Temperaturen waren die Routen dieses Gebiets eine gute Vorbereitung auf die Kälte und vor allem für die Unterarme äußerst trainingsintensiv, da wir sämtliche Routen ohne Fersensporn kletterten. Einen kleinen Dämpfer bekam meine Begeisterung, als ich versuchte, »Red Bull« die erste Rotpunktbegehung abzutrotzen. Völlig unerwartet riß der Ausstiegszapfen von »The Fang«, mehrere Tonnen Eis donnerten zu Boden. Erschrocken flüchteten die Kletterer im Umkreis in alle Richtungen. Mir selbst war nichts passiert, ich pendelte am letzten Bohrhaken ins Dach. Aber der Schreck saß tief: Dieses Erlebnis demonstrierte mir mal wieder, wie zerbrechlich und unberechenbar das Element Eis ist und daß man nie vorsichtig genug sein kann. Ich war heilfroh, daß niemand zu Schaden gekommen war. Die folgenden Tage wurde ich in jedem Café und jeder Bar überschwenglich begrüßt: »You're Ines? You dropped ›The Fang‹? Wow, cool!«

Letztendlich fuhr ich mit der vermutlich ersten Flash-Begehung von »Amphibian« (M 9/10), der ersten Rotpunktbegehung von »Red Bull« (M 11) an den Resten des Ausstiegszapfens, einer Onsight-Begehung von »Reptile« (M 10) und einem Rotpunktdurchstieg von »Lucky Luke« (M 11) weiter nach Ouray. Das dreitägige Festival im Ouray Ice Park, das Gelegenheit bot, neben den reisefreudigen europäischen auch amerikanische und kanadische Kletterer zu treffen, mit ihnen über Technik und Ausrüstung zu fachsimpeln und sich im abschließenden Mixed-Wettkampf mit ihnen zu messen, wurde ein weiteres Mal zu einer sehr vergnüglichen Veranstaltung. Leider konnte ich diesmal nicht den Gesamtsieg auch über die Männer mitnehmen. Nach meinem Triumph im Vorjahr fühlte ich mich etwas unter Druck, die Erwartungen an mich waren hoch. Ich war nervös und übersah einen wichtigen Hook. Bei den Frauen gewann ich vor der Italienerin Anna Torretta und Kirsten.

Zum Weltcup-Auftakt fanden sich in der zweiten Januarhälfte die weltbesten Eiskletterer im Trentino ein, im Valle di Daone, vor einem begeisterten Publikum, das in Scharen gekommen war und sich von der Kälte nicht abschrecken ließ. Auch das Medieninteresse war groß: Das italienische Fernsehen RAI war gekommen sowie zahlreiche Journalisten, und manche Zeitungen berichteten ganzseitig über den Event. Es war nicht das erste Mal, daß dort ein Eiskletterwettbewerb stattfand, der Ablauf war perfekt organisiert, und die Veranstalter hatten sich bemüht, interessante Bewegungsabläufe für uns zu kreieren. Die Routen führten über ein bizarr anmutendes vereistes Gestänge hinauf zum abschließenden Eisturm. Bei den Männern fielen die Resultate sehr dicht aus, es gab viele auf hohem Niveau kletternde Teilnehmer. Schließlich teilten sich Samuel Anthamatten und Hari Platz 1, Dritter wurde Herbert Klammer aus Italien.

Bei den Frauen zog sich das Feld etwas weiter auseinander, zwischen den einzelnen Athletinnen wurden die Leistungsunterschiede deutlicher. Doch auch hier lagen vor dem Finale die beiden Italienerinnen Anna Torretta und Jenny Lavarda sowie Petra und ich gleichauf, alle hatten wir die beiden Open-Routen vollständig klettern können. Im Finale wurde es richtig spannend: Anna und ich erreichten beide den letzten Karabiner. Obwohl Anna von einem tobenden heimischen Publikum unterstützt wurde, ging der Sieg an mich, weil ich in den Vorrunden bessere Wertungen hatte. Die Französin Stéphanie Maureau landete auf dem dritten, Kirsten auf dem vierten und Petra auf dem fünften Platz. Ich jubilierte innerlich, weil ich an meine Erfolge der früheren Jahre anknüpfen konnte – vor allem jedoch, weil sich bestätigte, daß mir meine Psyche nicht im Weg stand, auch nicht in der emotional belastenden Wettkampfatmosphäre.

Natürlich hatte ich Angst gehabt, daß der Unfall alles verändert haben könnte. Zudem hatte sich meine Einstellung zum Wettkampfklettern gewandelt. Daß es mir nicht mehr so wichtig war, hätte ja auch zur Folge haben können, daß mir die Motivation gefehlt hätte, das Letzte an Kraft aus mir herauszuholen und mich bis ganz nach oben durchzukämpfen. Aber sobald ich die Eisgeräte in die beiden Startlöcher gesteckt hatte und die erwartungsvollen Zuschauer in meinem Rücken wahrnahm, spürte ich, daß mich wieder der Ehrgeiz packte, die kniffligen Stellen zu knacken. Ich konzentrierte mich völlig darauf, möglichst flott, flüssig und kraftsparend zu klettern. Ich war ganz bei mir. Ich wollte die Erste sein, alles andere hätte mich maßlos enttäuscht.

Ende Januar folgte die zweite Weltcup-Veranstaltung in Spičak. Die tschechischen Veranstalter hatten noch nie einen Eiskletterwettbewerb ausgetragen, und das merkte man der Organisation leider auch an. Daß es im Isolationszelt elend kalt war, war unangenehm, aber was Kälte angeht, sind wir ja einiges gewöhnt. Viel schlimmer war, daß es die Routenbauer trotz der seit Tagen herrschenden Temperaturen um die minus zwanzig Grad nicht geschafft hatten, die für den Wettkampf vorgesehene Struktur richtig zu vereisen. Wir kletterten zu zwei Dritteln statt auf Eis auf Schnee, in dem die Eisgeräte und auch die Steigeisen kaum Halt fanden. Einige Athleten stürzten, weil sie im Schnee einfach durchrutschten. Dazu kam, daß in den Drytooling-Passagen die Kunstgriffe auf nur etwa dreißig Zentimeter breite Holzbretter geschraubt waren. War es nun schon im Eis (vielmehr im Schnee) schwierig, innerhalb der farbig markierten »erlaubten« Flächen zu bleiben, war das in den ebenfalls durch farbige Linien begrenzten Drytooling-Zonen völlig unmöglich. Keiner von uns war klein genug, um nicht ständig mit dem Körper die Linien zu überschreiten. Nachdem es darüber zu einer einigermaßen großen Verwirrung gekommen war, entschied die Jury schließlich, daß mit den Knien außerhalb der Zonen geklettert werden durfte. Trotzdem kam es zu einer Reihe von schwer nachvollziehbaren Entscheidungen der »Linienrichter«, denen mehrere starke Kletterer zum Opfer fielen.

Die eigentliche Herausforderung des Wettkampfs lag also darin, von einer Kletterzone in die nächste kommen. Hari hat das in einem süffisanten Artikel auf seiner Homepage als »Kastlhupf'n in Spičak« bezeichnet und damit den Nagel auf den Kopf getroffen. Daneben herrschte eine nicht zu unterschätzende Verletzungsgefahr: Durch zu lange

Schlingen und unzureichend instruiertes Sicherungspersonal gab es tiefe Stürze, die ein paarmal erst knapp über dem Boden endeten. Zum Glück passierte nichts, aber eigentlich sollte man bei einem Weltcup eine fachmännische Sicherung erwarten dürfen.

Ich kam an den prekären Stellen gut durch und konnte mich vor der Russin Xenia Stobnikova und Anna Torretta durchsetzen. Bei den Männern kam der konditions- und nervenstarke Schweizer Simon Wandeler am weitesten, vor den Österreichern Markus Bendler und Hari Berger. Markus ist noch sehr jung, aber unheimlich stark, außerdem ein feierfreudiger Genießer, und wir freuten uns alle über sein gutes Abschneiden. Hari waren Samuel Anthamatten und der Ukrainer Evgeny Kryvosheytsev hart auf den Fersen; Jack Müller erreichte den siebten Platz, nach dem charmanten spanischen Eiskletter-Exoten Israel Blanco Rodriguez.

Obwohl ich mich fraglos über meinen zweiten Sieg freute, kam in Tschechien wegen der unangenehmen Begleitumstände trotzdem keine rechte Begeisterung auf. Immerhin nehmen die Athleten für jeden Wettkampf erhebliche Kosten für die Startgebühr, die Anreise und die Unterbringung auf sich; die russischen Sportler beispielsweise brauchen zusätzlich noch ein Visum, das sie auch nicht umsonst bekommen. In Spičak war noch nicht mal ein Preisgeld ausgelobt worden. Auf jeden Fall raubte uns das Ganze ein bißchen die Motivation, da nützte all der Enthusiasmus der Organisatoren und des Publikums nichts. Ringsum hagelte es kritische Bemerkungen.

Es wäre aber auch ungerecht, alle Schuld den tschechischen Veranstaltern zuzuschieben. Grundsätzlich ist es erfreulich, wenn sich engagierte Leute zusammenfinden, um so einen mit einem großen Organisationsaufwand verbundenen Event durchzuführen. Nachdem sich die UIAA auf die Fahnen geschrieben hatte, die Qualität der Eiskletterwettkämpfe zu überwachen und zu verbessern, hätte es nahegelegen, im Vorfeld einen Vertreter nach Spičak zu schikken, der die lokalen Routenbauer beraten hätte. Wäre das Eisgerüst im Vorfeld begutachtet worden, hätte sich schnell herausgestellt, daß das dort zum Vereisen angewendete Verfahren mit nur einer Schneekanone trotz der niedrigen Temperaturen nicht ausreicht, um eine für die Durchführung eines Weltcups geeignete Eisauflage zu erzeugen.

Anfang Februar stand dann die dritte Runde des Weltcups in Saas-Fee an, mein persönlicher Favorit unter den Wettbewerben. Der Walliser Wintersportort, der auf einer Höhe von 1800 Metern liegt und daher meist sehr gute Bedingungen bieten kann, war im Wettkampfgeschehen von Beginn an dabei. Seit dem ersten Eiskletter-Weltcup im Jahr 2000 hatten hier zwei Weltmeisterschaften und drei Weltcups stattgefunden. Dementsprechend routiniert waren mittlerweile die Organisatoren, so daß wir einem bestens vorbereiteten Event entgegensahen. Ohne so motivierte Veranstalter, wie es in Saas-Fee beispielsweise Michael Schwarzl ist, ließe sich der Weltcup sowieso nicht auf die Beine stellen. Und ohne die Unterstützung von Sponsoren ginge schon gar nichts: 2006 wurden über das gesamte Wettkampfwochenende rund 1800 Eintritte verkauft, der überwiegende Teil des Budgets muß durch Sponsorenbeiträge aufgebracht werden, wobei sich in Saas-Fee neben den Ausrüstungsfirmen vor allem auch die ortsansässige Hotellerie, Bergsportschulen und Sportgeschäfte, der Tourismusverband und nicht zuletzt der Schweizer Alpen-Club engagieren.

In Saas-Fee war ich nun zum siebten Mal dabei – sozusagen ein Heimspiel, wenn auch im Ausland, ein Wiedersehen mit alten Freunden. Die vorangegangenen Erfolgserlebnisse von Val Daone und Spičak hatten mich selbstsicherer gemacht, aber trotzdem nahm ich mir vor, nicht leichtsinnig zu werden. Am Vorabend eines Wettkampfs herrscht immer eine angenehm gespannte Stimmung: Alle sind schon ein bißchen aufgeregt, aber bis zum Start ist noch genug Zeit, so daß man noch nicht richtig nervös sein muß. Nach einem kurzen Briefing zu den Regeln gab es ein gemeinsames Abendessen für alle Athleten und Funktionäre, mehr als siebzig Leute aus den verschiedensten Ecken Europas, darunter natürlich viele Schweizer, aber auch zahlreiche Russen, Tschechen, Skandinavier und Österreicher. War man eine Zeitlang im Worldcup-Geschehen dabei, kennt man sich untereinander und freut sich, wenn man sich bei einer Veranstaltung wiedersieht. Das ist wie das Heimkommen in die »Eiskletter-Familie« – in der ich mich wohl fühle und die ich mit Sicherheit vermissen werde, wenn ich nicht mehr dabei bin. Nachdem am nächsten Tag wie üblich die Frauen zuerst dran waren, bemühte ich mich, relativ bald in meinem Hotelzimmer zu sein und möglichst viele Stunden Schlaf zu bekommen. Ungerecht ist es ja schon, daß wir immer früher aufstehen müssen als die Männer, aber deren Auftritte ziehen halt nun mal mehr Publikum an, weshalb die Veranstalter sie gern auf den Nachmittag oder Abend legen.

Um 8 Uhr begann am Freitag die Qualifikationsrunde für das Schwierigkeitsklettern mit der Routendemonstration. Einer der Routenbauer kletterte sie vor, alle Teilnehmerinnen konnten zuschauen und sich über die Bewegungsabläufe informieren. Wegen des relativ überschaubaren

Feldes aus neunzehn Frauen kamen praktisch alle ins Halbfinale. Beim Open der Männer sah das schon anders aus, da wurden aus 54 Kletterern die achtzehn Besten ausgewählt. Den Schwächeren im Teilnehmerfeld ging meistens irgendwann die Kraft aus, so daß sie an kniffligen Stellen viel Zeit verloren und hängenblieben oder irgendwann stürzten. Die Weltspitze im Eisklettern ist relativ schmal. Gerade wir Frauen würden uns mehr Teilnehmerinnen wünschen, damit eine spannende Konkurrenz gegeben ist und die Wettkämpfe interessant bleiben – man will schließlich nicht immer dieselben Namen lesen. Doch anscheinend gibt es wirklich nicht mehr Frauen, die auf diesem Leistungsniveau mitklettern können.

Ich schaute allerdings während des Open-Durchgangs der Männer nur kurz zu und war froh, die Kälte in der Tiefgarage hinter mir lassen zu können. Mit Kirsten und Petra setzte ich mich in die Sonne – von dem wunderschönen Wetter draußen hatten wir im »Ice Dome« gar nichts mitbekommen. Das ist das Kuriose in Saas-Fee: Der Ort ist von Viertausendern umgeben, wenn dann auch noch die Sonne scheint, fällt es mir doppelt schwer, wieder in dem eisigen Loch zu verschwinden. Nachdem wir uns entschieden hatten, am Speed-Wettkampf vom Freitagabend nicht teilzunehmen und uns unsere Kräfte lieber für das Halbfinale und das Finale am Samstag aufzusparen, hatten wir für diesen Tag unsere Pflicht bereits getan und konnten uns entspannen. Immerhin hatte ich den Laptop dabei und versuchte, zwischendurch ein paar organisatorische Dinge zu erledigen und an einem Text weiterzuarbeiten. Dummerweise war mein Handy ausgestiegen, und ich konnte nicht einmal mehr Stefs SMS-Nachrichten aus Patagonien empfangen, wo er gerade auf Expedition war. Wir hatten uns seit zwei Monaten nicht mehr gesehen. Ich vermißte ihn. Und Emanuel vermißte ich auch. Obwohl ich von Freundinnen umgeben war, fühlte ich mich ein bißchen allein.

Im Halbfinale am nächsten Morgen wurde in der umgekehrten Reihenfolge der Plazierung im Open gestartet. Ich war also die letzte und mußte die Zeit in der Isolation totschlagen, bis meine siebzehn Vorgängerinnen geklettert waren. Daran, daß die ersten sehr kurz hintereinander aufgerufen wurden, war ersichtlich, daß es einige Stürze gegeben haben mußte. Mir fiel die Route nicht besonders schwer; mit mir hatten es vier Frauen bis zur Umlenkung geschafft. Um 16 Uhr mußten wir uns wieder auf den Weg in die Isolation machen, um 17.45 begann unser Finale.

So langsam wurde ich jetzt doch etwas nervös. Anfangs war ich bei Wettkämpfen meist recht ruhig und ließ mich von der Aufregung ringsum nicht anstecken, aber im Finale schaffte ich es nicht, alles an mir abprallen zu lassen. Wenn ich schon mal so weit gekommen war, wollte ich es einfach noch gut zu Ende bringen. Vor allem wenn ich in der Isolation saß und eine Kletterin nach der anderen abgeholt wurde – ich war eben oft als letzte dran –, stieg mit jedem Mal die Anspannung. Ich beobachtete genau, wie lange es dauerte, bis die nächste aufgerufen wurde; versuchte, daraus abzuleiten, wer vorzeitig gestürzt war. Zwischendurch wärmte ich mich auf oder machte Dehnungsübungen. Am Anfang fanden noch viele Gespräche statt, soweit es die sprachlichen Barrieren eben zuließen, doch dann wurde es im Zelt immer leerer. Es war eine seltsame Situation, nicht zu wissen, was da draußen vor sich ging.

Ich wurde immer nervöser. Ich schlug die Zeit tot: feilte die Geräte, ging mal wieder aufwärmen, die Zeit verging einfach nicht. Je länger die einzelne brauchte, desto mehr stieg die Spannung. Sie kommt weit. Und ich muß warten und warten. Ich ziehe schon mal früh genug die Schuhe an, ziehe sie fest, dann merke ich aber, es war zu früh, sie festzuziehen, die Zehen werden langsam pelzig, ich mache die Schuhe wieder auf, und dann geht es plötzlich los, schnell die Schuhe wieder zu ... Der Funkruf vom Eisturm zur Aufsicht im Zelt. Ich wurde nach vorn begleitet, legte den Rucksack ab, zog die Jacke aus. Es ging los.

Im Finale waren es nur noch acht Teilnehmerinnen. Zwölf Minuten hatten wir für die Route, die überhängend an die Eiswand, dann über mehrere Stufen eines Daches nach rechts und wieder nach links führte, bis man mit einem sehr weiten Übergang zurück an die senkrechte Eiswand gelangte. Von dort aus galt es, einen frei hängenden Eisklotz zu erreichen, der über einige Kunstgriffe zu ebenfalls beweglichen Eisstrukturen in der Mitte der Rotunde weiterführte. Als ich endlich zur Wand geleitet wurde, war mir bewußt, daß alle Zuschauer mehr wußten als ich, alle außer mir die Schlüsselstellen kannten, gesehen hatten, wer sie wie meisterte und wo welche Risiken lauerten. Ich schaute mir noch einmal prüfend die Route an. Respekt hatte ich vor allem vor Petra, die mich im letzten Jahr in Saas-Fee auf den zweiten Platz verwiesen hatte. Wie ich hinterher erfuhr, war sie sehr souverän geklettert, hatte ihr Tempo gegenüber dem Halbfinale enorm gesteigert und als erste den frei hängenden Eisklotz erreicht. Genauso weit war Jenny Lavarda gekommen, ebenfalls sehr schnell, aber die Griffe oberhalb des Eisklotzes, mit dem schon einige starke Männer im Halbfinale zu kämpfen gehabt hatten, erwischte auch sie nicht.

Von all dem also nichts ahnend, nahm ich die letzten Hinweise der Jury entgegen, seilte mich an und begab mich wortwörtlich »in die Startlöcher«: Am Startpunkt eines Eiskletterparcours befinden sich in Kopfhöhe jeweils zwei Löcher, in welche die Eisgeräte gesteckt werden. Von dem Moment an, in dem der Athlet das erste Eisgerät aus den beiden Löchern nimmt, beginnt die Zeit zu laufen. Ich sah das Eis vor mir, nahm diffus die Zuschauer um mich herum wahr, die gegenüber dem Vormittag um einiges mehr geworden waren, und versuchte, mich nur noch auf mich und meine Bewegungen zu konzentrierten. Ich wollte schnell klettern, denn das ist meine Stärke, aber ich wollte trotzdem in den Bewegungen geschmeidig bleiben und nicht durch Gewaltanstrengungen unnötig Kraft vergeuden.

Die kniffligen Stellen in den Dächern liefen alle gut, und an der Reaktion des Publikums merkte ich, daß ich sehr gut im Rennen liegen mußte. Alles jubelte und johlte, als ich meine Eisgeräte in den Eisklotz schlug, der daraufhin wie wild zu schaukeln und sich zu drehen begann. Zunächst versuchte ich, mit einer Figure of four hoch genug zu kommen, um mit dem linken Eisgerät den untersten Kunstgriff zu erreichen, doch es gelang mir nicht. Nach einem Beinwechsel probierte ich es mit dem anderen Arm, nur um ebenfalls zu scheitern. Also schlug ich die Fersensporne so hoch wie möglich in das Eis, weil ich dachte, ich könnte so an den Griff kommen, wenn ich mich aufrichtete, aber auch das war zu kurz. Nun fand ich mich plötzlich in einer Situation wieder, in der ich bei einem Wettkampf noch selten war: Ich hatte noch Zeit, kam aber einfach nicht über diese Stelle hinweg. Die Leute konnten mich so viel anfeuern, wie sie wollten – ich schaffte es einfach nicht an den Griff. Ich war tatsächlich an meiner Grenze. Das setzte so viel Emotionen frei, daß ich, nachdem die zwölf Minuten abgelaufen waren, mit einem kurzen, regelwidrigen Schlag ins

Holz doch noch über den Eisklotz hinweg und unter dem Jubel der Zuschauer bis ans Ende der frei in den Raum hinausragenden Konstruktion kletterte. Dafür reichte meine Energie noch. Und meine Leistung davor reichte, wenn auch knapp, zum ersten Platz: Nachdem Petra, Jenny und ich dieselbe Höhe erreicht hatten, wurde das Ergebnis des Halbfinales mit berücksichtigt. So lautete die Reihenfolge schließlich Ines, Jenny, Petra, und Kirsten landete wieder einmal auf dem undankbaren vierten Rang.

Dann ging das Finale der Männer über die Bühne. Simon und Samuel Anthamatten kletterten beide schnell und auf volles Risiko; leider stürzten sie beide, noch dazu praktisch an derselben Stelle, einem türkisfarbenen Griff, der noch weiteren Teilnehmern zum Verhängnis wurde. Auch Hari erwischte nicht seinen besten Tag – er hatte sich aus Spičak eine Grippe mitgebracht – und wurde Fünfter. Jack kam über das Dach hinaus bis zum ersten Eisklotz, was für den dritten Platz reichte. Der als Vorletzter startende Markus Bendler zog zügig und souverän über die Eisbalken bis zum zweiten Eisklotz und setzte sich damit an die Spitze. Nun wurde es richtig spannend, denn der bisher Führende, Simon Wandeler aus der Schweiz, hatte im Open und im Halbfinale durch Schnelligkeit und Kraft geglänzt. Würde er die tolle Leistung von Markus noch toppen können?

Letztendlich erreichte Simon knapp nicht mehr den zweiten Eisklotz – ihm riß ein Stück aus dem Eisblock aus, und er wurde zu seiner großen Enttäuschung Zweiter. Doch mit Markus wurde ein verdienter Sieger gefeiert, dem bisher meist seine Nervosität im Weg gestanden war und dem alle seinen Erfolg herzlich gönnten. Seinem österreichischen Teamkollegen, dem unbestrittenen Spitzenkletterer Albert Leichtfried, gelang es nicht, an seine früheren

Leistungen anzuknüpfen. Er hatte Mitte Januar im Südtiroler Langental eine neue Route eingerichtet und konnte sie Ende Januar rotpunkt und unloaded erstbegehen. Angesichts der Schwierigkeit von »Illuminati« war es nicht verwunderlich, daß Albert sich völlig verausgabt und Anfang Februar noch nicht die Power wiedererlangt hatte, über die er sonst verfügt: Mit M 11+ und WI 6+ nach seiner Bewertung handelte es sich um die zu diesem Zeitpunkt schwierigste Mehrseillängen-Mixed-Route der Welt. Sie stand auf meiner Wunschliste ganz oben. Aber das Realisieren anspruchsvoller Projekte und der Wettkampfkalender passen nun mal nicht zusammen, erst recht, wenn zu Hause ein Kind wartet.

Mitte Februar ging es dann mit dem vierten Weltcup-Termin weiter. Es hieß also, wieder einmal die Sachen zu packen und nach Rumänien zu fliegen. Auch Busteni, ein kleiner Skiort in den Karpaten, zwei Stunden nördlich von Bukarest, trug zum ersten Mal einen Wettkampf aus, und nach den Erfahrungen von Spičak waren wir mißtrauisch, was da auf uns zukommen würde. Im Vorfeld hatten uns die freundliche Aufnahme und die gute Organisation überrascht, und dieser positive Eindruck sollte sich im Lauf des Wochenendes bestätigen. Der Initiator Michael Pupeza war extra nach Val Daone gereist, um sich über die dort angewendete Vereisungstechnik zu informieren, und er hatte international erfahrene Experten angeheuert, um die Routen zu setzen. Wir wurden von einer 22 Meter hohen, steilen Konstruktion überrascht, die mit ihren Drytooling-Passagen, mit zahlreichen schwingenden Eiszapfen und weitgehend ohne rote Linien eine anspruchsvolle und spannende Difficulty-Austragung versprach. Außerdem hatten die Veranstalter einen großen Teil der rumänischen Medien mobilisiert, und nichts brauchen wir schließlich nötiger, um unseren Sport voranzubringen, als öffentliche Aufmerksamkeit. Einziger Wermutstropfen war die relativ geringe Beteiligung internationaler Athleten, vor allem bei den Frauen.

Mit Ausdauer allein war an dieser Struktur nichts auszurichten, da waren Technik und Kraft gefragt. Wieder konnte ich mir den ersten Platz sichern, aber ich muß zugeben, daß ich in der Finalroute ordentlich gepumpte Unterarme hatte und wirklich kämpfen mußte, um den letzten Clip zu erreichen. Die Routenbauer hatten ganze Arbeit geleistet und die Linie perfekt auf mein Niveau abgestimmt, so daß ich die einzige war, die das Top erreichte.

Bei den Männern bestätigte sich, wie anspruchsvoll die Routen gesetzt waren. Hari hatte nach dem Einbruch in Saas-Fee zu seiner alten Form zurückgefunden und beendete das Finale trotz eines heftigen Zweikampfs mit einem sich drehenden Eiszapfen als Sieger, gemeinsam mit dem Ukrainer Evgeny Kryvosheytsev, der seine sichtlich nicht topaktuelle Ausrüstung durch enormes Können wettmachte. Auf Platz 3 folgte Samuel Anthamatten, der mit seinem dynamisch-kraftvollen Stil mal wieder zum Publikumsliebling avancierte, den seine Sondereinlagen aber zuletzt wohl doch zuviel Kraft gekostet hatten, so daß er drei Hooks vor dem Ziel stürzte.

Obwohl sich der Speed-Wettbewerb noch weit in den Abend zog und die Party entsprechend spät begann, erwiesen sich die Rumänen auch im Feiern als sehr ausdauernd. Außer der unfreundlichen Bedienung erinnerte nichts daran, daß wir uns in einem ehemals kommunistischen Land befanden. Es herrschte eine ausgelassene Stimmung, der Bürgermeister hatte sogar für Feuerwerk gesorgt und erwies sich als überaus großzügig und spendabel. An den Tagen zuvor hatten wir allerdings auch andere Erfahrungen gemacht. In den Hotels und Restaurants wurde unsere Geduld mehr als einmal auf die Probe gestellt; die Effizienz, die wir gewöhnt sind, durfte man nicht erwarten, daran änderte auch nichts, daß wir aus dem Westen kamen und sichtlich Geld zur Verfügung hatten. Die schnellen politischen Veränderungen gehen nicht spurlos an Rumänien vorbei. Neben allen positiven Folgen der Demokratisierung macht sich auf der anderen Seite ein zunehmender Unterschied zwischen Armen und Reichen bemerkbar.

Ich hatte nun vier von fünf Worldcup-Veranstaltungen gewonnen; daß die Saison so gut laufen würde, hatte ich nach meiner langen Verletzungspause wirklich nicht erwartet. Eigentlich hätte ich in Norwegen gar nicht mehr antreten müssen, denn ich führte mit 400 Punkten vor Anna mit 259 Punkten. Aber diese Frage stellte sich nicht – natürlich würde ich mitklettern, das war ich der Sache dann doch schuldig. Ich würde es genauso ernsthaft angehen wie bei den vorangegangenen Wettkämpfen.

Schon im Vorfeld zeichnete sich ab, daß die Organisatoren in Hemsedal mit technischen und finanziellen Schwierigkeiten kämpften. Der Weltcup mußte sogar um einen Tag verschoben werden, um einen einigermaßen brauchbaren Eisturm fertigzustellen. Das Finale der Männer wurde kurzfristig in ein nahe gelegenes Mixed-Klettergebiet verlegt. Die Routen waren dank der im letzten Augenblick eingesprungenen slowenischen Routensetzer Jasna und André anspruchsvoll und interessant. Überhängende Drytooling-Passagen mit einer abschließenden Traverse an frei hängenden Eiszapfen machten es mir im Finale nicht einfach, das Top zu erreichen, noch dazu bei einer Temperatur von minus zwanzig Grad. Es machte wieder richtig Spaß, diese Herausforderung anzunehmen. Im weiten Zug vom ersten zum zweiten Eiszapfen mußte ich kämpfen, konnte ihn als einzige meistern und durfte damit auch in Norwegen auf das Siegertreppchen steigen. Bei den Männern gelang es nur Hari, die Finalroute bis zum Top zu durchsteigen. Damit hatte er sich gleichzeitig den Weltcup-Gesamtsieg vor Simon Wandeler und Markus Bendler gesichert.

Mein erster Platz in Hemsedal bedeutete, daß ich den Gesamt-Weltcup mit der maximal erreichbaren Zahl von 500 Punkten vor Anna Torretta und Stéphanie Maureau gewonnen hatte. Ein besseres Resultat hätte ich mir für meine letzte Weltcup-Saison nicht wünschen können. Ich freute mich vor allem darüber, daß mein Fuß so gut mitgemacht hatte, obwohl die Mediziner eine so schnelle Regeneration nicht erwartet hatten. Ohne ihre ärztliche Kunst wäre ich auch nie mehr so weit gekommen. Aber irgendwie war es auch ein seltsames Gefühl: Da hatte ich dem Weltcup innerlich bereits gekündigt, und trotzdem entwickelte ich einen unheimlichen Ehrgeiz, die Beste zu sein.

Den Sonntagnachmittag verbrachte ich auf einer Sitzung der UIAA in Hemsedal. So frisch, wie die Eindrücke von der letzten Veranstaltung noch waren, konnte ich nicht umhin, darauf aufmerksam zu machen, daß zu einem attraktiven Wettkampf vor allem ein guter Eisturm mit entsprechenden Routen gehört. Es darf keine technischen Mängel geben, die auf Kosten der Sicherheit gehen. Die Routen müssen an das inzwischen sehr hohe Kletterniveau der Athleten angepaßt sein, und dafür braucht es Fachleute. Die UIAA sollte also in erster Linie die Austragungsorte unterstützen, damit sie professionelle Wettkämpfe organisieren und die Bedürfnisse der Athleten berücksichtigen können, und sich nicht in Details wie teuren Dopingkontrollen verzetteln. Nachdem ich im Valle di Daone zum Dopingtest gebeten worden war, erfuhr ich, daß die Veranstalter 4000 Euro dafür bezahlen mußten, daß vier Teilnehmer getestet wurden. Das war mehr als das gesamte Preisgeld für die ersten drei bei Männern und Frauen. Ich halte es für unwahrscheinlich, daß unter Kletterern, die einer eigenen Ethik folgen und sich freiwillig an selbst aufgestellte Regeln wie den Rotpunktgedanken halten, Doping ein zentrales Problem darstellt. Da habe ich schon eher den Eindruck, daß das, was ich an den Wettkämpfen geschätzt habe – die Kollegialität, die Ehrlichkeit –, durch die Absicht, olympisch zu werden, verlorengeht.

Ich hatte befürchtet, meine Ankündigung, mich aus dem Weltcup zurückzuziehen, würde bei meinen Sponsoren keine Freude auslösen. Doch sie hatten erstaunlich viel Verständnis für meine Entscheidung und gehen davon aus, daß ich auch weiterhin mit meinen Projekten in der Öffentlichkeit stehen werde. Innerhalb der Szene ist die erfolgreiche Begehung einer schweren Route sowieso wichtiger als ein Wettkampftitel. Siege werden vor allem im breiteren Publikum wahrgenommen. Ich kann mir aber durchaus vorstellen, daß ich bei speziellen Anlässen noch dabeisein werde, bei einer Weltmeisterschaft oder falls Eisklettern tatsächlich olympisch werden sollte. Aber ich werde nicht mehr wie früher an jedem Wettkampf teilnehmen, dafür haben sie mittlerweile zuwenig Priorität für mich.

Natürlich löst so ein Abschied auch gemischte Gefühle

aus. Ich habe in der Wettkampfszene eine einmalige Zeit erlebt, die ich nicht missen möchte. Aber die Wettbewerbe bringen mich nicht mehr weiter, die große Herausforderung fehlt. Ich kann dort nicht noch mehr erreichen. Die eigentliche Faszination des Eiskletterns ist für mich die Einsamkeit in einer steilen Wand: allein mit einem Partner, in völliger Konzentration, in der Natur zu sein. Eindrücke aus längeren Routen sind viel intensiver, ich erlebe in ihnen eine ganz andere Erfüllung als im Wettkampf. Ich werde zwar trotzdem weiterhin drinnen trainieren müssen, um draußen gut zu sein, aber ich freue mich darauf, im nächsten Winter meinem Tatendrang ohne Termindruck freien Lauf lassen zu können und den einen oder anderen Traum zu realisieren.

Meine Träume – sie haben damit zu tun, meine Grenzen weiter hinauszuschieben, mich an mein Limit heranzutasten. Auch im Fels hört für mich die Schwierigkeitsskala bei 8b nicht auf. Der Reiz ist die Herausforderung, und Herausforderungen wird es für mich immer geben. Am spannendsten sind Neuentdeckungen: Routen, die ich nicht kenne, Länder, die mir fremd sind, im Idealfall, bei einer Erstbegehung, die eigene Linie. Und ich bin immer noch neugierig auf die Menschen, die ich auf meinen Reisen kennenlerne. Das gemeinsame Interesse am Klettern wirkt verbindend und macht die Kontakte einfach und unkompliziert. Ich bin alles andere als eine Alleingängerin – ich teile meine Erlebnisse am liebsten mit anderen.

Daß mir das Klettern jemals langweilig werden wird, kann ich mir nicht vorstellen. Es gibt kaum eine Aktivität, bei der ich mich so lebendig fühle. Bin ich maximalen Schwierigkeiten gewachsen, stellt sich ein Kompetenzgefühl ein, das mich zufrieden und glücklich macht. Ich bin so involviert in mein Tun, daß ich mich in einer ganz eigenen Welt befinde.

Diese intensive Welt immer wieder zu erleben, das ist, unabhängig vom Schwierigkeitsgrad, mein eigentlicher Traum.

Dank

Ohne die Informationen von Karin Brandner, Harald Berger, Kirsten Buchmann, Rainer Eder, Klaus Fengler, Elke Käfer, Erika und Roland Papert, Stephan Siegrist und Sandra Wielebnowski hätten diesem Buch wichtige Perspektiven gefehlt – vielen Dank für die Zeit, die ihr euch genommen habt. Auch bei Michael Schwarzl in Saas-Fee möchten wir uns für die Unterstützung bei den Recherchen herzlich bedanken.

Ein ganz besonderer Dank geht an Emanuel, der im letzten Jahr viel Geduld aufbringen mußte, weil seine Mama nicht nur viel unterwegs, sondern auch mit den Arbeiten für das Buch beschäftigt war.

Daß Emanuels Vater in diesem Buch nicht mit seinem tatsächlichen Namen erscheint, war dessen eigener Wunsch.

Bayerisch Gmain und St. Gallen, im Juni 2006
Ines Papert
Karin Steinbach

WI-Skala (WI = Water Ice)	
WI 1	Wanderung auf Eis mit Steigeisen. Etwas Erfahrung im Umgang mit Eispickel erforderlich.
WI 2	Steilheit von 60 bis 70 Grad auf gutem Eis. Rastpunkte und Sicherungsmöglichkeiten sind vorhanden.
WI 3	Kurze steile Eisstufen von 70 bis 80 Grad wechseln sich mit geneigtem Gelände ab. Gute Rastpunkte und Sicherungsmöglichkeiten.
WI 4	Fast senkrechte Passagen oder ein senkrechter Eisabschnitt. Das Eis ist meist gut, die Sicherungsmöglichkeiten sind ausreichend.
WI 5	Die Route weist meist senkrechte Abschnitte in anspruchsvollem Gelände auf. Die Sicherungsmöglichkeiten sind eingeschränkt.
WI 6	Es ist mit sehr langen und heiklen vertikalen Abschnitten zu rechnen. Sehr schwierig zu kletterndes Eis mit Abschnitten von unhomogenem Eis, die ein hohes technisches Klettervermögen verlangen. Es ist sehr schwierig, Sicherungen zu setzen, diese sind nicht hundertprozentig verläßlich.
WI 7	Die gesamte Route bietet Überhänge und Eisvorhänge, technisch ist schwierigstes Eis zu erwarten. Das Setzen von Sicherungen ist fast unmöglich bzw. unnütz. Die Route verlangt eine optimale psychische und physische Kondition.

UIAA-Skala	
1	Geringe Schwierigkeiten. Einfachste Form der Felskletterei (aber trotzdem kein leichtes Gehgelände). Schwindelfreiheit und Hände zur Unterstützung des Gleichgewichts erforderlich.
2	Mäßige Schwierigkeiten. Hier beginnt die Kletterei, bei der die Drei-Punkte-Regel beachtet werden sollte: immer drei Haltepunkte am Fels.
3	Mittlere Schwierigkeiten. Seilsicherung notwendig. Für ungeübte Kletterer sind an exponierten Stellen Zwischensicherungen empfehlenswert.
4	Große Schwierigkeiten. Hier beginnt die Kletterei schärferer Richtung. Klettererfahrung erforderlich. Je nach Länge sind mehrere Zwischensicherungen notwendig.
5	Sehr große Schwierigkeiten. Zunehmende Anzahl an Zwischensicherungen. Erhöhte Anforderungen an Klettertechnik und Erfahrung. Lange hochalpine Routen im Schwierigkeitsgrad 5 zählen bereits zu den ganz großen Unternehmungen.
6	Überaus große Schwierigkeiten. Die Kletterei erfordert weit überdurchschnittliches Können und hervorragenden Trainingsstand. Kletterer müssen mit großer Ausgesetztheit und unbequemen Standplätzen rechnen.
7	Außergewöhnliche Schwierigkeiten. Nur mit gesteigertem Trainingsaufwand und optimaler Ausrüstung möglich. Neben akrobatischem Klettervermögen ist das Beherrschen der Sicherungstechnik unerläßlich.
8–11	Weitere Steigerung der Schwierigkeiten, für die keine verbale Definition mehr existiert. Enormer Kraftaufwand und ausgefeilte Klettertechnik erforderlich. Routen in diesen Graden sind nur außerordentlichen Könnern zugänglich.

Internationale Schwierigkeitsgrade Felsklettern im Vergleich

Dt. Skala/UIAA	*Franz. Skala*	*USA*
3	3	5.5
4	4	5.6
5		5.7
6–	5	5.8
6	5+	5.9
6+	6a	5.10a
7–	6a+	5.10b
7	6b	5.10c
7+	6b+	5.10d
	6c	5.11a
8–	6c+	5.11b
8	7a	5.11c
8+	7a+	5.11d
	7b	5.12a
9–	7b+	5.12b
9	7c	5.12c
9+	7c+	5.12d
	8a	5.13a
10–	8a+	5.13b
10	8b	5.13c
10+	8b+	5.13d
	8c	5.14a
11–	8c+	5.14b
11	9a	5.14c